やわらがアカデミズム
〈わかる〉シリーズ

よくわかる
開 発 学

大森佐和/西村幹子

［編著］

ミネルヴァ書房

はじめに

　本書は，学際的で専門性が高い学問領域である，開発学，あるいは開発研究とも呼ばれる学問に関する初学者向けの教科書を，ミネルヴァ書房の「やわらかアカデミズム・〈わかる〉シリーズ」としてお届けするものである。開発学は，途上国に対する国際開発協力に携わるプロフェッショナルを育成するための応用的で実践的な学問という位置づけで，国内外において大学院プログラムとして開講されていることが多い。その一方，編者らが所属する大学では，学際的な専攻として開発研究を専門とすることが可能な学部生向けのカリキュラムがあり，入門用の教科書を作りたいという希望があった。また，多くの開発学に関連する講義が学部開講されていることもわかった。

　本書は，持続可能な開発目標（SDGs）が，国際的に共通な開発目標であることが社会に広く浸透してきた中での刊行となる。そのため，学生に限らず，社会人やこうした課題に関心のある市民，SDGsの課題の背景について学習を深めたい高校生にとっても，深く学んでゆくためのきっかけとなることを願っている。多くの方々に本書を手に取っていただければ幸いである。

　本書には四つの特徴がある。第一の特徴としては，学際的な開発学を反映するように，経済学，人類学，ジェンダー研究，地理学，医学，教育学，国際関係学，政治学といった多彩な専門性をもった研究者の方々が執筆陣であることである。また，大学で教鞭をとる研究者だけでなく，研究所所属の研究者，途上国の開発現場に携わる開発の専門家や特定の領域のNGOの専門家の方々にもご執筆いただいた。

　第二に，こうした様々な幅広い執筆者らにより多岐にわたる専門性の項目がカバーされているが，分野を問わず読みやすい内容になるように心がけた。そして，開発学は，貧しいとは何か，豊かさとは何かについて様々な社会文化的な文脈の中で考え続けることが求められる学問でもあり，必ずしも明快な正解はないという意味で探求的な性質をもっている。そのため，批判的に考えていくための試みとして，各項目を読んだ読者が下調べがなくとも議論に参加でき，読者に正解ではなく考えを求める「問い」を各項目に設けた。

　第三に，本書は入門者向けのテキストであるとはいえ，内容が初学者向けのレベルに留まるというわけではない。むしろ，専門性の高い内容を，専門外の入門者が読んでもわかりやすい内容となるよう心がけた。どうしても難しい説明となるところでは，クロス・リファレンスを用い，他の項目も参照しながら

理解を深められるように工夫した。また，内容としても，様々なアプローチから用いられている開発効果の検証方法など，いわゆる方法論と呼ばれる分野の専門性の高い項目も若干含む内容となっている。また，巻末には，学習の進んだ学部生や関心のある社会人が参照できるように，研究者が用いる，重要な開発分野の利用可能なデータベース一覧も付した。自らデータを用いて分析してみたいといった方が適切な情報を手にする一助となれば幸いである。

　本書の第四の特徴としては，開発学といっても途上国のみならず，先進国の課題にも触れたことが挙げられる。SDGs が途上国のみならず先進国にも共通するグローバルな開発目標であることから，各章に途上国とともに，先進国に関する項目も含めた。それにより，貧困や格差といった開発に関する課題が，途上国だけのものではないことを浮き彫りにしている。また途上国に行ったことがない入門者にとっても開発の課題が身近に感じられるように，途上国，先進国を問わず，事例を含む項目が含まれている。また，「ジェンダーの主流化」が開発プロジェクトを進める上で必要な方針の一つとされているにもかかわらず，日本ではジェンダーの問題に関する理解が一向に進まず，世界でも指折りのジェンダー平等に関する後進国となっている。そのため，ジェンダーの理論や課題，事例といったジェンダーに関係する項目を各章に含め，教科書の構成においてもジェンダーの主流化を目指した。

　本書は 3 部で構成され，計15章，97項目が収められている。まず序章では，「開発学とは何か」を知るために基本的な開発学の多義性や学際性について紹介する。第 1 部「開発学の学問領域とアプローチ」，第 2 部「開発課題と事例」，第 3 部「開発実践におけるアクターと評価」は，様々な分野で展開されてきた考え方やアプローチがどのように構想され，実践されていたかを網羅的に学ぶことができるよう構成されている。終章「未来を拓く開発学」では，ポスト SDGs に向けて，地球市民として何ができるかを論じた。

　最後に，この場を借りて，執筆をお引き受けくださった方々にお礼を申し上げたい。開発学は学際的な分野であり，全体のバランスや重複を考慮しながら時間をかけて議論を重ねたため，お待たせしたり，改稿の過程で時に無理なお願いをさせていただいたことも多かった。不慣れな編者に忍耐強く，寛大にご対応くださった先生方に心より感謝申し上げる。また，本書の出版にあたり，広範囲の専門領域にもかかわらず，いつも的確に読み解き，執筆者とのやり取りでご尽力くださったミネルヴァ書房編集者の前田有美さんと，その編集作業を引き継ぎ，完成させてくださった涌井格さんに，謝意を表したい。

　　　2022年 8 月

　　　　　　　　　　　　　　　　　　　　大森佐和・西村幹子

もくじ

第2部　開発課題と事例

第3部 開発実践におけるアクターと評価

IX 国際機関と開発

X 日本の国際開発協力と比較

XI コミュニティ開発

XII ビジネスと開発

XⅢ　開発効果の検証

終　未来を拓く開発学

やわらかアカデミズム・〈わかる〉シリーズ

よくわかる
開　発　学

開発とは何か

1 「開発」の意味の多様性

　「開発学」とは，貧しさ，豊かさとは何かという問いと切り離せない学問である。「開発学」を学ぶにあたっては，「開発」とは何を意味するのかを考えることも欠かせない。「開発」の意味そのものが，個人の経験や考え方や立場によっても異なり得るからである。大坪・木村・伊東（2009）らは，開発を「物質的・精神的な貧困を生み出す構造全体の変革」と定義し，貧困を物質的だけではなく，精神的貧困も含むものとして定義する。ロバート・チェンバースは，開発を「良い変化」とし，何を以て「良い」とするかを一人ひとりが参加することによって決めることができる主体性と過程こそが開発の定義であるとする。◁1

　開発学が，将来国際機関や政府開発援助（ODA）◁2関連など国際開発協力に携わる仕事を目指すための学問であることを期待する人もいる。開発学に携わる各領域の学術的進歩は目覚ましく，貧困の根絶や公正な社会を構築するために十分学ぶに足る学問ともなっている。

　第二次世界大戦後から1960年代までの開発の定義は国家を中心とした経済成長を指し，先進国をモデルに途上国の社会構造における「欠陥」をなくすことを意味した。しかし，その後，国内の失業や貧困の問題が顕在化し，格差を生み出す社会構造や世界システムの課題が指摘され，経済的な側面だけでなく社会的，人間的な側面に注目が集まるようになった。また，開発の主体も市民社会トランスナショナルな組織や企業などに多様化していった。

　現在の持続可能な開発目標（SDGs）◁3（2016-2030年）は，経済，社会，環境という三本柱がバランスよく機能する持続可能な社会を目指し，開発はもはや途上国の問題ではなく，全世界で取り組むべき課題であると認識されている。◁4開発学は，豊かに生きるとは何か，豊かに生きることができないのはなぜか，を考える学問である。また，開発学は，知らない国や共同体の人たちと出会い，驚き，喜び，葛藤しながら行動し続ける学問だともいえるだろう。

2 開発のアプローチの歴史的変遷の概観

　国際機関や各国政府によって行われてきた国際開発協力も，強調点やアプローチが時代によって異なり，試行錯誤を繰り返してきた。開発とは何かに関する主な概念も変化してきたといえる。第二次世界大戦後，1960年代にアフリカ

▷1　ロバート・チャンバース（野田直人・白鳥清志監訳）『参加型開発と国際協力』明石書店，2000年。

▷2　⇨Ⅹ-1 Ⅹ-2 Ⅹ-3

▷3　⇨Ⅰ-10

▷4　日本では，フードロスが問題となる一方で，給食がない休み明けにはやせ細って登校してくる子どもがおり，世界では食料の安全保障が満たされていない現実がある。⇨Ⅶ-6

やアジア諸国が独立を果たすと，開発問題は，南北問題と同義と捉えられた。北の豊かな先進国が貧しい南の国の人々を援助する必要があるとの理解のもと，国際機関や先進国は，政府主導のビッグプッシュ戦略やベーシック・ヒューマン・ニーズ・アプローチを打ち出した。ここでは開発とは，途上国が経済的社会的な近代化を果たす発展の過程と捉えられた。その一方，先進国による資源の搾取こそが貧困を生んでいると，途上国からの批判も高まり，新国際経済秩序宣言が出され，ラテンアメリカ地域では輸入代替工業化[6]が目指されたが，失敗に終わった。

　1980年代にラテンアメリカ経済危機をきっかけに IMF や世界銀行[7]によるアフリカ諸国など途上国への構造調整政策が始まった。この政策は融資と引き換えに途上国の経済の自由化や構造改革を求めたが，途上国の貧困を悪化させていると大きな批判が起こった。また，大規模開発プロジェクトに対し，反対運動が起こるなど，開発が先進国による上からの押し付けになっているとも指摘された。こうした中，途上国の人々こそが開発の主体であるとの認識のもと，1990年代頃からは参加型開発[8]や NGO 等の市民社会組織によるコミュニティ開発[9]の重要性も認識されるようになった。

　アマルティア・センらによる，個人の潜在能力を十分に発揮できる選択肢に着目するケイパビリティ・アプローチ[10]に基づき，国連開発計画（UNDP）は，1990年に人間こそが開発の中心であるべきという観点から人間開発を，1994年には恐怖や欠乏からの自由が必要であるという人間の安全保障[11]を提唱した。また，所得貧困指標[12]以外に教育や寿命，ジェンダー[13]などの観点からの多次元貧困指数[14]も使われるようになった。世界銀行は1999年に重債務国には『貧困削減戦略報告書』の作成を通じ多くのアクターの関与を求める貧困削減アプローチ[15]に方向性を転換し，2000年代以降は UNDP と世界銀行が国連枠組みの開発協力で連携するようになった。また女性の権利や子どもの権利などの観点も，様々な人権条約の整備とともに，開発のアプローチにおいて重視されている。

　国連で採択されたミレニアム開発目標（MDGs）[16]（2000-2015年）は途上国の貧困削減に焦点が当てられ，SDGs に引き継がれた。こうして2000年代以降は，「開発」とは中長期的な目標を定め，測定可能な指標を目標ごとに決めて達成目標を定め，これらの達成を目指すことが国際機関の開発のあり方の主流となった。現在の SDGs の時代には，開発目標に誰もが関係することとなり，「開発」の意味は大きく広がった。先進国が途上国を助けなければならないという援助の論理から，それぞれの社会にある財産（アセット）からより良い社会の要素を見つけようとするアプローチも現れている。より良い変化とは何かを探究する試みは続いている。　　　　　　　　　　　　　　（大森佐和・西村幹子）

▷5　⇨ Ⅰ-1

▷6　⇨ Ⅰ-2

▷7　⇨ Ⅸ-2

▷8　⇨ Ⅰ-8

▷9　⇨ Ⅺ-2　Ⅺ-3

▷10　⇨ Ⅰ-6

▷11　⇨ Ⅰ-7

▷12　⇨ Ⅱ-1　Ⅱ-2

▷13　⇨ Ⅱ-7

▷14　⇨ Ⅱ-5

▷15　⇨ Ⅰ-5

▷16　⇨ Ⅰ-10

（問い）

自分にとっての「開発」のイメージとは何か。それはなぜか。

（参考文献）

大坪滋・木村宏恒・伊東早苗編『国際開発学入門』勁草書房，2009年。

Baker, Andy, *Shaping the Developing World : The West, the South, and the Natural World, 2nd Edition*, CQ Press, 2021.

開発学の学際性と多様性

① 開発学の学際性

　開発学は，開発研究とも呼ばれ，多くの専門分野からアプローチが可能な学際的な学問である。途上国における国際開発協力に関することを研究対象とする場合が多いが，国際開発協力に限らず，途上国の独自の開発に関する政策やコミュニティの課題なども研究の主な対象である。さらに公正でインクルーシブな持続可能な社会を目指す持続可能な開発目標（SDGs）を掲げる今日では，研究対象は途上国ばかりとは限らない。例えば企業のSDGsへの取組み，先進国の貧困や格差の課題も開発学に含まれる。このように研究内容も，国際開発協力を超えて多岐にわたり，開発学は，広範にわたる豊かな学問といえる。

　開発学に関わる主な専門の学問領域としては，経済学・経営学，文化人類学，社会学，地理学，公衆衛生学，教育学，ジェンダー研究，政治学・国際関係学などがある。それ以外にも，例えば途上国の都市計画やインフラ整備，農村開発であれば，法学，工学，農学なども関係してくる。このように文系・理系を問わず，あらゆる専門領域が途上国の国際開発協力に関与している。

　またアフリカ，ラテンアメリカ，南アジアというように地域ごとの文化や歴史，政治的経済的発展を背景に，地域の共通点や相違点，固有の特色を分析してゆく地域研究との親和性も高い。これらの様々な学問領域が開発学という名のもとで，専門領域を離れて有機的に新しい一つの学問を形成しているかというと，そうではない。例えば，開発事象についても，社会の変化を前提として，より良い変化のために有効な要因を特定し，一般化していこうとする立場と，各社会に根差した価値体系を解明するために変化を外的介入として批判的に捉える立場が存在する。それぞれの学問領域の専門分野を保ちつつ，相違性がありながらも，互いに影響を与えながら共存しているといえるであろう。

② 開発学の多様性とジェンダーの主流化

　本書では，開発学の学際性の特徴を活かし，第1部の「貧困をめぐる課題」（Ⅲ章）や，第2部「開発課題と事例」において，経済発展やガバナンス，社会的包摂，環境や災害，健康と感染症など様々な課題を取り上げている。また，例えば移住労働者の受入れの課題，環境や貧困とコミュニティ開発の課題など，先進国における課題も含んでいる。こうした先進国の課題は，まさに新興国の

▷ 1　⇨ⅠⅠ-10

▷ 2　⇨第Ⅳ章

▷ 3　⇨第Ⅴ章

▷ 4　⇨第Ⅵ章

▷ 5　⇨第Ⅶ章

▷ 6　⇨第Ⅷ章

▷ 7　⇨Ⅵ-6

▷ 8　⇨Ⅶ-6

▷ 9　⇨ⅩⅠ-8

課題でもある。1995年には世界女性会議にて女性のエンパワーメントの重要性が強調され，国際開発計画（UNDP）においても開発におけるジェンダーの主流化が求められるようになった。しかし，未だあらゆる開発課題でジェンダーの主流化が十分なされているとは言い難い。そのため，各トピックにジェンダーの観点を取り入れ，構成上でもジェンダーの主流化を試みた。[10]

また，開発に関わるアクター（行動主体）も多様化している。国際開発協力に関わるドナー側の主要なアクターには，国連大学を含む国連や，[11]ユネスコ，[12]IMF や世界銀行などの国連と連携する国際機関がある。また，アフリカ開発銀行，アジア開発銀行などが，地域開発銀行として開発協力を行っている。[13]OECD 開発援助委員会（DAC）に加盟する先進国ドナー（援助供与国）のほか，[14]中国やインドなども新興国ドナーとして重要である。[15]

民間のアクターとしては，政府から国際協力プロジェクト案件を受注して実施する開発コンサルタントや，[16]官民協力などでプロジェクト実施に関わる企業[17]や BOP ビジネスに関わる企業がある。[18]ドナー側の NGO や，ソーシャルビジネスが途上国側のカウンターパートと協力する場合も多い。[19]さらに最も重要なアクターとして，受入国側の政府や地域の自治体，国際開発協力が行われるコミュニティの住民や，[20]現地の NGO，ソーシャルビジネスや企業などが挙げられる。

③ 開発学の方法論

昨今では，学術的分析を行う方法（方法論という）についての進展が見られ，データ分析を行う量的調査の研究手法を用いる専門分野が，[21]従来の経済学に加え，政治学，社会学，教育学などにも増えている。また，開発協力のプロジェクト効果を量的に評価する方法も確立し高度化している。その一方，インタビューや観察などを行う質的調査においても，[22]様々な方法が確立し，専門分野を超えて用いられてきている。

ウィリアムズは，多様だからこそ生まれる開発学における葛藤の一つとして，広く適用が可能な知識や政策提言を生み出そうとする傾向と，特定の開発についての独自性に着目して知識を生み出そうとする傾向との間に緊張関係があると指摘した。[23]しかし，様々な状況に対して応用が可能な一般的知見を深めるためには，一般的傾向を外れる個別の事例への理解が不可欠である。また，独自性を重視する立場であっても，独自性の理解のためには，何が他と違うから特殊であるのか，という比較の視座が含まれなくてはならない。物事を明らかにするための視角や方法論の違いであって，どちらも重要であるといえる。さらに，「開発」に関わる当事者の声や主体性に立ち返り，どのような知見を生み出していくのかが問われる。この意味で，開発学は規範的な観点を意識した学問であるともいえる。

（大森佐和・西村幹子）

▷23 Williams, David, "The Study of Development." In *International Development : Ideas, Experience, and Prospects.* Eds., by Bruce Currier-Adler et al., Oxford University Press, 2014.

（問い）

①開発学をより学んでみたいとすればどういうトピックやアクターに関心があるか。それはなぜか。

②開発学の学際性や多様性という特徴についてどう思うか。弱みだろうか。強みだろうか。

（参考文献）

下村恭民・小林誉明編『貧困問題とは何であるか』勁草書房，2009年。

第 1 部

開発学の学問領域とアプローチ

guidance

　第1部「開発学の学問領域とアプローチ」は，3章からなる。第Ⅰ章「開発協力へのアプローチの理論の変遷と展開」では，国際連合（国連）や国連開発計画（UNDP）や世界銀行といった主な開発に関係する国際機関や先進国が，第二次世界大戦後，途上国に対し，どのような国際開発協力に関するアプローチをとってきたかに関して，おおよそ時系列に従って説明している。そしてこうした流れの中で，主な国際開発協力のアプローチも，特定の開発理論の追求や途上国の経済発展の追求ではなく，個人の潜在能力や選択肢に着目し，人間を中心に据えた開発アプローチへと時とともに変化してきた経緯を説明している。また，ジェンダーと開発の理論や，持続可能な開発目標（SDGs）の特徴についても説明する。

　第Ⅱ章「貧困をめぐる定義」では，貧困の状態をどのように数値化し，把握するかについて説明している。所得や支出のように経済的観点から貧困を測定しようとする所得貧困や格差に着目し不平等を測る指標と，グローバル化に伴い拡大する不平等の現状について説明する。また，教育や健康状態など所得以外の観点にも着目して貧困を測ろうとする多元的な貧困指標について説明する。さらに，ジェンダーによる差異を測る指標や，教育に関する指標についても取り扱う。

　第Ⅲ章の「貧困をめぐる課題」では，貧困の態様は多様であり，貧困に関する課題も異なることを，様々な観点から示す。都市と農村部それぞれが抱える貧困の課題，紛争，教育，保健衛生の各分野における貧困の課題，貧困によるデジタル格差と教育への影響，またジェンダーの側面から，先進国と途上国それぞれにおける貧困の課題が示される。

ビッグプッシュ戦略からベーシック・ヒューマン・ニーズへ

1 1950〜60年代：ビッグプッシュ戦略の主流化

　1950年代から60年代にかけて途上国で主流であったのは，構造主義と呼ばれる経済学であった。構造主義の経済学は，途上国の経済構造が先進国のそれとは違うという前提に立っており，とりわけ価格メカニズムが働かず市場が十分に機能しないという「市場の失敗」を重視した。構造主義の経済学の中でも，ローゼンシュタイン・ロダンによって提唱された「ビッグプッシュ戦略」は，「後発国は，政府のビッグプッシュによるキャッチアップが可能だ」とした。[41]彼は，19世紀の欧州諸国の工業化の過程で各国の相対的後進性に応じて「特殊な制度的諸要因」が形成されたという点を強調した。同じ頃，ヌルクセは「低水準貯蓄から低水準投資，低生産性，低水準所得を経て低水準貯蓄へ」という悪循環から抜け出すことが必要だとした。また，ロストウの「発展段階論」は資本主義を採ることで途上国がテイクオフを経て豊かになっていくとした。ミュルダールは『アジアのドラマ』[42]という大著によってノーベル経済学賞を受賞した。

　この当時の開発経済学ではハロッドとドーマーによる成長論にもあるように，貯蓄と投資を増やすことが経済成長にとって最も必要であると考えており，生産性向上に関する議論はあまり行われなかった。そこでは，途上国では資本の不足と外貨の不足という二つのギャップがあり，このギャップを埋めるための大規模な開発援助と政府主導のビッグプッシュによる物的資本への投資が必要とされた。そうすることによって，大規模な外国からのインフラ部門への援助と政府主導の工業化を推進できれば経済成長率が加速し，その結果として貧困層に恩恵が及んで国全体が豊かになっていくという「トリックルダウン」効果が期待されていた。

　工業化の推進という点において，すべての産業を政府のビッグプッシュで一度に立ち上げるべきだという立場と，工業化が比較的進めやすい産業から始めて産業構造を多角化していくべきだという立場の二つが存在した。後者においては，ハーシュマンが**産業間のリンケージ**[43]の重要性を唱えた。ただし，両者の間にそうした違いはあれど，工業製品を輸出するというのではなくそれまで輸入していた製品を国内での生産に振り替えていくという輸入代替工業化の推進が必要だという議論には共通性があった。

▷1　政府主導の計画のもと，幅広い産業で大規模な投資を推進し，国内市場規模を同時拡大をすれば，構造的な「貧困」の悪循環から脱却し経済成長を加速化させることができるとする考え。

▷2　『アジアのドラマ』　当時インド駐在のスウェーデン大使であったグンナー・ミュルダールが任期中に現地で自ら実施した調査研究に基づいて執筆した著作（1968年出版）。後進国の開発は，人間の「態度」と社会の「制度」ゆえに決して容易ではないと指摘した。

▷3　産業間のリンケージ　一国に存在する異なる産業間の関連のことで，これはフォワード・リンケージ（ある産業への投資がそのバイヤーである産業の振興を促進する）とバックワード・リンケージ（ある産業への投資がその産業に対するサプライヤーである産業の振興を促進する）に分けられる。例えば，農産物の栽培だけでなくその加工を行う製造業を育成するリンケージは，バックワード・リンケージとなる。

② 1970年代：ベーシック・ヒューマン・ニーズ（BHN）概念の台頭

　政府主導による物的資本への投資が重視される一方，この時期盛んであった構造主義の開発経済学においては，教育保健などの分野における人的資源への投資についての議論はおざなりの感があった。過度な工業化への期待から，農業部門の投資も十分に行われなかった。トリックルダウン効果も進まず，雇用の創出や貧困の削減においても不十分な成果しか上げられない国が多かった。

　1960年代の後半から70年代の初めにかけて，こうした政府主導の工業化戦略に基づいて開発を進めてきた多くの途上国で経済成長の行き詰まりは，誰の目にも明らかとなってきた。そうしたことから，構造主義の経済学に対する疑問が膨らんでいった。

　そこで1970年代になると，所得の再分配や雇用の拡大，人的資本への投資を重視する考え方あるいは**改良主義**が盛んとなってきた。

　「ベーシック・ヒューマン・ニーズ（BHN）」との言葉がよく使われるようになったのもこの頃からである。BHNとは，人間にとって必要な教育，保健，安全な水，住居など人間にとって最低限必要なものであり，1976年に国際労働機関（ILO）は，衣食住や水・衛生・健康・教育など社会の基本的サービスや雇用および社会参加を人間の基本的ニーズとして推進すべきであると主張した。

　この時代には，二度にわたる石油ショックから，産油国とそれ以外の途上国との間のいわゆる「南南問題」と呼ばれる格差も深刻なものとなった。

　1980年代に入ると多くの中南米やアフリカ諸国で起きた債務危機とともに，こうした動きも一段落することとなった。そして，世界の多くの国々で債務危機を救済することに乗り出した国際通貨基金（IMF）と世界銀行による新自由主義的な構造調整が全盛期を迎えることとなった。

③ 1990年代：ベーシック・ヒューマン・ニーズ（BHN）概念の浸透

　1990年代以降，債務危機の処理が一段落するとともに，貧困削減の重要性が認識されるようになった。また，国連開発計画（UNDP）は1990年に『人間開発報告書（*Human Development Report*）』という年次報告を初めて発行した。そこでは人間開発はアマルティア・センのケイパビリティ・アプローチに基づいて「人々の選択の拡大過程」と定義され，「人々の選択」の中で重要なのは，長寿で健康な生活，教育（知識の獲得），および人並みの生活水準を享受することであり，これに加えて政治的自由，人権の保障，個人の尊厳が含まれた。こうして1970年代のBHNの概念も拡大したものとなった。また近年では，貧困の罠から抜け出すための多額の開発援助を重視する「ビッグプッシュ」の議論と同じような論調をとるサックスと，援助不要論を唱えるイースタリーとの間で「援助の有効性」をめぐる論争も行われている。　　　　　　　（近藤正規）

▷4　改良主義
経済成長の分け前を貧困層に有利になるように再分配し，教育や保健の分野で人的資本へ投資することを重視すべきという考え方。世界銀行は，1968年から81年にかけてのマクナマラ総裁時代，それまでの構造主義に基づいた開発からこうした改良主義へと姿勢を変えていった。

▷5　1974年の国連資源特別総会では，世界秩序の根本的な再編成を目指した「新国際経済秩序樹立に関する宣言」が採択され，「新国際経済秩序（New International Economic Order: NIEO）」を形成する機運も高まった。

▷6　⇨　Ⅰ-3

▷7　⇨　Ⅰ-6

（問い）
途上国が開発を進める上でビッグプッシュ戦略とベーシック・ヒューマン・ニーズ（BHN）アプローチのどちらがよいと思うか。それはなぜか。

（参考文献）
国連開発計画「人間開発報告書」（毎年発行）。

I　開発協力へのアプローチの理論の変遷と展開

 工業化へのアプローチ：輸入代替工業化と輸出志向工業化

1　輸入代替工業化：一次産品依存型経済からの脱出へ

　輸入代替工業化[1]戦略では，工業化の初期の段階で，**幼稚産業**[2]（Infant Industry）が一定期間の間外国からの輸入から保護され，その間に国際競争力をつけたら関税を徐々に引き下げるという考えであった。

　幼稚産業を保護するというこの考え方は，元来19世紀に英国に追いつくために当時の後進国であったドイツで提唱されたものであるが，1950年代から60年代にかけて宗主国から独立して間もない多くの途上国で実行に移された[3]。

　加えて，当時は「**輸出ペシミズム**[4]」も盛んで，これが輸入代替工業化を行う動機ともなった。国連のプレビッシュとシンガーによる「プレビッシュ・シンガー命題」に基づくと，一次産品輸出国家は交易条件が次第に悪化するため，工業製品の輸出へと転換を図ることが望ましいとされた。彼らの議論においては，先進国における第一次産品に対する需要の弾力性は所得についても価格についても低いから，自由貿易は交換条件の悪化を通じて途上国から先進国への所得移転をもたらす[5]とされ，そのため輸入代替工業化政策によって一次産品依存型の経済からの脱出を図らなければならないと提唱された。

2　輸入代替工業戦略の罠

　輸入代替工業化のため幼稚産業を保護する政策の手段は，関税，輸入枠数量割当，過大評価された為替レート[6]の三つがある。関税だけでなく輸入枠数量制限で外国からの輸入品との競争を遮断し，一方で実力以上に評価された為替レートによって資本財や原材料を安価に輸入してそれらを保護しようとする産業に対して供給することを政府が間接的にサポートした。後に行われたクルーガーらによる世界銀行の調査によると，1980年代までの途上国における一次産業から工業部門への所得移転における為替レートによる所得移転は，関税や輸入枠による直接的な所得移転の二倍にも及ぶということが明らかにされた。

　輸入代替工業化の青写真とは違い，大半の途上国では期待した成果を上げることができなかった。多くの国々で輸入代替工業化戦略が失敗した理由はいくつか挙げられる。第一に，保護された幼稚産業は競争から守られているばかりで学習効果とともに生産性を向上することを怠った。第二に，それとも関連するが，これらの企業は自らの既得権益を維持するための「レント・シーキング

活動」と呼ばれるロビイング等の政治的な活動をすることの方ばかりに熱心になった。当然の結果として汚職の蔓延にもつながった。第三に，こうして保護された企業は大企業でかつ資本集約的であることが多く，国全体で見た場合の雇用の創出という点でもマイナスに働いた。第四に，本来一次産品を輸出して外貨を稼げるはずであったのに，過大評価した為替レートで競争力のない製造業への間接的な所得移転を図ったため，その後の外貨不足や債務危機を招くことにつながった。

③　輸出志向工業化：1970年代以降の東アジア成功事例に学ぶ

　一方，東アジアでは1970年代以降，アジア経済危機が起きた1997年に至るまで，アジアNIES（新興工業経済地域）と呼ばれる韓国，台湾，シンガポール，香港や，ASEAN加盟国のタイ，マレーシア，インドネシアが高度経済成長を達成し，その工業化政策が注目を集めることとなった。この時期に先進国では新たな成長産業が育っていく一方で，繊維産業に代表されるような**労働集約型産業**の衰退が高賃金化とともに進んでいた。労働集約型産業の製品に対する世界的な需要の拡大とともに，これらの産業で優位性のあるNIESやASEAN諸国が輸出を拡大して経済成長を加速させ，これらの国々ではその後産業構造も高度化させていった。

　加えて1985年のプラザ合意に基づく急激な円高の進行は，日本企業のASEAN諸国への工場移転を加速させた。同時にこれらの国々に供与された日本の円借款もインフラ整備などにおいて大きな役割を果たした。

　このように輸出志向工業化に成功したNIESやASEAN諸国では工業化の初期の段階では輸入代替工業化を採ったものの，消費財，中間財，資本財のすべての産業において輸入代替工業化を進めるのではなく，比較優位のある消費財に限って輸入代替工業化を進め，それが完了した時点で輸出志向工業化に転じたこと，また輸入代替工業化を進めている段階において競争を重視したことなどが成功の要因として考えられている。

　この頃，工業化に成功したアジア諸国において政府が果たした役割に関して多くの研究がなされた。世界銀行は東アジアの国々における政府の役割について分析し，1993年には『東アジアの奇跡──経済成長と政府の役割』と題された書物も発表している。

　最後に，輸出志向型工業が輸入代替工業化よりも正しいアプローチであるという考え方は一般的に支持されているものの，実際に輸出志向工業化で成功した国は東アジアと東南アジア以外ではまだ多くない。そのような中にあって，繊維製品の輸出を梃に経済成長を遂げたバングラデシュなどは注目されており，今後は例えばカンボジアやエチオピアのような他の国でも同じような成功が続くことが期待されている。

（近藤正規）

▷7　Krueger, Anne O., Maurice Schiff and Alberto Valdés, *The Political Economy of Agricultural Pricing Policy*, Johns Hopkins University Press for the World Bank, 1991.

▷8　労働集約型産業
事業活動の大部分を人間の労働力に頼る割合が多い産業。一方，資本集約型産業とは，資本つまり生産設備が事業の中心になる産業のこと。

▷9　例えば，タイの自動車産業，マレーシアの電機産業において日系企業の果たした役割は大きい。

▷10　The World Bank, *The East Asian Miracle: Economic Growth and Public Policy*, The World Bank, 1993.

（問い）
①途上国が経済発展を目指す上で，輸入代替工業化と輸出志向工業化とどちらの工業化戦略がよいと思うか。それはなぜか。
②輸入代替工業化と輸出志向工業化のそれぞれのメリットとデメリットは何か。

（参考文献）
世界銀行『東アジアの奇跡──経済成長と政府の役割』東洋経済新報社，1994年。

新自由主義的経済アプローチと開発

① 1980年代：新自由主義の台頭

　1970年代の二度の石油ショックを経て，1980年代以降それまで主流であった大きな政府と福祉国家を目指すケインジアン的アプローチに対する批判が先進国の間で高まった。これに対して1980年代に台頭したのが「新自由主義」といわれるものである。ハイエクの新自由主義論などを根拠にするこの市場万能の考え方は，米国のレーガン政権によるレーガノミクスや英国のサッチャー政権によるサッチャリズムに代表されるように，各国で広がっていった。今世紀に入ると日本では小泉政権によって新自由主義的アプローチによる経済改革が進められた。

　この新自由主義的アプローチは1980年代にかけて途上国でも主流となった。その背景には，これらの国々で1950年代以降政府主導の工業化を進めてきたものの，非効率な官僚機構や汚職といった「政府の失敗」が明らかになったこと，その結果として中南米やアフリカ諸国において政府の累積債務問題が深刻化したことなどがある。

　新自由主義的アプローチの中心的役割を担ったのは，途上国の支援に乗り出した国際通貨基金（IMF）と世界銀行である。1980年代にIMFと世界銀行は構造調整プログラムに基づく融資プログラムにおいて，その借入れ条件として，一定の政策変更の実行を求めるコンディショナリティを課した。このコンディショナリティには，IMFによる緊縮財政・金融政策によるマクロ経済の安定化のための為替レート切下げ，マネー・サプライ抑制，財政赤字削減，世界銀行による計画経済の廃止や規制の撤廃，国営企業の民営化などが含まれる。

② ワシントン・コンセンサス

　こうしたIMFと世銀による新自由主義アプローチは，先進国や援助機関の間でいわばコンセンサスとなっていった。このコンセンサスは「**ワシントン・コンセンサス**」と呼ばれる。このワシントン・コンセンサスは，そもそも国際経済研究所のジョン・ウィリアムソンが作成した10項目からなる政策改革のリストを基にしており，その後IMF，世界銀行，米国政府等がワシントンで合意した「ワシントン・コンセンサス」は，以下の10項目である。

▷1　新自由主義的経済アプローチとは，価格メカニズムによる市場の調整能力を信頼し，市場メカニズムと民間活力導入による経済成長を目指すアプローチのこと。

▷2　⇨Ⅸ-2

▷3　ワシントン・コンセンサス
米国政府・IMF・世界銀行などワシントンに本拠を置く機関の間で1990年前後に成立した，開発途上国に対する政策に関する合意。

①財政規律（財政赤字の削減）

②財政支出の優先順位（補助金の削減，インフラ投資）

③税制改革（税収増大，徴税基盤の拡大と適度な税率）

④金利水準（適度な実質金利）

⑤為替レート（貿易財の国際競争力に見合った水準）

⑥貿易政策（輸入自由化，数量制限から関税へ，関税引下げ）

⑦外国直接投資の受入促進

⑧民営化の推進

⑨規制緩和（企業の参入や退出）

⑩財産権（インフォーマル部門における確立）

　しかし1980年代を席巻した新自由主義アプローチに基づく構造調整プログラムは多くの国で失敗することとなった。東アジア諸国と比較した際のアフリカ諸国の低い経済成長と貧困層の拡大は深刻な政治社会問題も引き起こす結果となり，IMFや世銀に対する批判も広がっていった。[44]

　IMFや世銀自身の見解によると，多くの国々で構造調整プログラムが失敗した主な要因は，途上国のガバナンスの弱さとオーナーシップの欠如といった被援助国側の問題であった。この考え方に対してはいろいろな議論や研究がなされ，IMFや世銀は様々な問題を考慮して改良を加えていった。ロドリックは，こうしたIMFや世銀の新しいアプローチへの修正を基に，先に述べたワシントン・コンセンサスにさらに以下の10項目を新たに加えた。[45]

①企業統治

②汚職対策

③労働市場の柔軟化

④WTOへの加盟

⑤適切な金融規制

⑥資本取引の慎重な開放

⑦維持可能な為替レート体制

⑧独立した中央銀行とインフレ目標

⑨社会セーフティネット

⑩ターゲットを絞った貧困対策

　こうした新項目を考慮したIMFや世銀のスキームには，SIP（Sector Investment Program），CDF（Comprehensive Development Framework），PRSP（Poverty Reduction Strategy Paper）などがあり，現在も試行錯誤を得ながら改良が加えられ続けている。[46]

（近藤正規）

▷4　⇨Ⅰ-4 も参照。

▷5　多くの途上国は経済改革を進めるにあたり，金融自由化を最初の段階から進めて，短期資金の過度の流入と流出や為替レートの急激な変動に伴う国内の経済ショックといった危機に見舞われることが多かった。そのため，適切な金融規制，資本取引の慎重な開放に十分な注意を払うことの重要性が次第に認識されるようになっていった。

▷6　⇨Ⅰ-5 も参照。

（問い）
①ワシントン・コンセンサスに基づく政策パッケージの利点と欠点は何だと思うか。
②ワシントン・コンセンサスに基づく政策パッケージが途上国にさらなる貧困をもたらしたと批判されることが多いのはなぜだと思うか。

（参考文献）
Rodrik, D., "Goodbye Washington Consensus, Hello Washington Confusion ? A Review of the World Bank's Economic Growth in the 1990s : Learning from a Decade of Reform," *Journal of Economic Literature*, 44 (4) : 973-987, 2006.

新自由主義的経済アプローチの社会への影響

 ## 新自由主義的経済アプローチとは

　第二次世界大戦後に多くの国が社会復興に努め，あるいは独立を果たし，世界秩序が模索される中で，1960年代までは開発が経済成長と同義として捉えられた。そして，発展途上国が低い経済的地位に留まっていることを社会構造に欠陥があると見なした構造主義や近代化論が主流であった。構造主義は，途上国の発展の阻害要因は政府の硬直性にあり，経済構造が先進国と異質であると主張した。また，近代化論は，開発モデルを西欧諸国の国家や社会のあり方に求め，経済発展の過程や社会の構造，人々の態度や行動様式に至るまで，西欧近代諸国を頂点とした直線型の近代化への道筋を提唱した。

　ところが，1970年代に入ると失業や貧困が拡大し，構造主義や近代化論が説得力をもたなくなった。政府による諸改革が失業や貧困という課題に対して有効でない理由を求めて，主に三つの考え方が現れた。一つは，新古典派アプローチで，これは，市場の機能は途上国においても有効であるとする立場である。政府の失敗よりも市場の失敗の方がリスクが少なく，市場の自由化と輸出志向が国家の発展には有効であるとする。二つ目は，改良主義で，国の経済成長がすべての人に等しく恩恵を与えるという「トリックルダウン仮説」に疑問を唱え，経済成長の再配分政策をより重視する視点である。三つ目は，世界の資本主義経済構造が先進国と途上国の搾取構造を土台にしており，途上国の貧困の原因となっているとする**従属理論**である。

　新自由主義的経済アプローチは，新古典派経済学の流れを受けて1980年代に世界中で拡大したアプローチで，市場の自由化，政府による規制緩和などを基本として，個人や企業の自由な行動を重視する。市場の原理に従えば，効率的にサービスを提供でき，より人々の選択肢を拡大し，個々のニーズに叶うという仮定に立っている。

構造調整政策とその課題

　開発においても新自由主義が席巻したのは，1980年代の構造調整政策が多くの途上国で世界銀行と国際通貨基金（IMF）により導入された時期である。1945年から1960年代前半にかけて，多くの発展途上国が植民地支配から脱却し，独立を果たしたものの，国家建設にかかる借入費用が嵩み，1970年代後半から

▷1　絶対的貧困，失業，社会的弱者に注目し，衣食住・保健・教育・雇用などの財やサービスの供給を「ベーシック・ヒューマン・ニーズ」と定義し，国がこれらの責任を負うべきとする立場である。⇨Ⅰ-1　Ⅰ-3参照。

▷2　**従属理論**
主にラテンアメリカの研究者によって提唱された，ネオ・マルクス主義の流れを汲む理論。世界資本主義のあり方自体が中心国と周縁国からなる搾取構造を生むため，近代化論が提唱するような直線的な国家の発展の可能性は途上国にはないと主張した。

▷3　サブサハラアフリカ等の低所得国では，貧困率が上がり，識字率や初等教育就学率が下がり，社会的弱者が基礎的なサービスを受けられない事態が発生した。

80年代初頭にかけて，債務危機に陥った。これを受けて世界銀行と IMF が途上国に対してマクロ経済の安定化を意図して，政府の財政緊縮，規制緩和，関税の引き下げ等を借入条件としたのが構造調整である。これにより，政府がそれまで担っていた教育，保健，社会保障，基礎インフラ等が民間や個人負担となり，貧困層が基礎的なサービスを受けることが困難になった。1980年代が「開発の失われた十年」と呼ばれる所以である。

　国連児童基金は1987年に『人間の顔をした調整——脆弱層を守りながら成長を促進する (*Adjustment with Human Face : Protecting the Vulnerable and Promoting Growth*)』を発表した。この著書は，経済成長も重要だが，構造調整政策が脆弱層を見捨てるような政策になっていることに対して警鐘を鳴らし，市場に任せるだけでなく，基礎的なサービスについては国家が責任をもって行う必要があることを強調した。新自由主義的経済アプローチの社会への負の影響を受けて，人権，開発と女性，持続可能な開発などの議論も国連において活発化し，貧しい人の声を聴くことや，貧しい人たちが力を得て，自分たちの問題を自分たちで発見し，解決していくような参加型開発手法なども開発された。

③ 公正でインクルーシブな社会に向けて

　1980年代から90年代に新自由主義的経済アプローチが主流化してから大学生の傾向が変化したとするアメリカの研究がある。1970年代までは，哲学的生活を送ったり，政治的な出来事に乗り遅れないことが優先順位であった大学生の傾向が1980年以降に変化し，より自らの地位や所得の向上を目指す学生が増えた。新自由主義経済の影響は，様々な財やサービスを市場に任せることによって，競争を促し，効率性や質の向上を狙う一方で，生活の質を追求する意味で個人主義化をもたらし，格差を助長し，社会的な志向性や脆弱な層の状況への配慮が失われていったとする見方もある。こうした負の側面に対応すべく1996年に出版された経済協力開発機構（OECD）開発援助委員会（DAC）による「DAC 新開発戦略（1996-2015）」では，貧困削減が初めて国際目標として掲げられ，2000年の国連ミレニアム開発目標（MDGs, 2000-2015）に引き継がれた。

　また，個人の費用と便益の比較のみによって個人の選択を拡大することでサービスの経済効率性を重視することにより，環境問題，平和維持，人権尊重といった社会の共通善をいかに守っていくのか，という視点が失われたことに対する課題意識も1990年代以降，徐々に広まり，2015年の「持続可能な開発目標（SDGs, 2016-2030）」に反映された。現代では，一方で新自由主義経済アプローチが脈々と続きつつも，他方でそれに対する反動としての公正性，包摂性（インクルージョン），持続可能性という社会的価値が謳われている。経済，社会，環境のバランスをとりながら，様々な環境に置かれる人々に配慮し，誰も取りこぼさない社会を創造していくことが現代社会の課題である。　　　（西村幹子）

▷4　このレポートを作成した著者の中には1990年に国連開発計画が初めて発行を開始した『人間開発報告書』の立ち上げに関わった国連職員（リチャード・ジョリー等）もいた。

▷5　その後，世界銀行も構造調整政策が招いた負の側面を認識した。1990年に発行した『世界開発報告』は，真っ黒な表紙に，「貧困」と書かれた特集号となっており，構造調整の負のインパクトを世界銀行自身も認識した論考となっている。

（問い）

①私たちは日々の生活の中で新自由主義的アプローチの影響をどの程度受けているだろうか。
②新自由主義的アプローチによって取りこぼされる人々に対する方策について考えてみよう。その方策が対象とする具体的な対象，方策にかかる費用，期待される効果を検討し，政策として説得力をもてるか議論してみよう。

（参考文献）

絵所秀樹『開発の政治経済学』日本評論社，1997年。
UNICEF, *Adjustment with Human Face : Protecting the Vulnerable and Promoting Growth*, UNICEF, 1987.
World Bank, *World Development Report 1990*, World Bank, 1990.

Ⅰ　開発協力へのアプローチの理論の変遷と展開

5　貧困削減アプローチ

▷1　国際開発金融機関の中心的存在である世銀，国連開発機関の統括調整役のUNDP，二国間援助の政策調整機関であるOECD ─ DACは，1990年前後にそれぞれ『世界開発報告1990』『人間開発報告書1990』『1990年代の開発協力』を発表した。世銀報告書は資源・労働力の生産的な活用と基礎的社会サービスの改善，UNDP報告書はマクロ経済成長重視の開発から人間中心の開発概念への転換を提起，DAC報告書は市場経済の拡大と幅広い民衆の開発過程への参加（参加型開発）に基づく持続的な経済成長を提言し，その後の開発アプローチに大きな影響を与えた。

▷2　1990年代末にG7等の場で過去の債務返済の見込みが立たないHIPCsへの債務帳消しの方向が定まる中で，主要ドナーが世銀・IMFにHIPCsの経済運営の監視役を担わせようという動きが生まれ，世銀はその支援にあたって途上国政府がPRSPを作成し世銀とIMFの合同審査と理事会の承認を得なくてはならないという仕組みをつくった。さらにPRSP作成を求める対象国をHIPCsばかりでなく，IDA（国際開発協会）支援

1　「経済開発」と「社会開発」

　経済学の標準的なテキストでは，「経済開発」は経済規模の拡大（経済成長）と経済の構造変化を総合した現象，つまり国民一人当たりの所得や生産の増加に加えて，産業構造，就業者構造，消費行動や生活パターンの変化などを総合した現象として定義されている。したがって，経済開発は所得や富の増加だけを意味しているわけではないが，経済開発の度合いを示す指標として通常使われるのは一人当たりの所得，購買力，生産（すなわちGDPやGNI）などである。開発経済学では特に「人間としての必要最低限の生活水準を維持するために必要な購買力」を重視してきた。最低限必要な収入は「貧困ライン」と呼ばれ，世界銀行は貧困ラインを各国の物価水準の差を考慮した「購買力平価」で測定し，1日1.90ドル以下の層と定義している（2015年より）。

　経済開発のアプローチが経済や所得・生産に偏りすぎているという批判は，かなり早い段階から提示され，この批判の中から「社会開発」の概念が登場した。社会開発は経済優先の開発路線を是正する試みとして，1960〜70年代に「人間の尊厳を守るために最低限必要な生活条件（ベーシック・ヒューマン・ニーズ）」に焦点を当て，途上国の生活条件を示す様々な指標の測定が行われた。乳幼児死亡率，平均寿命，識字率，初等教育就学率，水へのアクセス可能な人口比率などの「社会指標」であり，これらは国連開発計画（UNDP）が1990年より作成するようになった「人間開発指数（Human Development Index）」にも導入されている。この面の統計の整備によって，途上国の人々の生活状態の国際比較が容易になったともいえる。

2　「新古典派」と貧困削減の重視

　開発経済学には大きく分けて，もともとマルクス経済学の流れを汲む学派と，米国の新古典派経済学の学派の二つの流派があると考えられる。

　マルクス主義は，特に1990年代以降，旧ソ連・東欧の社会主義体制の破綻とともにその影響力を減じさせたが，途上国の開発をその歴史や社会構造にも目を向けながら議論するアプローチは，開発途上国の地域研究のアプローチやその後の国連開発機関の開発論などにも少なからず影響を与えている。他方，今日の経済学の主流は，サミュエルソン以来の新古典派の流れを汲む経済学であ

る。新古典派経済学では，市場メカニズムを重視し政府の市場への介入を限定的なものと見なすが，近年では，新古典派の中からも，市場経済の前提としての社会制度や情報の重要性を指摘する議論（これを「新制度学派」と称する）が台頭している。

　新古典派経済学を基礎とする開発アプローチを「ワシントン・コンセンサス（Washington Consensus）」と一般に称するが，社会制度の要素を取り込んだその後の議論は「ポスト・ワシントン・コンセンサス」とも呼ばれる。また，こうした新制度学派の議論の延長として，社会関係資本（ソーシャル・キャピタル）という概念を使って，個人や共同体の経済的意志決定に影響を与える社会規範や制度組織の分析も盛んに行われるようになった。実際の開発現場でも，貧困対策は近年の国際開発の最重要課題となり，マクロ経済的な安定と成長を重視してきた伝統的な新古典派の教義は，貧困削減と保健・医療や教育分野などの社会開発をより重視する方向（Pro-poor Growth あるいは inclusive growth）へと変化してきたといえよう。

❸　世界銀行と国連開発グループの貧困削減アプローチ

　開発論の流れを左右してきた世界銀行と国連グループは，それぞれ上述した新古典派および社会開発の貧困認識やアプローチを吸収しながら，貧困削減に関する新たな戦略を打ち出してきた。両者の開発思想は，国際社会の貧困削減アプローチにも大きな影響を与えている。その内容を最も典型的に表しているのが，世銀が毎年発表している『世界開発報告（*World Development Report*）』，および UNDP が1990年以降，毎年編集・発行してきた『人間開発報告書（*Human Development Report*）』であり，各々の視点から開発課題を捉えている。[41]

　また，世界銀行は1997年に包括的開発枠組み（CDF）を提示し，これをもとにマクロ経済政策からインフラ建設，社会開発，貧困削減，ガバナンスなどあらゆる開発の課題を一つの枠組みの中でまとめ，国際機関や各ドナーがそれぞれの比較優位のある分野を分担しながら密接に協力し相談しつつ，途上国側の開発戦略と連携して支援していくことを主張した。これがより具体的な形で結実したものが『貧困削減戦略報告書（*Poverty Reduction Strategy Paper*: PRSP）』である。多くの途上国で PRSP を中核に各ドナーが支援する国際援助協調の仕組みが2000年代に広まった。[42]

　国際的な重債務貧困国（HIPCs）の債務削減や世界銀行の貧困削減戦略に見られるように，貧困対策は近年の国際開発の重要課題となっており，マクロ経済的な安定と成長を重視してきた伝統的な新古典派の教義は，貧困削減と保健・医療や教育分野などの社会開発をより重視する方向へと変化してきたともいえる。

（稲田十一）

の対象国すべてに広げた。また，世銀・IMF の融資や債務削減を受けるためには，従来のマクロ経済運営に関する改革の条件だけでなく，貧困対策や社会開発政策も審査の対象となった。その後，多くの開発途上国で PRSP を中核に各ドナーが支援するようになっており，これを「PRS（貧困削減戦略）レジーム」と称することもある。また，開発の様々な分野ごとに関係省庁と各ドナーを含めた現地でのワーキング・グループ会合が頻繁に開催されルーティン化されてきた。こうした伝統的ドナーを中核とした「パートナーシップ・アプローチ」「国際援助協調体制」は2000年代に強化されてきた。しかし，中国などこうしたワーキング・グループ会合に参加しないドナーの影響力が高まるにつれ，2010年代には国際援助協調体制は影響力を低下させつつあるように見える。

（問い）

開発途上国の「開発」を進めるために，「経済開発」と「社会開発」の二つの考え方のどちらがより重要だと思うか。あるいはどのように補完していると思うか。理由や具体例を挙げて自分の考えを述べてみよう。

（参考文献）

稲田十一『国際協力のレジーム分析』有信堂，2013年。ウィリアム・イースタリー（小浜裕久・織井啓介・富田陽子訳）『傲慢な援助』東洋経済新報社，2009年。絵所秀紀『開発の政治経済学』日本評論社，1997年。

Ⅰ　開発協力へのアプローチの理論の変遷と展開

ケイパビリティ・アプローチ

① 貧困研究の進展

　世界の各地に生きる人々が，それぞれの願いを実現し，よりよい人生を生きることができるか。もしもその実現を阻む要因があるとすればそれは何か。どうすれば社会的に恵まれない人たちも生きがいのある人生をおくることができるようになるか。これらは貧困をなくそうとする開発学にとって中心的な問いである。ケイパビリティ・アプローチ（CA）は，それまでの経済成長中心の考え方から社会開発や人間開発への相対的転換を促す重要な契機となった。

　生きがいを感じられる人生の実現という大きなテーマについては，歴史的には無論古くから探求されてきた。しかし，CA は，**センとヌスバウム**という2人の研究により，特に1980年代以降開発学に大きな影響を与えてきた。

　この考え方は次のようになる（図1）。人が生きるためには様々なモノが必要であり，そのためには一定の所得も求められる。そのようなモノを活用するためには各種の潜在能力が個人に備わっている必要がある。身体的に健康であるとか，運動能力であるとかである。これらがケイパビリティで，個人が備えているケイパビリティの種類や程度はまちまちである。そして，モノをケイパビリティによって活用し，自らが実現したいと望んでいる状況が達成されることがファンクショニングズ（機能）である。望むべき状況には，食事により空腹を満たすといった単純な欲求の充足から，地域社会への参加により公的な問題を解決するなどいくつもの内容が含まれる。本来人間は様々な事柄を達成したいと思っているが，他方いろいろな原因によってその実現を阻まれることも多い。つまり，ケイパビリティとは，人が何かを行ったり，何かになったりするための実質的自由である。そしてこの個人の自由の実現は，様々な社会的諸条件に制約されるため，CA は個人と社会の相互作用を考察する。

　一例として，自転車に乗るという場合を考えよう。モノとしての自転車があっても，それを活用し自由に行きたいところへ行くことができるためには，本人にそれを乗りこなす能力（ケイパビリティ）が必要である。子どもであれば練習して乗れるようになる必要が

▷ 1　⇨ Ⅰ-7 および第Ⅵ章

▷ 2　**セン**（Amartya Sen, 1933-）
インドの経済学者，哲学者。1943年のベンガル大飢饉を9歳で経験したことがきっかけで，貧困・飢餓の研究に取り組む。1998年にアジア人として初めてノーベル経済学賞を受賞。

▷ 3　**ヌスバウム**（Martha Craven Nussbaum, 1943-）
アメリカの哲学者，倫理学者。センとの共同研究により，開発における規範的議論の重要性を提示。代表作の一つは，『女性と人間開発』岩波書店，2016年（原著2000年）。また，神島裕子『マーサ・ヌスバウム』中央公論新社，2013年，参照。

▷ 4　例えば，イスラーム社会では女性が一人で自転車に乗ることをよしとしない価値観も未だに根強いが，そうであれば，仮に自転車が入手できても，それを活用して自らが望む状況の実現はできない。この点は

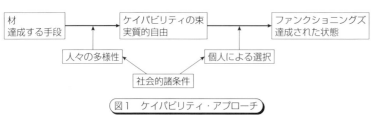

図1　ケイパビリティ・アプローチ

出所：神島（2013, 57ページ）に基づいて著者作成。

ある。そして，乗りこなせて初めて，行きたかった所で友人と楽しい時間を過ごすなど望むことを実現することができる（ファンクショニングの達成）。この際に重要なことは，モノをファンクショニングの達成に導く要因が，個人のケイパビリティのみならず，社会的・文化的要因を含むことである[4]。

2 ケイパビリティ・アプローチの意義

　このようにCAは主体性，自由，そして社会的正義を強調する規範的考え方であり，開発における従来の考え方を転換させた。それ以前の主流の開発理論では，経済成長を促進し，所得を向上させることが貧困撲滅への近道とされていた。そのため，政策決定者は，一人当たりのGDPの増減に多大の関心を払っていた。しかしながら，自転車の例にあるように，CAでは，所得によってモノが入手されるだけでは必ずしも自己実現につながらない。つまり，CAは経済成長を全否定するものではないが，経済成長や所得向上のみでは自己実現は不可能で，より自分らしく生きることができるためには，社会の諸制度からのはたらきかけが必要不可欠であることを強調する[5]。

　CAが提示することは重要である。第一に，貧困は食糧や住居といった物質的欠如とそれを入手可能にするお金の問題だけではなく，より幅広い概念である。貧困とは単なるモノの欠如ではなく，モノをそれぞれの人が活用しようとする際の自由（freedom(s)）の剝奪である[6]。自転車の例のように，何が欠如しているかよりも，どのような状況の下で欠如が発生しているかの方がより重要であり，それぞれの個人にとってより望ましい（well-being）状況の実現が社会的・文化的諸要因によって阻害されているのであれば，それを政策により改善の方向へ導く議論が多くの参加者の討議によってなされる必要がある。

　第二に，CAは自由に焦点を当てるため，社会における様々な不平等を解消することが不可欠となる。すなわち，男女不平等のみならず，世代間や民族間といった各種の不平等の解消が望まれる。とりわけジェンダー[7]と開発との関連性は重要である。さらに近年の気候危機に如実にあらわれているように，今日では各種の不平等が複雑に絡み合い，世界には各種の不正義が表面化している。CAはそのような複雑な諸課題の解決を要請し，正義の実現を迫る。

　第三に，理論と実践の両面での影響力の拡大である。理論面では，倫理学を含む人文科学や社会科学の多くの分野へとCAの研究活動は及んできた。また実践面では，途上国への援助も，経済成長を支援する援助から，自己実現の基礎となる教育や保健分野での援助が重視されるようになった。さらに，個人の生きがいを阻む社会のゆがみを正すためにも，社会全体として制度能力の向上が望まれる[8]。開発実践についての考え方は，国連開発計画（UNDP）が刊行する『人間開発報告書』でより明確化されるようになった。人間の安全保障という考え方もその一つの帰結である[9]。

（斎藤文彦）

▷4　2012年のマンスール監督による映画，『少女は自転車にのって』によく描かれている。

▷5　その結果，経済成長がモノの量的拡大を意味するのに対し，社会開発や人間開発は，より広い人々を取り囲む状況の質的変化が大切であると理解されるに至った。

▷6　ヌスバウムは，いかなる政府であれ，10項目の基礎的ケイパビリティの確保が必要であると主張している。それらは，生命，身体的健康，身体的保全，感覚・想像・思考，感情，実践理性，連帯，自然との共生，遊び，環境の制御，である。ヌスバウム（2016）。

▷7　Ⅰ-9　Ⅱ-7　Ⅲ-6　Ⅲ-7　Ⅳ-5　Ⅴ-6　Ⅵ-5　Ⅶ-3　Ⅷ-5　Ⅹ-8　Ⅹ-9　Ⅺ-4　Ⅺ-5　ⅩⅢ-7　などを参照。

▷8　⇒Ⅴ-3

▷9　⇒Ⅰ-7

（問い）

ケイパビリティ・アプローチ（CA）は従来の開発のあり方に大きな見直しを迫った。自分が関心のある開発や援助のテーマに即して，従来の経済成長とCAとでは，問題解決の仕方がどのように異なるか考えてみよう。

（参考文献）

ローレンス・ハミルトン（神島裕子訳）『アマルティア・センの思想』みすず書房，2021年（原著2019年）。また，学会としてはHuman Development & Capability Association がある。

I　開発協力へのアプローチの理論の変遷と展開

 人間の安全保障

1　人間の安全保障が登場した背景

　近代以降，国家が国際関係の主要な主体として認識されてきた。国家は，自らの領土，国民，財産を，外敵から守るため，軍隊を擁した。安全保障とは，国家を単位に構想され，軍隊が国防を担う主要な主体として位置づけられた。安全保障といえば国防のことを指し，国家の安全保障と同義語であった。

　人間の安全保障の起源は，**国連開発計画（UNDP）**▷1が1993年に発行した『人間開発報告書』に求められる。その背景には，冷戦の終結がある。冷戦期には，人々は米ソの核戦争による人類滅亡の危機に怯えていた。しかし，冷戦の終結によって，他の脅威に目を向ける余裕が生まれる。冷戦後の世界は，カンボジア，ソマリア，ルワンダ，旧ユーゴスラビアでの**内戦**▷2に関心を寄せていく。内戦により，ソマリアでは国家が機能不全に陥り，旧ユーゴスラビアでは国家が解体した。国民を守るべき国家がなくなった時，誰が国民を守るのか。また，内戦は多数の難民を生み出す。戦禍を逃れて国境を越える難民を誰が救うのか。このような背景が，人間の安全保障の概念の登場を促した。

　もちろん，冷戦期にも難民は発生していた。パレスチナ難民やインドシナ難民が代表例である。難民の保護を目的として**国連難民高等弁務官事務所（UN-HCR）**▷3が設立された。しかし，冷戦後に各地で短期間に大量に発生した難民は，国家の安全保障では対応できない国際課題として，かつてない注目を集めた。

2　人間の安全保障の特徴

　人間の安全保障の最大の特徴は，国家以外の主体の安全を視野に入れた点である。国家の中に含まれてきた国民，社会，集団，個人といった非国家主体の視点からも安全保障を問う。国家の安全保障では，自国の領土を侵犯しかねない仮想敵国が安全保障上の脅威に据えられていた。他方で，人間の安全保障では，多種多様な脅威の存在を認識することを可能にした。

　例えば，コロナ禍では，他国の侵略ではなく感染症の拡大が最大の脅威となっている。地球温暖化が進む中，島嶼国の多くは海面上昇によって領土を奪われかねない。インド洋に浮かぶ環礁国家のモルジブにとっては，地球温暖化が国家の存亡の危機なのだ。地球温暖化に伴う海面上昇を防ぐ手段として，軍隊は最適ではない。異なる脅威に対しては別の手段が必要になる。

▷1　**国連開発計画**（United Nations Development Programme: UNDP）
貧困の根絶，不平等の是正，持続可能な開発を促進するために設立された国連機関。

▷2　**内戦**（Civil War）
国家間の戦争ではなく，国家内の複数の集団（政府と反政府など）による支配や分離独立・自治権の拡大をめぐる戦い。冷戦後に国際社会が介入した内戦と人間の安全保障の関わりについては，篠田英朗・上杉勇司編『紛争と人間の安全保障』国際書院，2005年，を参照。

▷3　**国連難民高等弁務官事務所**（United Nations High Commissioner for the Refugees: UNHCR）
難民条約に基づき，世界各地の難民の保護と支援を目的に設立された国連機関。現在では，国境を越えた難民だけでなく，国内に留まった国内避難民，外国から戻った帰還民，無国籍者に対しても支援を提供する。

▷4　**世界人権宣言**（Universal Declaration of Human Rights）

安全を保障すべき対象の範囲が，国家から個人まで拡大した。それに伴い，脅威も多様に捉える必要に迫られる。環境，人権，自然災害，貧困など，従来の安全保障では議論の俎上に載らない脅威への対処が，国家に求められるようになった。

ここに，安全保障の議論が開発と結びつく。**世界人権宣言**[14]にもある「恐怖と欠乏からの自由（freedom from fear and want）」が，人間の安全保障の根幹に位置づけられた。この二本柱に「尊厳をもって生きる自由（freedom to live in dignity）」が加わり，人間の安全保障の三要素が構成された。「命（survival）と暮らし（livelihood）と尊厳（dignity）」は，2012年9月の国連総会決議（A/RES/66/290）にも謳われている。

人間の安全保障を実現していく方法に，保護と**エンパワーメント**[15]がある。保護とは，安全保障を必要とする人々や集団が，外部からの支援によって守られることを指す。衣食住に関わる人道支援物資の提供は，その一例である。治療，悩み相談，予防接種などの医療的な保護が必要な場合もあるだろう。法律や権利についての助言など，法的な保護が有益な時もある。軍隊，警察，民生委員，児童委員による物理的な保護が求められるような事態も少なくない。

他方，個々人や集団が自らの安全を自律的に確保できるように支援するのが，エンパワーメントである。所得を得て生計が安定するように，職業訓練が提供される。女性の社会進出を促す法整備がなされる。住民の意思決定権や発言権を高める取組みが推進される。教育も，エンパワーメントに含めてよい。

③　開発に与えた影響

人間の安全保障の三要素のうち，欠乏からの自由は，とりわけ開発との関連性や親和性が高い。貧困からの脱却は，開発の主要な目標だからだ。だが，所得や経済成長率の向上だけが開発の目的ではない。人間の安全保障の視点が導入されることで，開発のあり方が見直される。

経済的成長だけでなく，人間の基本的な権利や尊厳が保たれるような状況や環境を整えていくことが，開発の目的として位置づけられた。これが人間開発と呼ばれる視点で，国民総生産（GNP）や国民総所得（GNI）のような指標からは推し測れない，開発の領域があることを示唆する。

開発は，平和や人権と切り離して追求できるものではない，という考えは，日本の政府開発援助（ODA）の指針を示す「開発協力大綱」にも反映された。大綱では，人間の安全保障の推進が，非軍事的協力による平和と繁栄への貢献とともに，基本方針に据えられている。安全保障を軍事だけでなく開発の課題としても捉えたところに，日本の重要な外交政策の柱として人間の安全保障が位置づけられた理由が見出せよう。　　　　　　　　　　　　（上杉勇司）

1948年に国連総会にて採択された。その全文にて「恐怖及び欠乏のない世界の到来が，一般の人々の最高の願望として宣言され」，「基本的人権，人間の尊厳及び価値並びに男女の同権」など人間の安全保障の三要素が明記されている。

▷5　**エンパワーメント**
（empowerment）
この用語が開発の文脈で用いられる時，援助を受ける人々が，外部からの支援に依存することなく自立できるようにするための取組みを意味する。主体性を取り戻す。必要な能力を身につける。自立を阻む制約を取り除く。機会が与えられ，参加が促される。これらが，その取組みに含まれる。

（問い）

日本政府は，人間の安全保障が国際社会において主流化されるために尽力してきた。日本の政府開発援助（ODA）の指針である『開発協力大綱』にも，人間の安全保障を推進することが，基本方針として掲げられた。なぜ，日本政府は，そのようなODA政策を選んだのだろうか。

（参考文献）

長有紀枝『入門 人間の安全保障（増補版）』中公新書，2021年。
アマルティア・セン（東郷えりか訳）『人間の安全保障』集英社新書，2006年。
東大作編『人間の安全保障と平和構築』日本評論社，2017年。
山田満編『東南アジアの紛争予防と「人間の安全保障」』明石書店，2016年。

I　開発協力へのアプローチの理論の変遷と展開

参加型開発

▷1　People（人間），Prosperity（繁栄），Planet（地球），Peace（平和），および Partnership（パートナーシップ）を指す。
⇨ I-10

▷2　ロジカル・フレームワーク
アメリカ合衆国国際開発庁（USAID）が用いる手法。開発プロジェクトの目的や活動，投入等を表示して一目でわかるように工夫されており，PDM もこれに倣っている。

▷3　ZOPP（目的志向型プロジェクト計画立案手法）
ドイツの ODA 実施機関であるドイツ技術協力公社（GTZ）が用いるプロジェクトの状況分析，計画立案，実施およびモニタリング・評価の手法。段階的な参加型ワークショップを通じて実施される。

▷4　チェンバース（Robert Chambers, 1932-）

（出所：https://www.ids.ac.uk/people/robert-chambers/）

① 人間中心の開発（人間開発）と参加型開発

　国際開発のアプローチは，1990年代にかけて「経済中心の開発」から「人間中心の開発」への大きな転換を迎えた。マクロ経済成長によってその成果が貧困層まで滴り落ち（トリックルダウン仮説），経済格差は縮小に転じる（S. クズネッツの逆 U 字仮説）等への疑問とともに，人間を中心に据え，貧困層に裨益する「裾野の広い開発」や参加型開発の重要性が提起されるようになった。1990年，国連開発計画（UNDP）は『人間開発報告書』の刊行を開始し，人間開発においては，経済開発は目的ではなく手段であり，「すべての人類の共有財産である地球上で，平等かつ持続可能な開発を進めるプロセスに積極的に関わる自由」を重視している。

　こうした人間中心の参加型開発の考え方は，SDGs においても引き継がれている。『持続可能な開発のための2030アジェンダ』の「5つのP」の一つ，「パートナーシップ」においては，「我々は，強化された地球規模の連帯の精神に基づき，最も貧しく最も脆弱な人々の必要に特別の焦点をあて，全ての国，全てのステークホルダー及び全ての人の参加を得て，再活性化された『持続可能な開発のためのグローバル・パートナーシップ』を通じてこのアジェンダを実施するに必要とされる手段を動員することを決意する」と述べられている。

② 参加から主体へ：参加型開発の変容

　今日，国際開発において様々な参加型のアプローチや手法が取り入れられるようになり，参加型開発は主流化されてきたといえよう。だが，参加型開発に関する根源的な問いとして，「誰がどのように開発に参加するか，開発の主体は誰か」が重要である。我が国においては，1990年代より国際開発機構（FASID）を中心に，ロジカル・フレームワークや ZOPP を踏まえて，プロジェクト・サイクル・マネジメント（Project Cycle Management: PCM）手法の開発や研修が行われ，国際協力機構（JICA）の開発プロジェクト等で実装されている。PCM においては，多様なステークホルダーによる参加型ワークショップ等をつうじて，問題分析，目的分析，プロジェクトデザインマトリックス（PDM）の作成等を行い，これに基づいて，プロジェクトの立案，実施，モニタリング・評価を行うものである。PCM は基本的に「プロジェクトありき」であり，

住民は外部からもたらされる開発プロジェクトへの参加者である。

他方，**ロバート・チェンバース**[44]の提唱する参加型学習行動（Participatory Learning and Action: PLA）は，「住民主体の開発」を目的としている。PLA は同じくチェンバースが提唱した迅速農村調査（Rapid Rural Appraisal: RRA）を発展させたものである。従来，農村調査は文化人類学者による長期間にわたる参与観察等によって行われてきた。これに対し，RRA の画期的な点として，マッピング，ランキング，ダイアグラム等といった手法を用いる住民参加型のワークショップ等を通じて，草の根の住民の現状や課題を分析し，ニーズを把握できる点が挙げられる。

PLA においては，RRA と同様の調査手法を用いるものの，目指すところは異なっている。RRA はあくまで外部の調査者が住民のデータを収集し分析するための参加型調査手法であるが，PLA においては住民が主体的に問題を発見し，学び，行動することを目指し，外部者はファシリテーターに過ぎない。「開発に参加するのは，その主体である住民ではなく，むしろ外部者」であり，「変わるのは私たち」外部者なのである。

3 内発的発展論と SDGs 時代の住民主体の開発

こうした住民自身が主体となる重要な開発モデルとして，内発的発展論がある。内発的発展論は，鶴見和子が当初「内発（土着）的発展論」と呼び，西洋的な「単一的発展系」が「それぞれの歴史的文化的伝統を独立変数として評価しない」，ことへのアンチテーゼとして，多様性を重視した開発として提唱した。内発的発展論は西川潤により次のとおり定式化されている。①内発的発展は経済学のパラダイム転換を必要とし，経済人に代え，人間の全人的発展を究極の目的と想定している，②内発的発展は他律的・支配的発展を否定し，分かち合い，人間解放など共生の社会づくりを指向する，③内発的発展の組織形態は参加，協同主義，自主管理等々と関連している，④内発的発展は地域文化と生態系重視に基づき，自立性と定常性を特徴としている。

SDGs 時代の住民主体の開発において，内発的発展論は次の点から注目される。第一に，SDGs は目標ベースのガバナンスによる自律分散型のアプローチを特徴としている。これに向けて内発的発展の，それぞれの社会に根差したボトムアップによる多様性を重視した開発アプローチが鍵となる。第二に，SDGs の経済，社会，環境の三本柱に加えて，内発的発展論で強調される文化が第四の柱として注目される。『2030アジェンダ』では「我々は，世界の自然と文化の多様性を認め，すべての文化・文明は持続可能な開発に貢献するばかりではなく，重要な成功の鍵であると認識する」と強調されている。そして第三に，SDGs の「誰一人取り残さない」基本理念の実現に向けて，内発的発展論が指向する人間解放，共生社会は重要なアプローチとなろう。（野田真里）

イギリス，サセックス大学開発研究所（IDS）教授を経て，現在リサーチアソシエート。長年の途上国農村での実務・研究経験を通じて，RRA，PLA 等を提唱，参加型開発に大きな影響を与えている。

問い

参加型開発の課題として，開発に参加したがらない人々や，したくても困難である人々の参加について，どのように考え，取り組むか。また，多くの場合，開発プロジェクトは目標が定められ，期間や予算といった制約がある一方，住民主体の開発はそうではないが，両者の折り合いをどのようにつけることが可能か。

参考文献

西川潤「内発的発展論の起源と今日的意義」鶴見和子・川田侃編『内発的発展論』東京大学出版会，1989年，3-41頁。
斎藤文彦『参加型開発』日本評論社，2002年。
チェンバース，R.（野田直人・白鳥清志監訳）『参加型開発と国際協力』明石書店，2002年。
野田真里「持続可能な開発・SDGs に向けた人間中心の開発と NGO／市民社会」『アジア太平洋討究』No. 28，早稲田大学アジア太平洋研究センター，2017年，197-210頁。

I 開発協力へのアプローチの理論の変遷と展開

 # 「ジェンダーと開発」の理論

▷1 ボズラップ（Ester Boserup, 1910−99）デンマーク出身の経済学者。*Woman's Role in Economic Development*（George Allen and Unwin Ltd.）はアフリカとアジアの開発過程に対する実証的な研究であり、ドナー国や国際機関など広範囲に影響を与えた。

▷2 この議論を主導したといわれるのが DAWN（Development Alternatives with Women for a New Era）のネットワークであり、1984年から現在に至るまで、開発途上国の女性の見地から持続的かつ公正な開発のために重要な提言を行っている。https://dawnnet.org/

▷3 例えば女性が食事の準備というジェンダー役割がある場合に、水へのアクセスはニーズ（実際的〔実践的〕ジェンダー・ニーズ）の一つであり、それが容易であれば、女性の負担は明らかに軽減する。また期待されるジェンダー役割がこなせていない場合に世帯内で暴力を受ける状況にあれば、実際的ニーズの充足は一時的なリスクの回避につながる。だが、根本的なジェンダー役割や規範に変化はない。一方で「戦略的ジェンダー・ニーズ」はこの従属的な立場そのものを変革するためのニーズで

① 女性はどう認知されていたのか？

ジェンダーと開発の理論の変遷は、その始まりを女性の認知に関する問題提起に見ることができる。「開発と女性（Women in Development: WID）」という概念は、1960年代後半から70年代初めに登場している。経済学者の**ボズラップ**[1]が1970年に発表した *Woman's Role in Economic Development* では、経済開発によって受ける影響が男女間において異なっていることや、女性の経済貢献や役割が過小評価されていることを指摘した。この指摘にあるように、当時の開発プロジェクトは、女性を家事や育児だけを担う存在と認知したり、女性を開発の主体的な担い手とは捉えていなかった。女性が開発に参加する必要性は、わずかに主張されはじめていたが、開発プロジェクトはその担い手として「男性」を前提にしていた。そのため、女性は開発の恩恵からも排除されていた。このような背景から、WID は、家事や育児だけではなく、例えば農業などで女性が担う役割や貢献をしっかりと認識し、開発の担い手として女性を捉え、開発の受益者であることを確認する概念である。そして開発に女性を組み込むことによって、より効果的な開発を目指す考え方である。

WID の概念はその後に各国の援助政策にも組み込まれるようになる。さきがけはアメリカ合衆国国際開発庁（USAID）で、1973年の対外援助法の修正で WID の概念を盛り込んだ。この当時の背景として忘れてはならないのが、1960年代後半から展開された女性運動である。あらゆる分野で、既存の制度や考え方を問い直すことが求められた時代であり、そこには対外援助の分野も含まれたのである。女性運動が盛り上がりを迎える中で、国連は1975年を国際女性年とし、第1回世界女性会議がメキシコ・シティで開催された。この会議では、開発過程に女性を積極的に組み込むという目標が設定され、国、国際機関や NGOs など開発に関わる機関が、WID の概念の共有と実践を働きかける契機となった。WID は開発における女性の貢献と役割を再認識することを促し、女性の生産活動への支援や、生計向上を目的としたプロジェクトの実現に貢献をした。

② 女性と開発

しかし、WID の概念には問題点も指摘された。なぜならば、WID が支柱と

する開発理論が，依然として近代化論に根ざしたもので，工業化を目指す経済開発にその焦点が向けられていたためである。そして WID が女性を既存の開発プロセスにうまく組み込むことや，女性の経済活動に主軸を置いていること，さらに，開発途上国に影響を与えるグローバルな経済格差についての議論が欠如していることなどが問題として認識された。

　そのため，1970年代後半には，「女性と開発（Women and Development: WAD)」という概念が登場した。WAD はグローバルな権力構造である経済構造や資本主義の影響，そして階級構造にも関心を寄せていたという点において，WID とは異なるアプローチである。だが，WID も WAD も，女性のみを対象とし，男性優位の社会経済構造や不均衡なジェンダー関係を見直すには不十分な理論であった。そのためこれらに替わる概念として「ジェンダーと開発（Gender and Development: GAD)」が登場する。けれども，WID や WAD が，女性の現状を把握する上での情報や統計の整備，主流の開発理論に内在する問題への指摘など，理論の発展に重要な役割を果たした点も認識しておく必要があろう。

③ GAD と今後の課題

　GAD は1980年代後半頃から議論されるようになった。GAD の議論は，主に開発途上国のフェミニスト研究者やアクティビストのネットワークなどにより主導されたといわれている。[2]

　GAD の特徴としては，女性のみに焦点を当てるのではなく，ジェンダー関係への着目と権力構造の変革を射程に含む点にある。また GAD は「女性」を一括りに捉えるのではなく，人種，エスニシティ，階級や貧困度合いによる違いに目を向ける重要性も指摘している。さらに GAD は，既存の関係性の中での役割遂行のために必要な「実際的（実践的）ジェンダー・ニーズ」と，従属構造の変革のために求められる「戦略的ジェンダー・ニーズ」を区別することを提唱している。[3]構造の変革のために，エンパワーメントを通じて，実際的（実践的）ジェンダー・ニーズから，戦略的ジェンダー・ニーズにどう転換できるのか，戦略的ジェンダー・ニーズにどう応答できるのかが重要となる。また，1995年に開催された第4回世界女性会議（北京）以降，すべての分野，レベルでジェンダー平等の視点に立ち，政策等の計画，実施，評価を行う「ジェンダー主流化」[4]のアプローチが積極的に取り入れられるようになった。[5]

　さらに，国連では2011年の国連人権理事会での決議以降，[6]「性的指向と性自認（SOGI）」[7]に基づく社会的排除や暴力の問題が取り上げられるようになってきた。だが，SOGI を理由に開発プロジェクトが提供する保健サービスへのアクセスが困難となったケースの報告など，開発に内在する問題が指摘されている。SOGI 視点からの積極的な議論や研究の蓄積は「ジェンダーと開発」の今後の課題であろう。

（高松香奈）

ある。

▷4　⇨Ⅹ-8

▷5　WID/GAD のアプローチについては参考文献（田中ほか編著 2002）の第2章参照。

▷6　国連人権理事会は2011年および2014年に「人権，性的指向および性自認（Human rights, sexual orientation and gender identity)」決議を採択した。これらの決議により，性的指向と性自認が人権課題であることが確認された。また2016年には，「性的指向と性自認を理由とする暴力と差別からの保護（Protection against violence and discrimination based on sexual orientation, and gender identity)」決議を採択した。これにより独立専門家の任命が可能となった。

▷7　どのような対象に恋愛感情や性的な関心が向かうかの性的指向（sexual orientation）と，自分の性をどのように自己認識しているのかという性自認（gender identity）を示す。SOGI の概念は誰もが当事者であることを示している。

（問い）

フェミニストの活動は，主流の開発政策の問題の何を指摘し，かつどのように開発におけるジェンダー平等への取り組みに貢献したのか。

（参考文献）

田中由美子・大沢真理・伊藤るり編著『開発とジェンダー』国際協力出版会，2002年。

Momsen, Janet, *Gender and Development, 3rd ed.*, Routledge, 2019.

I　開発協力へのアプローチの理論の変遷と展開

10 持続可能な開発目標（SDGs）

1 MDGs から SDGs へ

　1960年代から始まった四次にわたる「国連開発の10年」は，21世紀に入ってから15年ごとに目標達成年が設定された「国連ミレニアム開発目標（MDGs）」と「国連持続可能な開発目標（SDGs）」に継承された。援助や貿易に注目した経済開発についての国際開発協力は，教育や健康などに焦点を当てたコミュニティ・レベルでの社会開発や個人レベルでの人間開発に注目が移っていったが，1990年代以降は環境と持続可能な開発やガバナンスにも焦点が当てられた。

　1990年代に開催された一連の国際会議で採択された国際開発目標と2000年の国連ミレニアム・サミットで採択された国連ミレニアム宣言とを統合したMDGs では，8つの目標，21のターゲット，60の指標が定められた。2015年までに極度の貧困や飢餓人口の半減（1990年比）を目指すなど途上国における人間開発・社会開発が中核となった。グローバル・レベルでは主に中国の経済発展によって貧困半減目標が達成されたが，地域や国によって極度の貧困や飢餓に苦しむ貧困層が残った。初等教育就学率の改善や子どもと妊婦の死亡率の低下も見られたが，ジェンダー格差・所得格差・地域格差は多くの国でなお重要な政策課題であり，SDGs では「誰一人取り残さない」という包摂的な理念がコンセンサスとなった。なぜ目標や地域・国によって達成度が異なったのかは，重要な研究課題である。気候変動や紛争が目標達成を阻害したとも指摘されたが，1970年から存在する先進国の国民総所得に占める政府開発援助の割合（ODA/GNI 比）を0.7%とする目標も未達成のままである。

　2012年の国連持続可能な開発（リオ＋20）会議においてコロンビアとグアテマラなどから共同提案された SDGs は国際交渉で広く支持され，2015年の国連総会で採択された。1960年代から10年ごとに策定された国連開発の10年のための国際開発戦略や2001年にまとめられた MDGs の後継としてだけでなく，1970年代から10年ごとに開催された環境に関する国連会議の潮流で蓄積された地球環境目標とも統合された。主に2030年を目標達成年として，17の目標，169のターゲット，232の指標が定められた。

2 MDGs からの教訓

　MDGs と SDGs に共通する特徴として，15年間期限の**バックキャスティン**

▷1　**バックキャスティング**
過去の経験や現在の状況から未来を予測するフォアキャスティングに対して，バックキャスティングはあるべき未来の姿から逆算して現在の施策をとる方法。月面着陸を目指したケネディ大統領演説から「ムーンショット」とも呼ばれる。

図1　持続可能な開発の三本柱モデル

出所：Ben Purvis et al., "Three pillars of sustainability," *Sustainability Science.* 2019などを参考に筆者作成。

図2　SDGs ウェディングケーキ・モデル

出所：Azote Images for Stockholm Resilience Centre, Stockholm University. 2016を参考に筆者作成。

グ⁴¹による目標設定と，それを達成するための測定可能なターゲットと指標を組み合わせた目標・ターゲット・指標の三層構造がある。それは短期的アウトプット・中期的アウトカム・長期的インパクトを測定可能な形で管理する仕組みである。法的拘束力のない責務を自発的に遂行するには，透明性の高い事前評価・事中評価・事後評価が重要となるからである。

　MDGs が専門家や国際機関の主導によって策定されたのに対して，SDGs は MDGs 策定過程に不満をもった途上国などが主導する政府間交渉によってまとめられた。さらに非国家主体の産業界や市民社会などの主要グループや他の多様なステークホルダーの参画もあり，結果として目標やターゲットの数が増加した。策定段階からの参画性こそが効果的な実施の前提となるという評価がある一方で，多過ぎる目標数やターゲット数は限られたリソースの効果を拡散してしまいかねないとの批判もある。

　設定された目標は，トリプル・ボトムラインともいわれる経済・社会・環境というサステナビリティの三側面と実施手段としてのガバナンスの側面が反映されている。SDGs の17目標は相互に不可分で，目標間の統合性が重視されているが，おおよそ目標1～6が社会，目標7～12が経済，目標13～15が環境，目標16～17が平和やガバナンスに関する分野として位置づけられる。

③ SDGs の特徴

　SDGs の対象は途上国だけでなく，先進国を含むすべての国のすべての人々を対象とする普遍性がある。絶対的貧困を終わらせ飢餓をゼロにする目標設定は貧困半減を目指した MDGs とは異なる。

　また，SDGs が掲載された国連文書「2030年アジェンダ：私たちの世界を変革する」にあるように「変革」がキーワードになった。従来の持続可能な開発の三本柱モデル（**図1**）では，社会・経済・環境の三本柱は水平に調和されてベン図の共通部分がサステナビリティとして捉えられていたが，環境を基盤としてその中に社会，さらにその中に経済をオイラー図として位置づける「SDGs ウェディングケーキ」とも呼ばれる，三側面を垂直に統合するモデル（**図2**）への変革があった。その背景には，パウル・クルッツェンらの「**人新世（アントロポセン）**⁴²」やヨハン・ロックストロームらの「地球の境界（プラネタリー・バウンダリー）」などの認識変化があった。

　さらに，量的な経済成長だけでなく質的な経済繁栄，フォーマルに受ける教育や訓練だけでなくコンピテンシーを協調的に習得するラーニング，雇用だけでなく働きがいのある人間らしいディーセント・ワーク，個人レベルの人間開発だけでなく社会全体のウェルビーイングなど，包摂的で公正で持続可能な社会の主要概念の質的な変革⁴³も見落とせない。　　　　　　　　　（毛利勝彦）

▷2　人新世（Anthropocene）
人類の活動が地球システムを変えたとして提案されている完新世の次の地質年代。石炭を利用した蒸気機関が発明された18世紀後半から始まったという説などがある。1950年頃からは様々な指標の大加速が地質時代を区分する岩石層にも痕跡を残しうるとされる。

▷3　ここでいう変革（transformation）とは，刷新（renovation）や革新（innovation）とは異なり，社会構造やその構成要素を目標に方向づけたパラダイム転換をもたらすこと。

（問い）
① SDGs は MDGs とどのような類似点と相違点があるか。また，なぜ違いがあるのだろうか。
②目標によって，また地域や国によって SDGs 達成度にどのような違いが出ているか。また，その原因は何だろうか。国連の SDGs 報告，各国政府の自発的国家レビュー，民間組織の SDGs インデックス＆ダッシュボードなどを比較して考えてみよう。

（参考文献）
蟹江憲史『SDGs』中公新書，2020年。
南博・稲葉雅紀『SDGs』岩波新書，2020年。
ロックストローム，J. ほか（武内和彦ほか監修・訳）『小さな地球の大きな世界』丸善出版，2018年。

Ⅱ　貧困をめぐる定義

 1 貧困とは何か：絶対的貧困・相対的貧困と途上国の分類

① 貧困削減に向けて：貧困を定義

　貧困削減の問題は，冷戦の終結以降，過去30年余りにわたって開発援助の中心課題の一つとなっている。今世紀に入ると，ミレニアム開発目標（MDGs）の採択によって「絶対的貧困を2015年までに半減する」ことが目標として設定された。この MDGs における貧困削減の目標は，中国とインドにおける急激な貧困の削減によって達成されることとなった。2015年には国連によって新たに SDGs が設定され，その17の持続可能な開発目標の一つとして，「2030年までに現在 1 日1.25ドル未満で生活する人々と定義されている極度の貧困をあらゆる場所で終わらせる」という目標が掲げられた[1]。

　「貧困」の定義を行うにあたって，所得や消費で定義する場合と，それ以外の条件も考慮する二つの場合があることから始めなければならない。次に，所得や消費で定義した場合の「貧困」は「相対的貧困」と「絶対的貧困」に分けることができる。この相対的貧困とは，等価可処分所得の中央値の半分に満たない状態のことをいい，ここでいう等価可処分所得とは，給与などの所得から税金や社会保険料等を差し引いた残りの手取り収入である各世帯の可処分所得を世帯人数の平方根で割った数である。つまり相対的貧困とは，その国や地域の中で比較した際に大多数よりも貧しい状態のことを指す[3]。

② 絶対的貧困とは何か：二つの定義

　これに対して，「絶対的貧困」とはある最低必要条件の基準が満たされない状態をいう。絶対的貧困の定義は大きく分けて二つあり，第一は世界銀行が定めた国際貧困ラインを下回るかどうかという基準による。現在世界銀行が定めている国際貧困ラインは 1 日1.90ドルであり，これは2015年10月にそれまでの 1 日1.25ドルから改定されたものである。この改定は，2011年に世界各国から新たに集められた物価データに基づいて設定された[4]。貧困ラインの見直しは，最貧国の購買力を実質的価値に見合ったものとするために実施するため，実際の貧困ラインは実質ベースであまり変わっていなく，全体的な貧困率の差は大きくは変わっていない。

　「絶対的貧困」のもう一つの定義は，最低限必要とされるカロリーを摂取できるような食糧（と食糧以外のもの）が購入できるだけの支出水準（または所得

▷ 1 　⇨ Ⅰ-10

▷ 2 　平均値（mean）がデータすべてを足した合計値をデータ数で割った値であるのに対し，中央値（median）とはデータを降順ないしは昇順に並べた際に中央の順位に位置する値のこと。

▷ 3 　経済協力開発機構（OECD）では，加盟国における相対的貧困比率をそれぞれ発表している。日本においても，等価可処分所得の中央値の半分に満たない可処分所得世帯が相対的貧困層に該当するが，実は日本の相対的貧困率は OECD 諸国の中で高い部類に入っている。とりわけ日本の子どもの貧困率の高さは問題とされており，厚生労働省によると，およそ 7 人に 1 人の子どもが相対的貧困に該当する。

▷ 4 　以前の1.25ドルの国際貧困ラインと新しい 1 日1.90ドルの国際貧困ラインを使った地域別貧困率の推定値を比べると，絶対的貧困率は最貧国ではやや低くなり，中所得国ではやや高くなるものの，総じて新旧の基準での違いは小さくなっている。

を貧困ラインとし，それに達していない家計に属する人々の比率を絶対的貧困の比率とする。国によって食糧の価格は異なることもあることから，本来はこの最低限必要とされる食糧を購入できる支出水準による絶対的貧困の方が１日1.90ドルの貧困ラインで見た絶対的貧困よりも正しい見方であるともいえるが，測定の容易さや客観性の観点から，世銀や国連などによる各国の国際比較は1.90ドルの貧困ラインで行われることが普通である。

③ 貧困の定義の拡大と分類・序列化

　次に，所得や支出を基にした貧困においては，「一時的貧困」と「慢性的貧困」，「脆弱性」を考慮することも必要である。慢性的貧困は長期的または構造的貧困を指し，一時的貧困とは季節によって左右される貧困や，自然災害などの外的ショックによって引き起こされる貧困を指す。これまでは慢性的貧困を貧困として捉える向きが多かったが，近年は貧困層の「脆弱性」について理解が深まり，一時的貧困への対策も行われるようになってきた。

　以上は所得や消費に注目した「貧困」の概念であるが，それに加えて「潜在的能力の欠如」を以って「貧困」と見なす新しい考え方もある。アマルティア・センは，そのケイパビリティ・アプローチ[5]によって潜在能力欠如の概念の精緻化に貢献した。OECD が2001年に出した「DAC 貧困削減ガイドライン」[6]では，政治的能力，社会的能力，経済的能力，人間的能力，保護的能力の五つからなる人間の潜在的能力の中のいずれかが欠如した状態を貧困と定義することとされている[7]。これに基づいて JICA は「人間が人間としての基礎的生活を送るための潜在的能力を発揮する機会が剥奪されており，併せて社会や開発プロセスから除外されている状態」を貧困として定義している。

　次に，所得の分類について見ると，世界銀行はそのすべての加盟国を一人当たりの国民所得（GNI）によって，高所得国，上位中所得国，下位中所得国，低所得国の四つに分類している[8]。これによると，2018年から2020年における発展途上国と先進国の境界線は，一人当たり GNI １万2235米ドルとなる。

　一方国連は，一人当たり GNI，人的資源指数（HAI），経済脆弱性指数（EVI）を基に，その数値の合算が一定水準より低い国を後発開発途上国（Least Developed Countries）として分類している。国連によって後発開発途上国として指定された国々のほとんどは世銀の分類による低所得国のグループに属している。これらの分類によって低いグループに所属する国々は，それだけ低金利で返済期間も長期間の有利な条件で世界銀行などの国際金融機関から融資を受けることができる。

　最後に，一人当たり所得と教育，保健の三つから人間開発の度合いを測る指標として，UNDP が1990年に開発した「**人間開発指標**」[9]がある。（近藤正規）

▷5　⇨ Ⅰ-6

▷6　⇨ Ⅰ-5

▷7　センは，成果や結果のみならず，人が人生設計等において現実的に選択可能な機会の数や幅も重要であると主張し，その選択肢の幅や自由度の拡大こそが「発展」だとした。この理論は，その後の OECD「DAC 貧困削減ガイドライン」の基盤となっている。

▷8　この分類によると，2021年時点の一人当たり GNI が１万3205米ドル以上の国は高所得国，4256米ドルから１万3205米ドルまでの国は上位中所得国，1086米ドルから4255米ドルまでの国は下位中所得国，1085米ドル以下の国は低所得国となる。各所得国別の国分類は，毎年世界銀行によって更新される。

▷9　**人間開発指標**（Human Development Index）この指標においては，一人当たりの GDP（物価水準を考慮した購買力平価ベース），平均余命，教育達成率，平均余命を基にして各国の指標を算出している。一人当たり所得のランクは高いものの人間開発指標でランクが低い国とその逆の国が存在し，前者は主に産油国などの資源輸出国，後者は旧社会主義国家が多い。Ⅱ-5 も参照。

（問い）

絶対的貧困と相対的貧困とどちらが貧困の指標としてよいと思うか。それはなぜか。

Ⅱ　貧困をめぐる定義

2 貧困をどう測るか(1)：所得貧困指標

① 所得貧困の意義

　持続可能な開発目標（SDGs）の「目標1」[1]では，「あらゆる次元での貧困」を終わらせるべきとし，目標達成の尺度として，「1日1.25ドル未満の所得水準で生活する人々」（極度の貧困）を2030年までに撲滅することを掲げている。貧困は所得を含めた多面的な概念を包摂することから，個人や世帯が貧困状態にあるか否か，どの程度深刻な貧困状態にあるかを把握する尺度も多次元であるべきとの考えから多次元貧困指数が提唱されている[2]。概念レベルでは，貧困を多次元で把握すべきとしつつ，政策・実務レベルでは，所得や消費を基軸とした貧困ラインとそれに基づく所得貧困指標が主に使用されているのが実情である。

　世界銀行[3]は2015年に，それまで1日1.25ドル（**購買力平価**[4]ベース）と定めていた国際貧困ラインを1日1.90ドルに改定した。最低限の衣食住を維持する金銭コストから計算される国別貧困ラインを貧困国15カ国について検討し定義されたものだが，2015年統計によれば，世界人口の4分の1が1日当たり3.2ドル，半分近くが1日当たり5.5ドル以下で生活している中で，果たして国際貧困ラインが各国の貧困の実情をより正確に反映しているか議論が分かれる。

② 所得貧困指標に関するセン・カクワニの公理とFGT貧困指標

　所得貧困指標は，セン（1976年）[5]とカクワニ（1980年）[6]が提唱した公理（貧困指標に望まれる性質）により理論的に精緻化された。センは「単調性公理」と「移転公理」，カクワニは「移転感応性公理」を提唱した。

　単調性公理（公理1）：貧困ライン以下の者（以下「貧困者」という）の所得減少は貧困指標を増加させなければならない。

　移転公理（公理2）：貧困者内での所得移転があり，低所得の貧困者からより高所得の貧困者への所得移転は貧困指標を増加させなければならない。

　移転感応性公理（公理3）：貧困者内での所得移転があり，より高所得の貧困者からの移転はより低所得からの移転の方が貧困指標の増加が小さくならなければならない。

▷4　**購買力平価（PPP）**
各国の物価水準を基に算出する換算レートであり，所得・消費データとそれに基づく貧困率の国別比較が可能になる。なお，PPPベースの国際貧困ラインは相対的貧困ではなく絶対的貧困を示したものである。⇨ Ⅱ-1

▷5　1998年にノーベル経済学賞を受賞したアマルティア・セン（1933-）のこと。Sen, A., "Poverty: An Ordinal Approach to Measurement," *Econometrica* 46: 437-446, 1976.

▷6　Kakwani, N. C., *Income Inequality and Poverty: Methods of Estimation and Policy Applications*, Oxford University Press, 1980.

これらの公理を満たし，さらに人口比をウェイトにした部分集団に加算的に分解可能であり，ある部分集団で貧困指標が増加すれば集団全体の貧困指標も増加するという「部分集団単調性公理」（公理4）をも満たす貧困指標として，Foster-Greer-Thorbecke（FGT）指標（1984年）[7]が提唱された。FGT指標は $P_\alpha = \frac{1}{n}\sum_{i=1}^{q}\left(\frac{z-y_i}{z}\right)^\alpha$ 式であらわされ，z は貧困ライン，q は貧困者数，y_i は所得水準，α はウェイトであり，0，1，2が用いられることが多い。

$\alpha=0$ のとき，$P_0 = \frac{q}{n}$ を貧困率（人頭比率）（H）という[8]。実務上最も使われることが多い貧困指標であるが，公理4以外は満たさない。

$\alpha=1$ のとき，$P_1 = \frac{\sum_{i=1}^{q}(z-y_i)}{nz}$ を貧困ギャップ指数（PG）といい，公理1と公理4を満たす。

$\alpha=2$ のとき，$P_2 = \frac{1}{n}\sum_{i=1}^{q}\left(\frac{z-y_i}{z}\right)^2$ を二乗貧困ギャップ指数（SPG）といい，すべての公理を満たす。

③ 貧困プロファイルとターゲティング

貧困政策は貧困地域をターゲットとして実施されることが多い。予算配分のため，人口センサスや世帯標本調査のデータを用いて，地域間で比較可能な貧困プロファイルあるいは貧困地図を作成する必要がある。貧困状況の可視化により，失業対策や防犯対策を検討する場合にも用いられることがある。

貧困地図の作成にあたり，地域別FGT指標が用いられる。公理4により，$P_\alpha = \frac{n_j}{n}\sum_{i=1}^{k}P_\alpha^j$（$j$ は k 個の部分集団）という加算貧困指標に分解することができ，貧困地域に傾斜した貧困緩和策への予算配分（地理的ターゲティング），時系列的な P_α の変化を算出して政策評価を基礎づける指標とすることもできる。ターゲティングとは，貧困者に対する支給不足や非貧困者に対する支給過多を最小化することにより，貧困緩和策への予算を最適化する手法である。しかし，ターゲティングの精度を上げると運営コストも上がる傾向がある。

貧困は「生き物」である。すなわち特定一時期の生活水準のみを反映する静態ではなく，経済危機や家族の死別など多様なリスク要因により変化する動態である。長期的，慢性的に貧困指標が高い場合には，構造的要因により貧困の罠から抜け出せない貧困者が一定数存在することを疑い，また，パンデミックの発生により失業者が一時的に貧困者に陥ったが終息後に改善が見込める場合などは一時貧困を疑うべきである[9]。貧困の動態的性質により，とるべき政策介入，ターゲティングの精度が問われる。 （大門（佐藤）毅）

▷7 Foster, A., Greer, J., and Thorbecke, E., "A Class of Decomposable Poverty Measures," *Econometrica* 52: 761-765, 1984.

▷8 頭数を数えて人口比であらわすという意味でHead Count Indexともいわれる。

▷9 一時貧困に対しては「ワークフェア」（働くための福祉）と呼ばれる就労支援がターゲティング手法として用いられる場合がある。

（問い）
ある社会が $y_i=\{1,3,4,7,8\}$（単位：ドル）の日当たり所得水準で，貧困ラインが $z=5$ ドルであると仮定しよう。FGT貧困指標（$\alpha=1,2,3$）を求め，セン・カクワニの公理を満たしているかを確認してみよう。

（参考文献）
セン，A.（黒崎卓・山崎幸治訳）『貧困と飢餓』岩波書店，2000年。
ラヴァリオン，M.（柳原透監訳）『貧困の経済学』日本評論社，2018年。

Ⅱ　貧困をめぐる定義

③ 不平等の指標

① ローレンツ曲線とジニ係数

　貧困者と非貧困者が同率で所得が上昇して絶対的不平等が改善しても，相対的不平等[1]が改善されなければ意味はないと考え，持続可能な開発目標（SDGs）の「目標10」では，2030年までに「各国の所得下位40％の人々の所得の伸び率が国内平均を上回る数値で着実に達成し維持する」ことを掲げている。そこで，不平等指数に望まれる性質の一つとして，「移転公理」が挙げられる。

　　移転公理：ある人からより貧しい人に所得順位に変動を及ぼすことなく金銭の移転が行われたとき，不平等指数は低下すべきである。

　ジニ係数は移転公理を満たし，すべての所得の組み合わせの絶対値の平均で示された不平等指数であり，次式で示される。$G = \frac{1}{n^2} \sum_{i=1}^{n} \sum_{j=1}^{n} |y_i - y_j|$ ここで n は人口数，y_i は所得水準である。ここで，総所得に占める所得割合を最貧層から並べると「ローレンツ曲線」（図1）を描くことができる。

　人口100名の社会で全員が1人1ドルの所得を得ている「完全平等社会」では，ローレンツ曲線は45度の直線を描く。ジニ係数は，図1の通り $G = \frac{A}{A+B}$[2]である。ジニ係数は0（完全な平等）から1（完全な不平等）の数値をとる。

　不平等はジェンダー，居住地域などのグループ間で偏在することも多いため，不平等指数を部分集団に分離加算することができる性質をもつことが望まれるが，ジニ係数はこの性質を満たさない。「分離加算性の公理[3]」ともいえこの性質を満たす不平等指数として，平均対数偏差（テイル係数）があり，$T = \frac{1}{n} \sum_{i=1}^{n} \ln \frac{\bar{y}}{y_i}$ ここで $\bar{y}$ は所得の平均値である。テイル係数は移転公理も満たし，0（完全な平等）から1（完全な不平等）の数値をとる。もっとも，実務ではテイル係数よりもジニ係数が用いられることが多い。

　セン・カクワニの公理を満たす貧困指標は不平等指標に依存した尺度であり，貧困者間の不平等を定式化したFGT指標はそ

▷1　絶対的平等とは所得金額の差をなくすことが平等と考えるのに対して，相対的不平等は所得金額の比を同一にすることが平等と考える。SDGs目標については，Ⅰ-10 も参照。

▷2　$G = \frac{A}{A+B}$
$= \frac{1}{n^2} \sum_{i=1}^{n} \sum_{j=1}^{n} |y_i - y_j|$
の計算結果をパーセンテージであらわすことが多い。100％は完全不平等である。ジニ係数については，Ⅱ-4 も参照。

▷3　分離加算性の公理はFGT貧困指標も満たしている。Ⅱ-2 参照。

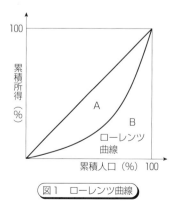

図1　ローレンツ曲線

（縦軸）累積所得（％）　（横軸）累積人口（％）100　A　B　ローレンツ曲線

の代表例である。

② 経済成長と不平等：クズネッツ逆Ｕ字仮説

クズネッツの研究によると，欧米の産業革命以降の経済成長の過程で，不平等が産業化の初期段階で一旦上昇しその後下降するというパターンがあると主張した。アルファベットＵを逆さにした図になることから，逆Ｕ字仮説（**図2**）と呼ばれる。また，ジニ係数を低所得国から高所得国まで図示すると，逆Ｕ字仮説が成立すると主張する研究もあらわれ，その成否をめぐり一大論争を引き起こした。

近年では，ピケティは『21世紀の資本』の中で，近年の欧米社会の不平等が上昇しており，その原因は金融資産からの利益率が就労収入の上昇率を上回ることであると唱え世界的な注目を浴びた（原著2014年）。資本と労働を対立軸として捉えるマルクス主義に影響を受けた不平等の理論化は，従前にも資本家を先進国，労働者を途上国と置き換えた**従属理論**でも試みられていた。

③ 不平等の多面性とSDGsとの関連

クズネッツの逆Ｕ字仮説を否定する研究が肯定する研究とほぼ拮抗する中で，所得不平等指数以外の指標，例えば，二酸化炭素の排出量，教育機会の不平等，紛争発生のリスクについて，逆Ｕ字型仮説が当てはまると主張され一定の支持を得ている。経済が豊かになるにつれて一旦はこうした指標が悪化するが，分配への財政支出が可能になる程度に豊かになると改善をみるという。

貧困の概念・指標化と同様に，不平等の概念も所得を含めた多次元的な概念として捉えるべきであり，それに応じた多次元的な指標を用いるべきである。くしくも，SDGsの諸目標が所得不平等だけではなく，健康，教育，衛生や住環境，さらには平和構築の各分野にわたり，「誰も取り残さない」ことを掲げており，不平等の多面性に着目している。

『不平等の再検討』（原著1992年）で，センは不平等の判断は分析の焦点となる焦点変数の多様性と，各変数内部の多様性・複雑性を認識すべきと述べている。焦点変数には所得，財産，幸福，自由，権利，必要の充足などがあるが，福祉政策で評価すべき点は機能（達成された福祉）と潜在能力（福祉を達成するための自由）であり，そのいずれもが焦点変数により定義されている。この点はケイパビリティ・アプローチを確立したセン経済学の根幹をなす理論的支柱である。

（大門（佐藤）毅）

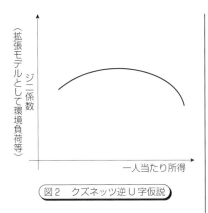

（拡張モデルとして環境負荷等）

ジニ係数

一人当たり所得

図2　クズネッツ逆Ｕ字仮説

▷4　⇨ Ⅱ-2

▷5　従属理論

マルクス主義に影響を受け，ラテンアメリカの低開発を説明する理論。1960年代から1970年代にかけて開発経済学・社会学の重要な一端を担った。論者としてプレビッシュ（経済学者で国連貿易開発会議（UNCTAD）総裁を歴任），カルドーソ（社会学者でブラジル大統領を歴任）がよく知られている。Ⅰ-4も参照。

▷6　⇨ Ⅱ-5 Ⅱ-6 Ⅱ-7 Ⅲ-2 Ⅳ-4

▷7　⇨ Ⅰ-6

（問い）

ある社会が$y_i=\{1, 2, 3, 6\}$（単位：ドル）の日当たり所得水準であると仮定しよう。この時，ローレンツ曲線を描き，ジニ係数を求めよう。また，同じ人口数をもつ別の社会のジニ係数が同一の場合，ローレンツ曲線は常に一致するか検討してみよう。

（参考文献）

セン，A.（池本幸生・野上裕生・佐藤仁訳）『不平等の再検討』岩波書店，1999年。
ピケティ，T.（山形浩生・守岡桜・森本正史訳）『21世紀の資本』みすず書房，2014年。

Ⅱ　貧困をめぐる定義

グローバル化と不平等の拡大

▷1　ジニ係数
不平等を測る指標。一番所得の低い世帯（人）から高い世帯までを順に並べ，世帯の数を横軸に，所得を積み上げた累積額を縦軸にしてグラフを描く。各世帯の所得が全く同じだった時には，所得均等曲線と呼ばれる角度が45度の二等辺三角形の対角線となる。ところが実際の所得に基づいて所得の累積する曲線（ローレンツ曲線）を描くと，それは直線にはならない。この所得均等曲線とローレンツ曲線とが乖離した間の面積の二倍がジニ係数である。完全に所得が同じ社会では，所得均等曲線と重なるので乖離がなく，ジニ係数は0である。その一方完全に不平等で一人が社会の全所得を得る場合には，面積が0.5となりジニ係数は二倍の1となる。このようにジニ係数の数値が大きいほど不平等が大きいということになる。

▷2　ローレンツ曲線やジ二係数は，Ⅱ-3 も参照。

▷3　Milanovic, Branko, "Global Income Inequality by the Numbers: In History and Now ‐An Overview‐," *Global Policy* 4 (2): 198‐208, 2013.

▷4　世界銀行のデータによれば，最も所得格差が大

1　グローバル化とは何か

　私たちは世界中で生産された物やサービスを消費し，人の移動や情報の拡散などがグローバルな規模で起こるグローバル化のただ中に生きている。貿易や金融の自由化や，情報技術の進展は目覚ましい便利さを私たちの生活にもたらし，消費者としての選択を豊かにしている。その一方で，金融危機や新型コロナウイルスは瞬く間に世界中に広がり，デジタル化への変容の重要性が増している。どこかで起こったことが瞬時に自分たちのいる社会や国に影響を与えるという意味で，グローバル化は経済的，社会的，文化的に私たちの生活に大きな意味を与えている。こうしてグローバル化の恩恵を享受する生活を送る一方で，グローバル化による弊害も起こっている。

　先進国では賃金が安い途上国へと工場が移転し，国内の産業の空洞化が起こる。先進国から進出した企業にとっては安い労働力が豊富に確保できることを意味するが，労働者からすれば賃金が上がらない。また，多国籍企業が課税からのがれるために資産を税金のかからない国へ移してしまうため，世界各国の政府は法人税引き下げの競争に巻き込まれ，税収も減るために，福祉国家の衰退が起こるなど，「底辺への競争」が起こると議論されてきた。

2　世界の不平等の拡大

　ブランコ・ミラノヴィッチは，**ジニ係数**を算出するのに，利用可能な世界各国の世帯ごとの所得データを用い，各国での平均所得のデータを用いるのではなく，世界が一つの国であるかのようにみたて，世界で最も所得が低い人から高い人まで国を問わず順に並べてローレンツ曲線を描き，世界のジニ係数を調べた。これは，各国ごとに一律の世帯所得の平均を用いてジニ係数を算出してきた従来の方法ではなく，世界各国の国内の不平等も考慮に入れた（データが利用可能な）世界全体のジニ係数である。そのため，より世界の不平等の実態に近づく。それによれば，世界の所得格差は2008年で0.7であり，例えば所得格差が大きいブラジルの0.54よりも大きい。

　さらに，世界の所得階層を5％ごとに区切り2008年までの20年間の所得の変化を所得成長率で見ると，ちょうど50～60％のあたりの中間所得を得る途上国の人々とともに，上位1％所得者層の所得の伸びが最も大きい。インドや中国

が経済成長を遂げ世界の貧困削減に大きく貢献した一方，2008年の下位5％はサブサハラアフリカ諸国に集中する。また先進国の上位中所得層の労働者にあたる75〜99％のあたりの所得分類にいる人々も，平均の所得成長率を下回り，この20年経済成長から取り残されてきた。経済成長率でいえば，こうした先進国の上位中所得層の労働者もグローバル化の敗者である。しかしこれは所得「成長率」についての話であって，実際の「所得増加額」で見ると，最も所得が増加したのは圧倒的にトップ1％の一握りの人々である。全世界の収入の増加額のうちの44％をわずかトップ5％の人々が独占してきた。そして世界の最も貧しい5％の人々は，グローバル化による恩恵を受けることができず，所得が変わらなかったのである。[45]

　ジェンダーによる所得の不平等も深刻である。世界の研究者らが作る世界不平等ラボの2022年の世界不平等レポートでは，1990年には世界平均で，女性は世界の所得全体の31％しか得ていなかった。この状態は現在でも改善しておらず，2022年でも女性は世界の所得全体の35％の所得を得ているに過ぎず，男性が65％の所得を得ている状態である。[46]また，所得の不平等ではなく，**富の不平等**[47]になると，世界の富の偏在ぶりはさらに深刻になる。同レポートでは，世界の下位半分の人々がもつ富の合計は世界の富の2％に過ぎないのに，トップ10％がもつ富の合計は，世界の富の76％に達していると指摘している。社会保障制度が脆弱な途上国では，こうした格差は先進国より顕著となり，とりわけ民族や，都市と地方，ジェンダーといった要因で所得や富の不平等が悪化する。世界的な富裕層が課税逃れをできなくする国際的政策協調が必要である。

③　日本国内の不平等の拡大

　第二次世界大戦後の高度経済成長期の日本では，親の世代より子どもの世代の方が経済的社会的な地位が上昇する，いわゆる子世代の階級上昇が可能であった。しかし，すでに日本では親の収入や学歴によって子どもの将来の経済的社会的地位が決まる傾向にあり，階級上昇ができない格差が固定化した社会になっていることが統計的にも示されている。「親ガチャ」は構造的な傾向として否定できない事実であり，そもそも生活が不安定で結婚や子どもをもつという選択ができない非正規雇用の単身労働者も増加している。

　格差の固定化は，さらに深刻な将来の所得や富の不平等を招く。豊かな生活を送る人々は，こうした貧困を是正できないのは個人の努力が足りないからだと考えがちである。しかし，明日の食事や来月の家賃で不安がいっぱいで十分な栄養もとれていなければ，未来の自分を夢見て努力をすることは困難である。こうした機会や選択の不平等の拡大を止めることができない日本の政策の貧困こそが，根本的な問題であろう。富裕層への課税の強化や，社会保障政策の充実などの政策的な対応が求められる。　　　　　　　　　　　　　　（大森佐和）

きい南アフリカのジニ係数は0.63（2014年）である。日本のジニ係数は0.33（2018年），ドイツは0.32（2014年），最も所得格差が低いスロベニアは0.25（2018年）である。

▷5　Lakner, Christoph and Branko Milanovic, "Global Income Distribution: From the Fall of the Berlin Wall to the Great Recession," *The World Bank Economic Review* 30 (2)：203-232, 2016.

▷6　World Inequality Lab, World Inequality Report 2022, 2022, https://wir2022.wid.world/download/

▷7　富の不平等
富は土地や，貯金，株など様々な所有している資産の合計額を指す。所得は給与など一定期間に得た収入を指す。富の不平等は所得の不平等より大きい。

（問い）
自分は世界や国内の富や所得の不平等が拡大している中に生きていると思うか。それはなぜか。もし思わない場合にはなぜ実感がわかないのであろうか。

（参考文献）
ブランコ・ミラノヴィッチ（立木勝訳）『大不平等』みすず書房，2017年。
Milanovic, Branko, *Global Inequality : A New Approach for the Age of Globalization*, Harvard University Press, 2016.
阿部彩『子どもの貧困Ⅱ』岩波新書，2014年。

Ⅱ　貧困をめぐる定義

 5 貧困をどう測るか⑵：多元的貧困の測定方法

▷ 1　⇨ Ⅱ-2

▷ 2　絶対的貧困は，世界銀行が2015年に適用した定義によると，2011年の購買力平価に基づき一日当たり1.9ドル未満で生活している状態と設定されている。2015年時点で世界人口の10％，サハラ以南アフリカでは４割が絶対的貧困者に当たる。相対的貧困とは，一国内の一人当たり可処分所得の中央値（所得水準別に個人を並べて中央に位置する人の値）の半分以下で生活している状態のことを指し，日本の相対的貧困率は2018年時点で15.4％。

▷ 3　間隔尺度
所得，教育年数等，原点（0）があり，数値の間隔にも比率にも意味があるものを比例尺度，知能指数や摂氏気温等，目盛りが等間隔になっているが，比率には意味がないものを間隔尺度という。間隔尺度の中には，個人の満足度や同意度合いといった主観的な感覚を測るものが含まれる。

▷ 4　貧困の深度は，貧困ギャップ率ともいわれ，貧困層の所得や消費水準が貧困ラインからどの程度下回っているかを示す指標。貧困の重度は，二乗貧困ギャップ率ともいわれ，各貧困者の貧困ラインからの距離を二乗することにより，貧

1 所得貧困と非所得貧困

　貧困の定義の大きな分類としては，所得貧困[1]と非所得貧困に分かれる。所得貧困が所得や支出で測られる生活水準を示し，一日当たりの生活水準をドルで算出した絶対的貧困と，一国内の所得格差を意識した相対的貧困という捉え方がある[2]。所得貧困に関するデータは，5〜10年ごとに行われる世帯調査で収集され，世帯内の人数で割った個人平均をとる場合が多く，国家間あるいは国内における貧困の全体的な現状を把握し，貧困削減政策や介入を検討する際に有効である。他方，世帯内のジェンダー格差，個人間格差や地域間の貧困の状況の多様性，人々の生活の動態的変化や貧困の多面性を捉えることができない，という欠点がある。例えば，同じ世帯の中でも食料や受けるサービスが個々人に平等に分けられているとは限らないし，同じ所得貧困レベルでも，インフラの整備の遅れ，安全な水や衛生施設へのアクセスの不足による病気，特定の民族や性別に対する差別等，労働できない状況の背景にある要因は様々である。

　非所得貧困は，所得貧困では捉えきれない貧困の状態を捉えようとする概念である。所得で測定した場合に貧困層でないと判断されたとしても，個人の選択肢がどれだけあるのか，紛争や戦争，災害や環境破壊等のリスクにどれだけ晒されているか，社会における発言権がどの程度与えられているのか，尊厳と気力をもてているのか等，人が人として社会の中で生きる上で，充足感を得るために必須であると考えられる要素が欠如した状態が非所得貧困である。無力感，安全性，脆弱性等は本人の主観的世界を重視し，**間隔尺度**[3]で測られることが多い。

2 人間貧困，豊かさ（ウェルビーイング），幸福度

　国連開発計画（UNDP）は，『人間開発報告書』の中で1997年に「人間貧困」という概念を発表した。具体的な指標としては，40歳未満で死亡すると見られる人の割合，読み書きができない成人の割合，安全な水を利用できない人の割合，5歳未満低体重児の割合の平均値を用いて人間貧困指数（HPI）とした。ここでは，寿命，教育，健康といった非所得貧困が人間の基本的ニーズ（ベーシック・ヒューマン・ニーズ）と考えられていることがわかる。さらに，同報告書は，2011年より多次元貧困指数（MPI）を採用し，保健，教育，所得の三つ

の次元において貧困状態で生きている人々が同時にいくつの種類の貧困に直面しているのかを，その発生率と強度によって示している。

　また，OECD は，**図1**のように貧困の次元を保護的，経済的，政治的，人間的，社会文化的という五つの次元で整理し，貧困や豊かさというのは一つの次元だけ引き取って解決できるものではなく，全体的な社会の枠組みの中で設計していかなければならないということを示した。

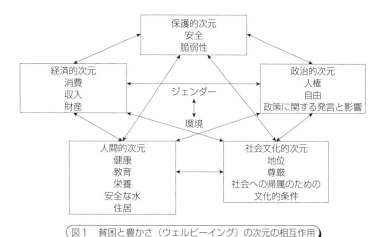

図1　貧困と豊かさ（ウェルビーイング）の次元の相互作用

出所：OECD, *DAC Guidelines : Poverty Reduction*, 2001, p. 39, Figure 1 より筆者作成。

　さらに，ブータン国で1970年代に導入されたことで知られる国民総幸福量（Gross National Happiness: GNH）は，国家の発展のあり方として，伝統的な社会文化や環境，民意等の非経済的な幸福を尊重するという方向性を示すために開発された指標である。持続可能な社会経済開発，環境保護，伝統文化の復興，優れた統治力を四つの柱とし，心理的幸福，時間の使い方とバランス，文化の多様性，地域の活力，環境の多様性，良い統治，健康，教育，生活水準の九つの指標が設定されている。国連の持続可能な開発解決ネットワークは，2012年からほぼ毎年『世界幸福度報告書（*World Happiness Report*）』を出版している。ここでは，主観的な幸福度の他に，一人当たり国内総生産（GDP），社会保障制度等の社会的支援，健康寿命，人生の自由度，他者への寛容さ，国への信頼度を考慮して，世界ランキングを公表している。

3　慢性的貧困と一時的貧困

　人は，ある時は貧困者でなくても，リスクが高い状況に置かれていたり，社会の中で孤立していれば，失業したり，自然災害で土地や財産を失った途端に貧困に陥ることがある。また，貧困者でも，社会保障制度が整った社会や相互扶助的なインフォーマルな仕組みがあるコミュニティに属していれば，周囲からの助けを得て，貧困から脱却することもできる。季節労働者や農業等，自然災害の影響を直接受ける職業を営んでいる場合には，季節によって貧困に陥る時期が決まっている場合もある。このように，貧困は常に貧困から脱却できない状況にある慢性的貧困の状態と，一時的に貧困に陥ってしまう一時的貧困の状態がある。一時点での調査で貧困の発生率を算出する場合，こうした貧困の動態を捉えることができないため，定性的な調査で貧しい人々の声を聞いたり，統計で貧困の度合いを深度と重度という形でどの程度深刻な状況にあるのかを計測することがある。　　　　　　　　　　　　　　　　　　　　（西村幹子）

困層の間での格差を表す指標。例えば，貧困ラインのすぐ下に多くの人が密集している地域と，数は少ないが貧困ラインよりもずっと下に貧困層が密集している地域では，貧困の深度は類似していても，後者の地域の方が重度は大きくなる。

（問い）

①貧困の様々な次元がどのように相互に作用しているか，例を挙げて考えてみよう。

②図1の OECD の定義では，ジェンダーと環境は貧困の次元の全体に関わるとされているが，それはなぜだろうか。五つの次元におけるジェンダーと環境との関わりについて論じてみよう。

（参考文献）

ルース・リスター（松本伊智朗監訳，立木勝翻訳）『貧困とはなにか』明石書店，2011年。
アマルティア・セン（池本幸生・野上裕生・佐藤仁訳）『不平等の再検討』岩波書店，2018年。

Ⅱ　貧困をめぐる定義

6 教育と開発指標

▷1　人的資本論
1960年代にアメリカのシカゴ学派経済学者として知られるセオドア・シュルツやゲーリー・ベッカーによって提唱された理論。経済成長は，土地や材料等の物的資本ストックと労働者の数による生産活動の結果として引き起こされると考えられていたが，日本のように資源や人口が少ない国でも目覚ましい経済成長を達成したことを受け，「労働者の質」に着目した。当時，労働者の質は教育年数によって測られ，1950〜70年代の東アジアの目覚ましい経済成長を説明する要因とされた。
▷2　⇨ Ⅰ-3　Ⅰ-4
▷3　⇨ Ⅰ-4
▷4　6目標とは，①早期幼児ケアと発達活動の拡大，②初等教育のアクセスと修了の普遍化，③学習達成における改善，④成人非識字率の半減，⑤青年・成人への基礎教育および技能訓練機会の拡大，⑥あらゆる教育によるより良い生活や健全で持続的な開発のために必要な知識・技能・価値をする機会の拡大，である。1948年の世界人権宣言にも教育機会の拡大について明記されているが，具体的な数値目標と目標年を国際的に設定した点に意義がある。
▷5　⇨ Ⅱ-3

1 国際目標と教育

　1948年の世界人権宣言以降，基礎教育はすべての人に等しく与えられる権利であるとの認識が国際社会に定着してきた。1960年代には多くの途上国が植民地政府からの独立を果たしたこともあり，アフリカ，アジア，ラテンアメリカにおいて教育のための地域会議が開催され，1980年までに基礎教育の普及が目指された。1960年代には，**人的資本論**[1]が提唱され，教育は人々の生計向上と国としての経済発展につながる投資であるとの認識が広まった。国家の発展の基盤づくりの手段としての教育普及と，人権としての教育機会の平等という両輪が国際的な教育援助や協力を後押しすることとなった。

　その後，1970年代は福祉国家が勃興し，教育予算が増大したが，途上国においては債務危機に陥る国が増え，1980年代に構造調整による財政緊縮時代に入ると，教育予算は再び下降し，多くの途上国では初等教育段階でも授業料が（再）導入された[2]。1980年代はアフリカ地域では初等教育就学率が低下し，非識字率が上昇し，「失われた十年」と呼ばれた[3]。

　1990年は開発において重要な年である。1990年には万人のための教育世界会議がタイのジョムティエンで開催され，2000年までに人々が生きるための必要な知識・技能を獲得するための教育活動としての基礎教育普及等，六つの目標が掲げられた[4]。同年，国連開発計画は，経済成長一辺倒の開発の定義に疑義を唱え，『人間開発報告書』を刊行し，「人間開発」という概念を打ち出した。教育は人間の潜在能力を開花させる意味で重要な要素として考えられ，経済成長の手段ではなく，それ自体が目的であると解釈された。同報告書で発表された「人間開発指数」[5]は保健，教育，所得の三つの要素を含んでいる。

　2000年にはダカールにおいて万人のための世界教育フォーラムが開催され，万人のための教育世界宣言の評価と国際目標の再設定が行われた[6]。また，国連総会ではミレニアム開発目標（MDGs）が採択され[7]，2015年までにすべての子どもが初等教育を修了することが目指された。2015年に国連総会で採択された持続可能な開発目標（SDGs）[8]にも目標4に教育目標が含まれている。このように教育は開発において手段としても目的としても重要な要素と考えられてきた。

② 教育指標の変遷

　国際目標として掲げられてきた教育指標を概観すると，大きく分けて三つの特徴が見られる。第一に，ほとんどの国際目標においては，教育機会という場合には学校教育における就学年数，教育の質的な側面においては，学術的な科目（算数や読解）の認知的なスキルが基準となってきたことである。第二に，2000年以降はMDGsにおいて，初等教育の完全修了と就学者数における男女同数という量的側面が重視されたことから，学校教育へのアクセスが他の形態の教育普及や学習の質よりも優先される傾向にあった。第三に，2015年のSDGsにおいて，初めて指標化することが難しい非認知的側面（平和・非暴力の文化の促進，グローバルシティズンシップ，持続可能な開発のための教育等）が教育的価値として国際的に重要であることが提示されたことである。

　開発の定義が，時代を経て変化していく中で，教育内容や手法についても様々な議論が展開されている。2000年以降は，知識や技術等の認知的能力だけでなく，批判的思考力や創造性，社会の中で主体性や協調性を発揮する行動的能力が問われるようになった。また，学び方にも板書法的な教師中心の教授法だけでなく，アクティブ・ラーニング等の学習者中心の手法が用いられるようになった。さらに，これまでの過度に競争を仰ぐ学校教育の選抜・配分の機能だけでなく，環境，平和，人権といった人類共通の共通善に対する態度や行動様式を身につけるこのできる教育のグローバルな観点からの社会化の役割についても議論が進んでいる。こうした能力観の変化や学びの深化が，人々や国家の能力を捉える教育観や開発の定義にも変化をもたらすだろう。

③ 教育指標の課題

　開発目標を可視化し，国際協力や援助の透明性や説明責任を保障しようとする中で世界共通の普遍的な価値や基準を求める傾向が強まると，国や社会の個別かつ独自の文脈や過程についての十分な議論が滞ることがある。例えば，留年＝学習到達度が低いという事実は共有できたとしても，その行為の裏に教員の欠勤の多さ，兄弟姉妹が多いことによる学費支払いの延滞戦略，児童労働や病気による頻繁な欠席の実態等を理解しないと，単に自動進級制を導入するといった単純な政策につながってしまう。また，国や学校が国際学力調査の成績の結果に固執するあまり，欠席しがちな生徒や学習到達度が低い生徒を排除したり，テスト科目のために他の科目を犠牲にしたりする。さらに，量的に示しやすい指標のみを拾って国際目標や国家目標として掲げることで，教育の質，過程，結果といった側面に目が向かなくなるというリスクもある。

　2015年以降は，共通善に資する教育の非認知的側面や学習内容に踏み込んで教育のあり方が国際的に広義に議論されるようになった。　　　　　　（西村幹子）

▷6　「EFA（Education for All: 万人のための教育）ダカール行動枠組み」として掲げられた目標は，①就学前教育の拡大と改善，②すべての子どもに対する無償で良質な初等教育の保障，③青年・成人の学習ニーズの充足，④成人識字率（特に女性）の半減，⑤教育における男女平等の達成，⑥教育のあらゆる側面での質の改善，である。

▷7　MDGsにおいては，8目標のうち目標2として，普遍的な初等教育の達成が掲げられ，具体的なターゲットとして，2015年までに，すべての子どもたちが，男女の区別なく，初等教育の全課程を修了できるようにすることが設定された。

▷8　SDGsにおいては，17目標のうち目標4として，公平で質の高い教育と生涯学習機会の拡大が掲げられ，七つのターゲットが設定された。七つ目のターゲットには，ダカール行動枠組みの6目標に加え，持続可能な開発のための教育，平和・非暴力の文化等の教育における価値が示されたことが新しい。

（問い）

①教育の開発指標を一つ取り上げ，それが測れることと測れないことについて考えてみよう。
②新しい教育の開発指標を自分で考えてみよう。

（参考文献）

小松太郎編『途上国世界の教育と開発』上智大学出版，2014年。
北村友人・佐藤真久・佐藤学『SDGs時代の教育』学文社，2019年。

II　貧困をめぐる定義

 7　ジェンダー平等と開発指標

▷1　以下の四つの領域に
ついて算出している。まず，
経済（Economic Participa-
tion and Opportunity）は，
労働市場への参加，賃金格
差，昇進格差という概念に
よって把握されている。次
に，教育（Educational At-
tainment）は，初等・中等・
高等教育における男女比を
通じて，教育へのアクセス
の格差を捉えている。また
国レベルの長期的な取組み
や能力を把握するために，
識字率の格差を把握してい
る。そして，保健（Health
and Survival）は，男女間
の健康状態の違いを把握す
る目的であるが，出生児に
着目し "missing women" を
把握すること，そして健康
寿命を把握することを目的
としている。最後に政治
（Political Empowerment）
は，国レベルの政治的意思決
定における男女格差を把握
することを目的としている。

▷2　2021年の報告書では，
世界全体でジェンダーギャ
ップを解消するには135.6
年必要だと指摘されている。
また同報告は政治的エンパ
ワーメントにとりわけ遅れ
が見られることを指摘して
いる。

▷3　リプロダクティブ・
ヘルス（性と生殖に関する
健康），エンパワーメント，

1　ジェンダー平等を評価する基準

　開発目標であるジェンダー平等に対し，各国の達成状況やジェンダー格差の現状を知る手がかりとして，指標が用いられる。一定の基準に基づいて算定された指標は，国際比較による特徴の把握はもとより，蓄積された情報により経年変化の把握などにも使うことができる。

　例えば，SDGs では目標の一つとしてジェンダー平等の達成を掲げるが，それを実現するためにターゲットを設定し，その達成を評価するために指標が定められている。具体的には，あらゆるレベルの意思決定における完全かつ効果的な女性の参画というターゲットの評価に，国や地方議会で女性が占める議席の割合が指標として設定されている。このように，ジェンダー平等という目標や個別のターゲットに対し，現状を評価する基準として指標が設定される。また，複数の分野を組み合わせ，総合的な評価も行われる。

　複数の分野を組み合わせ算定された指標として，頻繁に参照されるものに，「ジェンダー・ギャップ指数（Gender Gap Index: GGI）」がある。これは，世界経済フォーラムが発表する Global Gender Gap Report で示されている。

　GGI は，ジェンダー格差の現状について知る手がかりとなり，また2006年からまとめられているので，経年変化についても把握することができる。GGI の算定は四つの分野（経済，教育，保健，政治）における14の指標で構成され，それらをスコア化した上で，ランキング化している[1]。各国のランキングなど，メディアなどでも伝えられることから，注目される指標の一つである[2]。一方で，指標に内在する問題も指摘されている。例えば，GGI を算定している世界経済フォーラム自身も，政治の領域を測定する基準として，地方レベルの情報が含まれていないことを懸念している。含まれていない主な理由は，データを整備する上での制約と説明されている。

2　GII の試み

　そして，GGI ほどの注目は受けないが，開発指標の一つとして参照されるものに「ジェンダー不平等指数（Gender Inequality Index: GII）」がある。GII は国連開発計画（UNDP）が毎年発表する『人間開発報告書』の中で示されている。GII は，三つの領域[3]におけるジェンダー平等の達成状況について算定している。

UNDP は2010年に GII の算定を始めたが，それ以前には「ジェンダー・エンパワーメント指数（測定とも表現される）（Gender Empowerment Measure: GEM）」という算定方法も用いられていた[44]。しかし，社会全般の状況を反映していないのではないかと，その算定方法に見られる偏りが指摘された。また，UNDP が算定するジェンダーに関する指標として，「ジェンダー開発指数（Gender Development Index: GDI）」というものがある。これは2020年の『人間開発報告書』にも一部データが示されている。しかしこの指標は，主に三つの観点（所得，保健，教育）の到達度にアプローチする人間開発指数（Human Development Index: HDI）のジェンダー格差を示したものであり，これ自体がジェンダー平等を評価する指標とは捉えられていない[45]。

GII は，GEM や GDI などでは十分に捉えることのできなかった，ジェンダー平等に対する到達度合いを示すことを目的としている。ただ，UNDP も GGI 同様に，地方議会などの情報を含んでいないことを限界と認識する。

❸　二つの指標の比較から

ここで紹介した GGI と GII という二つの指標は，ジェンダー平等や格差について算定しているものであるが，それぞれに各国の順位は大きく異なる。例えば，GGI において日本の順位は156カ国中120位であるのに対し，GII では162カ国中24位と大きな違いが観察される。これはなぜか，そしてどちらが日本の現状を反映していると捉えるべきであろうか。GII で使用されるリプロダクティブ・ヘルスの分野には妊産婦死亡率が指標の一つとされ，またエンパワーメントの分野では中等教育へ到達した人口の割合が指標に含まれている。日本を含め公衆衛生や教育が整備された国は，これらの指標のパフォーマンスは比較的良好である。すなわち，GII では国の社会経済発展の度合いに影響を受けるのである。GII は，主に開発途上国の開発課題とジェンダー格差の解消のために参照できるデータといえるのではないだろうか。

多くの指標が改良を加えていくように，完璧な指標はほぼなく，ここで紹介した GGI も GII も，使われている指標はかなり限定的である。また，多くの国を対象とする上で，使用可能なデータに制約は発生してしまう。よって，これらの指標を参照した上で，より各国の状況について深く考察する必要があるであろう。そして最も重要なのはこれらの指標を参考に，各国がどうジェンダー格差を解消していくのかという点である。例えば，GGI については，日本国内では毎年そのランキングに注目が集まり，現状の共有という意味で一定のインパクトをもつ。だが，これらの指標から得られる知見を政策等にどう反映していくのかという具体的な議論と施策こそが，ジェンダー平等を目的とした指標整備の効果といえる。

（高松香奈）

労働市場への参加の三つをいう。

▷4　GEM は，主に政治・経済領域の機会の不均衡について測定するもの。使われる個別指標としては，議会や管理職に占める女性の割合などを中心に構成された。そのため，一部のエリート層のための指標であるという問題が指摘された。

▷5　GDI は現在も『人間開発報告書』に掲載されているが，人間開発の指標を男女別に集計し算定したものである。

（問い）

ジェンダー平等の達成度合いを測定するとしたら，どのような算定方法を設定するとよいだろうか。

（参考文献）
UNECE&World Bank Institute, *Developing Gender Statistics : A Practical Tool*, United Nations, 2010.
United Nations Department of Economic and Social Affairs Statistic Division, *Gender Statistics Manual-Integrating a Gender perspective into Statistics*, United Nations, 2015.
イザベル・アタネ／キャロル・ブリュジェイユ／ウィルフリエド・ロー（土居佳代子訳）『地図とデータで見る女性の世界ハンドブック』原書房，2018年。

Ⅲ　貧困をめぐる課題

都市部の貧困と農村部の貧困

1　世界の貧困人口

　国連開発計画（UNDP）によれば，世界の貧困人口の割合（貧困率）は，1990年の36％から2015年には10％にまで減少した。しかし，2015年時点でもなお世界人口の10％にあたる7億人以上が，教育，医療サービス，安全な飲料水や衛生環境へのアクセスを含むベーシック・ニーズを満たすことができない極度な貧困状態で暮らしているとされた。世界銀行が2015年に改定した**貧困ライン**の1日1.90米ドル未満で生活する人々の大半（85％）はサハラ砂漠以南のアフリカ（サブサハラアフリカ）地域や南アジア地域に集中している。また，世界の貧困人口の79％は農村部に集中し，都市部の貧困率が5.3％であるのに対し，農村部は17.2％と都市部の三倍以上となっている。また，貧困人口の多くが女性とされる。国連女性機関（UN Women）等は，特に25〜34歳の年齢層の男女間で貧困格差が大きく，1日1.90米ドル未満で暮らす25〜34歳の女性は，同じ年齢層の男性100人に対し，2021年には118人，2030年には121人にさらに増えると予測している。

2　都市部と農村部の貧困の特徴および各地域における男女間格差の要因と課題

　一般的に，開発途上国の都市部では農村部に比べ，世帯規模が小さく，電気・水道・トイレ等の生活・住環境が整い，教育施設や医療施設も充実し，道路が整備され交通手段があり，農業以外の産業分野で現金収入を得る機会もある。そのため，都市部での生活・生計は，経済的な側面を含む多様な側面で，農村部の生活・生計より水準が高いと考えられる。しかし，同じ都市部の住民の中でも富裕層がいる一方で，スラムで暮らす最貧困層もいる。そのスラムの最貧困層の男女間にも格差がある。それは農村部においても同様で，帰属，特にジェンダーによって社会・経済的な格差が生じ，抱える問題が異なる。

　開発途上国の農村部では，自給自足から現金収入が得られる生計手段が必要となり，換金作物の生産・販売がより重要となっている。それには，土地や水資源に加え，種子や肥料，生産性を高める技術と農業機械，市場の情報や市場までのインフラ，資金等が必要となっている。しかし，こうした農村生計に不可欠な資源をもつ住民は，土地を所有する階層で教育レベルの高い男性に限ら

▷1　**貧困ライン**
SDGsのゴール1のターゲット1.1では「2030年までに，1日1.25ドル未満で生活する人々と定義されている極度の貧困をあらゆる場所で終わらせる」とし，指標には1.90ドルではなく1.25ドルが使われている。Ⅱ-1も参照。

▷2　世界銀行のデータ（https://www.worldbank.org/ja/news/feature/2019/12/20/year-in-review-2019-in-charts）を参照。

▷3　国連のSDGsゴール1（貧困削減）に関するデータ（https://unstats.un.org/sdgs/report/2019/goal-01/）を参照。

▷4　UN Women, UNDP等の予測データ（https://www.unwomen.org/sites/default/files/Headquarters/Attachments/Sections/Library/Publications/2020/Gender-equality-in-the-wake-of-COVID-19-Poverty-pullout-en.pdf）を参照。

▷5　チェンバースとコンウェイは持続可能な農村生計に必要な五つの資本として「人的資本」「金融資本」「自然資本」「物的資本」「社会資本」を挙げている。

れる。多くの男性は職を求めて海外や都市部に出稼ぎに出てしまい，残された女性に農業を含む生産活動と家事やケア労働の再生産活動の負担が重くのしかかっている。しかし，女性の多くは土地の所有者ではないため，農民とは認識されず，農業研修や種子・肥料の供給機会から排除されがちで，土地を担保に融資を受けて生計向上を試みることも難しい。また，男性が不在で二重三重の役割を担うことで時間の貧困も，新たな経済活動を行う上で大きな制約となっている。

　一方，都市部には職を求めて農村部からの移住者が溢れ，都市化が進む。しかし，教育レベルが低く，技術をもたない農村からの移住者の多くは職が得られず，家賃が払えないため，スラムを形成している。スラムは，一般的に斜面や川沿いの条件の悪い狭小地に住宅が密集していることから，自然災害に脆弱とされる。また，上下水道等のインフラが整備されておらず，衛生環境が悪く，感染症のリスクも高い。さらに，政府や警察の目が行き届かないため，麻薬密売，売春，銃撃戦を含む暴力が横行し，治安が悪いのも特徴である。スラムを含む都市部でも，女性は男性以上に仕事を得難く，起業をするにも情報へのアクセスや技術・資金援助を受ける機会もない。また，衛生面の問題から健康被害や，暴力の被害を受けやすい。

❸　新型コロナウイルスおよび気候変動によるさらなる貧困リスク

　昨今のグローバル課題である気候変動や新型コロナウイルス（コロナ）等のパンデミックにより，世界の貧困人口はますます増える傾向にある。コロナの蔓延により，2020年には新たに710万人が貧困に陥ったとされる。[46]その多くは都市部で保障がなく不利な条件で働いていて職を失った人々で，特にインフォーマル・セクターで働く女性たちである。UN Women 等によれば，コロナの蔓延で男女間の貧困格差が広がり，2021年の15歳以上の貧困人口は男性が236万人に対し，女性は247万人であった。[47]また，気候変動による異常気象で農業生産量および森林・水資源が減少する中，それらに生計を依存し，その生産・管理の役割を担っている農村女性は，情報，技術，資源等へのアクセスが限られ，効果的な適応策がとれず，より一層のリスクに晒されている。また，自然災害の被害も年々増加しており，農村部とスラムの貧困層，特に女性は災害リスクに対して脆弱なため，さらなる貧困に陥るリスクが高い。

　こうしたパンデミックや気候変動等のリスク削減を目的とした対策を貧困層・脆弱層に対して講じる必要がある。しかし，その際，女性を受動的な受益者として捉えるのではなく，主要なアクターとして，女性も意思決定の場に参画し，リーダーシップを発揮できる形で進めていくことが，女性の貧困からの脱却，そしてエンパワーメント促進には不可欠である。　　　　　（野々口敦子）

▷6　国連の SDGs データ（https://www.un.org/sustainabledevelopment/poverty/）を参照。

▷7　⇨▷4

（問い）
①都市部や農村部における貧困にはどのような特徴があるか。各地域で，多様な人々，特に男女間の貧困にはどのような違いがあり，その要因は何だと考えるか。
②気候変動やコロナウイルス等のパンデミックが都市部と農村部の貧困，それぞれにどのような影響を与えていると思うか。また，男女間でどのような違いがあると思うか。

（参考文献）
アマルティア・セン（池本幸生・野上裕生・佐藤仁訳）『不平等の再検討』岩波現代文庫，2018年。

Ⅲ　貧困をめぐる課題

 # 貧困の民族紛争・平和への影響

▷ 1　月村（2013：8-9）。
▷ 2　シリア紛争は，2011年のいわゆる「アラブの春」を端緒とする。中東地域で独裁政治に対する民主化運動が広がり，アサド大統領が強権支配するシリアにも波及した。しかし，アサドは民主化を拒否し，反体制派との間で内戦が広がっていった。さらに，国内外のイスラーム主義過激派勢力やクルド人勢力，政権を支援するロシア，反体制派を支援するアメリカなどが入り混じり，国際的な紛争に発展した。その過程で，死者は40万人を超え，国民の半数の計1300万人以上が難民あるいは避難民となった。2022年6月現在も，政府軍が巻き返す中で紛争は続いている。
▷ 3　ガルトゥング（Johan Galtung, 1930-）ノルウェー出身の平和学者であり，数理モデルを援用しながら，貧困や差別，抑圧といった「構造的暴力」が存在しない「積極的平和」の概念を提唱し，平和研究に大きな影響を与えた。
▷ 4　人間の安全保障の概念は，1994年の国連開発計画（UNDP）の年次報告書によって本格的に提起され，国連の活動などに取り入れられていった。この概念を主導してた日本政府の解釈

1　貧困と平和

　民族紛争とは「当事者の少なくとも一方が民族である，一定期間続く武力紛争」である[1]。その意味で，近年起きている紛争の多くが民族紛争である。内戦の形をとるものが多いが，複数の国にまたがったり，シリア紛争（2011年～）のように国際アクターが介入したりする国際的な民族紛争も見られる[2]。

　民族紛争を含む戦争・紛争と貧困の関係は，長らく研究対象となってきた。まず，そもそも貧困を「平和」の概念に取り込む議論がある。一般的に平和とは，単に戦争や紛争が起きていない状態を意味してきた。しかし，平和学研究者**ガルトゥング**は，単に戦争が起きていない状態である「消極的平和」に対して，経済的・政治的安定や，基本的人権の尊重，民主主義，快適で安全な環境，社会福祉，生きがいなどが実現された状態を「積極的平和」として概念化した[3]。この積極的平和の概念は1970年代あたりから広がっていく。1990年代になると，国家ではなく個人の安全に焦点を合わせた「人間の安全保障」の概念も，広く国際社会で受け入れられるようになった[4]。そうすると，貧困自体が平和を脅かすものであり，その解消を目指す開発は平和の追求でもあることになる。

2　貧困と紛争の罠

　平和を消極的なものに限定した場合でも，貧困の影響が指摘されてきた[5]。経済学者であるコリアーは，貧困と紛争の悪循環を「紛争の罠」として指摘する。この紛争の罠は，アフリカの低所得国を中心に，いわゆる「底辺の10億人」で起きている。典型的な低所得の国は，概算で5年間で14％の確率で内戦のリスクに直面しているという。しかも，経済成長率1％につきこの内戦のリスクは1％差し引かれる。つまり，低所得（貧困）と経済の低成長は，内戦の可能性を高める。また，民族集団など集団間の「水平的な」不平等は社会における不満を高め，内戦という選択肢を選ばせかねない。経済的な面で水平的な平等を欠いている場合，政治に参画できないなど統合されずに疎外されている集団が内戦を引き起こす確率は10％になるという。加えて，貧困は，政府機関の能力を弱め，公共財の提供能力を低下させ，政府の権力と権威が届く範囲を狭めてしまう。また，貧困は，教育レベルを下げ，失業率を高めることで，給与をもらえる兵士のリクルートを容易にする。

　もちろん貧困だけが紛争の原因ではない。民族紛争の場合，貧困だけでなく，民族の居住分布パターン，民主化，歴史と宗教などが原因となってきた。コリアーによると，そもそも民族的少数派は，差別の有無と関係なく，反乱を起こす傾向にある。それでも，貧困は民族紛争の主要な原因であり，同時に，紛争は貧困を悪化させ，「紛争の罠」という悪循環を生む。内戦が始まった時の国の所得が低いほど，内戦は長期化するという。しかも，内戦が終結した国の半数が，10年以内に内戦を再発させる。スーダンの紛争によって2011年に分離独立した南スーダンで，2016年に内戦が勃発したように，低所得国ほど，内戦再発の危険性がはるかに高い。しかも，内戦によって国の成長は年間で2.3%低下し，内戦のコストは紛争が終わった後も生じる。このように，内戦が低所得をもたらし，低所得が内戦の危険度を増すという悪循環に陥っていく。仮に，石油やダイヤモンドといった天然資源に恵まれていたとしても，ナイジェリアやアンゴラ，そして南スーダンのように，「資源の呪い」によってむしろ内戦の危険性は高まってしまう。しかも，ヨルダンにおけるシリア難民が60万人を超えているように，内戦のコストは当該国だけに留まらず近隣諸国にも及ぶ。

③ 紛争の罠からの脱却へ向けて

　紛争の罠から救うために国際社会ができる関与について，コリアーは，援助は，ある程度紛争の罠を深刻にするが，事態を改善することもできるとする。援助によって経済が成長し所得が上昇すれば，再発を含む内戦発生のリスクは減ることになる。しかし，低所得国で典型的な劣悪なガバナンスのもとでは，そもそも援助が経済成長に結びつかないことも多い。それでも開発援助機関は，紛争の罠を断ち切るために開発援助を拡大してきた。世界銀行は，2011年の『世界開発報告（WDR）2011：紛争・安全保障・開発』で紛争と安全保障，開発の関連性を特集し，紛争を含む広い意味での暴力の連鎖により生じている問題を明らかにし，市民の安全と正義および雇用を提供する制度へ転換することで暴力の連鎖を打破するために，コミュニティ開発など国内的および国際的な政策を提案した。国連開発計画（UNDP）も，2012年に『平和のためのガバナンス（Governance for Peace）』と題される報告書を公表し，不可欠なサービスを提供できる応答的な制度への投資，包摂的な政治の促進，危機に対する社会の強靭性の改善，それらを行う手段としての多様なアクター間のパートナーシップを通じて，脆弱で紛争の影響を受けた国家のガバナンスの改善促進を提案した。民族紛争の場合は，民族間のパワーシェアリングなどを併用しつつ，国家のガバナンスを強化し貧困脱却を導くことが何よりの対策となろう。持続可能な開発目標（SDGs）でも目標16で「平和と公正をすべての人に」がテーマとなっているように，貧困およびその脱却へ向けた開発は，平和と一体のものであることを前提に，その悪循環の解消を考える必要がある。　　（杉浦功一）

では，「ひとりひとりの人間を中心に据えて，脅威にさらされ得る，あるいは現に脅威の下にある個人及び地域社会の保護と能力強化を通じ，各人が尊厳ある生命を全うできるような社会づくりを目指す考え方」とされる（次のサイト参照，https://www.jica.go.jp/activities/issues/special_edition/security/summary.html）。長有紀枝『入門　人間の安全保障（増補版）』中公新書，2021年も参照。⇨Ⅰ-7

▷5　貧困が紛争の原因であることを実証した研究として，次を参照。Alex, Braithwaite, Niheer Dasandi, and David Hudson, "Does Poverty Cause Conflict？ Isolating the Causal Origins of the Conflict Trap," *Conflict Management and Peace Science*, Volume 33, Issue 1, 2014.

▷6　⇨Ⅵ-4
▷7　⇨Ⅳ-3
▷8　⇨Ⅴ-3　Ⅴ-4
▷9　⇨Ⅵ-4

（問い）

貧困から脱却して紛争の罠を回避するためには，どのような国際支援がありうるだろうか。

（参考文献）

ヨハン・ガルトゥング（藤田明史編訳）『ガルトゥング平和学の基礎』法律文化社，2019年。

ポール・コリアー（中谷和男訳）『最底辺の10億人』日経BP社，2008年。

多湖淳『戦争とは何か』中公新書，2013年。

月村太郎『民族紛争』岩波新書，2013年。

Ⅲ　貧困をめぐる課題

3 貧困と教育

▷1　⇨[Ⅱ-5]参照。
▷2　国連教育科学文化機
関（UNESCO）は，1985
年の第4回世界成人教育会
議で「学習権宣言」を行い，
1990年を国際識字年とした。
学習権として「読み書き」
＝「識字」が挙げられるが，
この権利は，単に文字を読
み書く能力ではなく，生涯
学習を進めるために必要な
基礎的能力として捉えられ
る。その能力を用いて社会
と関わりをもち，自立的に
生きていくための能力を指
す。
▷3　収益率とは，追加的
な教育から受ける便益（追
加的な生涯賃金等）と費用
（追加的な教育にかかる費
用）の現在価値を等しくさ
せる1年当たりの割引率
（学校という投資先への利
回り）として計算される。
将来発生する費用や便益は
現在発生するものよりも現
在価値は低くなるため，現
在価値に直すという作業を
する。収益率が銀行等の利
子率や他の物への投資より
も高ければ，教育に投資す
る方が，預金しておくより
も高い便益につながると解
釈できる。
▷4　例えば，女児が兄弟
の世話をするために学校に
行けない場合，女児を学校
に通わせることで親が子守
りに支払う金額が機会費用
となる。親がこの費用を負

① 非所得貧困としての教育

　貧困には所得貧困と非所得貧困という概念がある。[1] 教育は，個人の潜在能力を開花させ，選択肢を拡大するために必要な知識やスキルを提供することから，教育が欠乏した状態は非所得貧困の一部とされる。具体的な指標としては，読み書きができない成人の割合，機能的識字能力に欠く成人（16〜65歳）の割合[2] が貧困を測る際に使われることが多い。

② 貧困と教育の関係性

　教育は貧困を克服する手段になりうるか，もしくは教育は貧困を再生産する手段になりうるか，という命題は教育経済学や教育社会学において重要な問いである。教育経済学では，教育の収益率分析[3] を用いて，教育への投資と便益を比較することにより，教育の需要を測定する方法を用いてきた。国の所得レベルによらず，初等，中等，高等教育のすべての教育レベルにおいて教育の便益は費用を上回っており，特に最貧困国における初等教育の収益率が高いことが知られている。しかしながら，現実には教育の機会は貧困層と富裕層で大きな差がある。**図1**に示すとおり，初等教育および前期中等教育（中学レベル）における不就学児童の割合において最貧困層の3人に1人は学校に通っていないのに対し，最富裕層では不就学児童の割合は1割程度である。

　教育はどのように所得貧困や他の非所得貧困と関連するのだろうか。まず，所得貧困との関連については，教育費用について考える必要がある。教育機会を得るためには，授業料，教科書，制服，交通費などの直接費用に加え，学校に行かなければ得られたであろう労働賃金や家事労働といった機会費用（または間接費用）[4] が必要であ

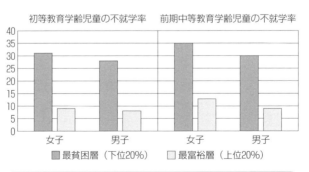

初等教育学齢児童の不就学率　　前期中等教育学齢児童の不就学率

■ 最貧困層（下位20%）　□ 最富裕層（上位20%）

図1　貧困の度合いと不就学児童の割合（2005〜11年の63カ国のデータ）

出所：United Nations, Millennium Development Goals Report 2013. より筆者作成。

る。初等教育無償化政策などの直接費用を軽減する政策だけでは学校に行く費用をすべて賄うことができず，機会費用がより大きい貧困層が教育機会を得ることはより難しくなるのである。また，就学できたとしても，児童労働や健康状態によって欠席しがちになり学習達成度が低い場合には留年を繰り返した挙句，退学になるケースも多い。貧困国では初等教育の最終学年に到達できる児童は6割程度である。初等教育を修了できない場合，前述した教育投資への便益を得ることは難しく，生涯賃金は低くなる。

　教育以外の非所得貧困との関係も指摘されている。例えば，ケニアの研究では，学校の出席率を上げるには，教科書配布や教員増員といった教育的介入よりも虫下し薬の方が効果があったとの研究がある。また，サブサハラアフリカ地域では女子が初等教育を退学する理由としても最も多いのが，妊娠・出産・早婚である。このように子どもの健康，生活環境，ジェンダーが教育達成に大きく影響しているのである。

③ ジェンダーの視点

　ジェンダーの観点からは，教育の収益率分析では，貧困国では女子の収益率が男子のそれを上回るとの分析結果がある。しかし，収益率分析はそもそも男女の労働賃金体系が異なることを前提に男女を分けて分析する。そのため，女子の収益率が高いことは，教育レベルの低い女子に比べてどの程度教育への投資から便益があるのかを比較しているに過ぎない。したがって，例えば初等教育の高い収益率は，単に初等教育を受けていない女子が労働市場において搾取されている（無賃等）ことを意味する場合もある。

　また，日本のように，労働参加率や獲得賃金が男女で極端に異なる場合，平等な教育達成が必ずしも貧困に陥るリスクを軽減するとは限らない。実際，日本の女性の貧困率は男性のそれを上回っており，父子家庭の貧困率が25％に対し，母子家庭の貧困率は60％に上る。これには，労働市場における機会の不平等に加え，進路選択において収益率の高い理工系の分野や最難関大学への進学における進路指導や保護者の学歴期待におけるジェンダーバイアス，社会的なジェンダー規範を反映した学校内における指導による意欲間格差などの**隠れたカリキュラム**[5]の影響が指摘されている。2018年の医学部入試不正事件は，職場および社会全般の役割期待における伝統的なジェンダー規範と男女による労働市場への不平等な参加を前提とした**統計的差別**[6]やジェンダーバイアスを基に起きており，日本社会における教育の選抜と社会的地位の配分へのジェンダー規範の影響を象徴した事件であった。

（西村幹子）

▷5　隠れたカリキュラム
学校教育において，義務としてカリキュラムや学校要覧などに示されていないが，従うことが要求されている価値規範，態度，行動様式を暗示するもの。具体的には，規則，規程，日課や，学校や教員によって当然視されているような価値や文化的な仮定を指す。教員の言葉遣いや生徒との関わり方，教室の配置，制服などが例として含まれる。

▷6　統計的差別
個人の意思や能力にかかわらず，その個人が属する特定の社会的集団の実績の平均値や頻度等の統計によって個人の選択肢の幅を制限すること。学校の体育の授業において男女で走る距離が異なったり，企業が女性の離職率が高いことを理由に男性を多く採用したりすること等は統計的差別に当たる。

担できない場合，学校の授業料が無料でも女児を就学させるという選択肢をとることは難しい。

問い

①教育が貧困を克服する手段になり得るとすれば，それはどのように可能だろうか。その際に社会における必須条件とは何だろうか。
②教育が貧困を再生産する可能性についても考えてみよう。日本においては教育が普及しているにもかかわらず，なぜ女性がより高い確率で貧困に陥っているのだろうか。

参考文献

小松太郎編『途上国世界の教育と開発』上智大学出版，2014年。

III　貧困をめぐる課題

 貧困と健康

① 健康格差を生み出す社会的環境

　国レベルで経済状況と健康との関係を見てみると，国の所得（一人当たりの国内総生産）がおよそ5000ドル付近までは，健康の間に強い相関関係を見ることができる[1]。このことは，低所得国においては，絶対的貧困が公衆衛生上の大きな課題であり，感染症が主要死因となって国の健康状態に影響を与えていることを示唆している。

　個人レベルでは，経済的困窮は栄養不良を引き起こし，水，トイレなど衛生環境も劣悪であると感染症などの病気にかかりやすい。貧困層の多くは，自然災害に脆弱な地域や遠隔地など保健医療施設へアクセスが悪い場所に居住しており，経済的，地理的理由から，適切な予防や治療サービスを受けることが難しい。あるいは，そもそも日々の生活に追われてサービスを利用する時間的余裕がないかもしれない。また，貧困は，単に物質的欠如の状態を示すだけではない。人種的マイノリティ，障害者，少数民族，性産業従事者など，貧困者が特定の属性を有することが多いが，彼らに対する社会的偏見や差別によって，サービスへのアクセスが難しくなる場合もある。貧困と不健康は，相互に原因であり結果でもある。貧困世帯の子どもが栄養不良あるいは病気になり，学校でのパフォーマンスが低下し，教育を十分に受けられずに良い仕事に就けず，さらなる貧困状態に陥るという悪循環が起きる。

　政治，経済，社会，文化的諸要因が重層的レベでかつ複合的に健康に影響を与えることは，「**健康の社会的決定要因**」という概念で示される[3]。社会的決定要因には，ガバナンス，マクロ経済政策，教育や保健医療などの公的政策，文化・社会的価値観，社会的地位，ジェンダー，人種差別，教育，雇用，収入，物質的環境（生活環境，職場環境，食糧入手状況など），行動要因，生物学的要因，心理社会的要因，保健医療システム整備状況，社会的一体性や社会的資源など[4]幅広いものが含まれる。

② 周縁化された人々の健康問題

　過去半世紀近くにわたり**プライマリ・ヘルスケア**[5]が推進される中で，子どもの死亡率は大幅に低下した。しかし，未だ世界で毎年520万人の5歳未満の子どもたちが死亡し，そのほとんどが低・中所得国で起きている[6]。また，その死

▷1　近藤尚己「健康の社会的決定要因と健康格差」『国際保健医療学（第3版）』杏林書院，2013年。

▷2　⇨ Ⅱ-1

▷3　**健康の社会的決定要因**
健康格差は，遺伝子や生活習慣だけではなく，人々の社会経済的な地位を始めとする諸要因によって決定されるという考え方。

▷4　社会的一体性や社会的資源は，地域の人々同士の信頼，助け合い規範，結束といった「社会凝縮性」を高めるようなグループの特性を指し，集団や個人の健康増進と関係している。

▷5　**プライマリ・ヘルスケア**（PHC）
1978年のアルマ・アタ宣言の時に，"Health for All by 2000" を謳い，世界の保健医療におけるアクセスの改善，公平性，住民参加，地域資源の有効活用，多分野間協力，予防活動重視などの実現を求めて形成された理念かつ方法論。

▷6　UNICEF のHP。(https://www.unicef.or.jp/sowc/pdf/UNICEF_SOWC_2021_table 2.pdf)

▷7　UNAIDS 'AIDSinfo' (http://adiinfo.unaids.org/).

▷8　**非感染性疾患**(Non-Communicable Diseases:

亡の45％が栄養不良と関係している。妊産婦死亡も全般的に改善が見られるが，子どもの健康と同様に国や地域によって格差が大きいことが問題である。

　マラリア，結核と並んで世界三大感染症の一つである HIV／エイズは，サハラ以南アフリカを中心に感染者，死亡者が多い。例えば，南アフリカでは，エイズ治療薬の普及によりピーク時に比べると大きな改善が見られるものの，2018年，10〜19歳で HIV に新たに感染した少年は4200人，少女たちは３万3000人と約８倍であった。少女たちが年上の男性と性的関係をもつ傾向があり，その背景として貧困，教育機会の欠如，女性の社会的地位の低さ，性暴力などが指摘されている。

　一方で，**非感染性疾患**も，グローバルな健康課題である。30〜69歳の年齢層で毎年1600万人以上が非感染性疾患で死亡するが，この「早すぎる死」の82％が低・中所得国で起きている。主なリスク要因は，喫煙，運動不足，アルコールの有害な摂取，不健康な食生活であるが，これは単に個人の生活習慣に起因するだけではない。社会経済的に脆弱で不平等な状況におかれている人々は，失業や緊張や危険の多い労働環境で働き，空気，水，食品，土壌の汚染物質に暴露しやすい場所に居住している。また，日々の生活に追われ栄養バランスを考慮する経済的，心理的余裕がない，ストレスの多い生活により健康に有害な嗜好品や薬物を摂取する，経済的理由で保健医療サービス利用が限られることなどが相まって非感染性疾患のリスクは高まる。

　また，新型コロナパンデミックにより，高所得国においても国内の社会的格差・差別と健康の問題が顕在化した。米国では，新型コロナ死亡率は白人に比べて人種的マイノリティグループ（アフリカ系，ヒスパニック系，先住民族）において高かった。例えば，アフリカ系アメリカ人の死亡率は白人の2.3倍から3.7倍（人口10万人対）であった。その理由として，彼ら貧困層は，在宅勤務ができないエッセンシャルワーカーの割合が高く，有給休暇がとれず，住居環境も密集し，病院へのアクセスも悪い。また，医療保険に入ってない人が多く適切な医療サービスが受けられない。さらに，マイノリティは，重症化のリスクが高い肥満，糖尿病，喘息である割合が高いことも報告されている。

❸　健康格差の解消を目指して

　SDGs のもと，「すべての人々が，必要とする保健サービスを，支払いの際に経済的に苦しめられることなく確保できる状態」（WHO）を目指す**ユニバーサル・ヘルス・カバレッジ**（UHC：普遍的医療保障）が推進されている。誰も取り残さないことを謳う UHC を達成するためには，保健医療施設や人材，医薬品などの物理的，経済的，社会習慣的アクセスの改善とともに，提供される保健医療サービスの質の改善が重要となる。長期的には，社会的格差の解消と社会的公正への取組みが健康の格差をなくすことにつながる。　　　　（松山章子）

NCDs)
主な病気としては心血管疾患，癌，呼吸器系疾患，糖尿病がある。非感染性疾患による死亡は世界の全死亡の71％に相当する。集団の疾病構造は，低所得国では感染症や母子保健関連の疾病から，中，高所得国になるにつれて非感染性疾患疾病へ変わっていくという「疫学転換」は必ずしも現実にそうならず，多くの低・中所得国が，感染症と非感染性疾患の両方の健康課題を抱えている。

▷9　WHO の HP, Non-communicable Diseases (https://www.who.int).
▷10　APM Research Lab, The Color of Corona-virus, 2020.
▷11　ユニバーサル・ヘルス・カバレッジ（UHC）
SDGs の目標3-8「すべての人が，お金の心配をすることなく基礎的な保健サービスを受け，値段が安く，かつ質の高い薬を手に入れ，予防接種を受けられるようにするユニバーサル・ヘルス・カバレッジ（UHC）を達成する」。

（問い）
日本においても，新型コロナ感染によって社会・経済的格差と健康問題が顕在化したが，どのような社会的グループがどういう問題に直面しているだろうか。

（参考文献）
マイケル・マーモット（栗林寛幸監訳）『健康格差』日本評論社，2017年。
イチロー・カワチ／ブルース・ケネディ（西信雄ほか訳）『不平等が健康を損なう』日本評論社，2004年。

Ⅲ　貧困をめぐる課題

 # デジタル格差と教育

① デジタル格差：デジタル格差とは何で，なぜ教育において重要なのか

　デジタル格差とは，端的に表現すると，コンピュータやインターネットにすぐにアクセスできるもの（個人，家庭，企業，または地域など）と，そうでないものとの間の格差のことを指す。21世紀の今，デジタル機器等にアクセスする機会は，私たちの日常生活で非常に重要である。もしパソコンが壊れたり，スマートフォンがなくなったり，インターネットがダウンした場合に，あなたに起こるであろうパニック，ストレス，またはカオスを想像してみてほしい。

　残念ながら，現在誰もが上記のデバイスやインターネットに平等にアクセスできるわけではない。筆頭となる貧困層のほか，高齢者，障害者，地方在住者など，私たちの社会で共に暮らしている一部の人たちは，テクノロジーやそれを使うためのスキルにアクセスすることが難しい。特に，OECD レポート[1]で強調されているとおり，特定の地域では，機器の価格，ICT リテラシーや教育の不足，社会文化的な規範などが原因で，「デジタルジェンダー格差」も広がっていることが指摘されている。また，UNESCO の報告によると，世界の学生の約3分の1，約4億6300万人が未だに自宅にインターネット接続やパソコンの用意がなく，そのため新型コロナウイルス感染症の蔓延の間，オンライン授業を通じた学習機会を得られなかった。私たちは，デジタル格差が教育の不平等をもたらし，テクノロジーを駆使した未来への機会を減少させること，そして，最も影響を受けるのは，貧しい地域・家庭など，すでに不利な立場にある学習者たちであることを忘れてはならない。

② 格差の「増幅」について

　テクノロジーは，しばしば格差の解決の「魔法の杖」のようにいわれることがある。スガタ・ミトラによる「**ホール・イン・ザ・ウォール**[3]」というプロジェクトは，インドのスラムの壁に穴をあけて，子どもたちにパソコンを解放した。インターネットへのアクセスを提供することで世界とつながり，自己学習による貧困や教育格差の問題を解決に導くとして注目を浴びたこの取組みは，2013年の TED アワードにも選ばれている。しかし現在では，『テクノロジーは貧困を救わない』で外山健太郎が述べるように，オープンアクセスのパソコンを街中に置くことの実質的な効果は疑わしく，ゲームのために使われるばか

▷1　参考文献の一つ目を参照。

▷2　参考文献の二つ目を参照。

▷3　**ホール・イン・ザ・ウォール**
1999年にインドの教育技術者であるスガタ・ミトラが，インド・デハリの貧困地域の壁に設置されたキオスクにコンピュータを置き，子どもたちに自由に使ってもらうことから始まったプロジェクト。貧困地区の壁に設置されたコンピュータが増えることで，子どもたちが自分でコンピュータやインターネットを使えるようになり，発展途上国のデジタル格差を軽減する可能性が示された。

りであったり，パソコンが結局しまわれていたりしていたことが批判されている。外山は，ミトラが自身でも教師の管理下になければ自由に使えるパソコンの効果が最大化されないと述べていることを引きながら，介入に携わる研究者たちの間で語られる「テクノロジーは解決策の10%にしか過ぎない」という言葉の説得力を強調する。彼は複数の研究から，テクノロジー単体では解決策となりえず，むしろすでにある格差の傾向を増幅させるものである，と述べる。

「増幅の法則」と説明されるこの考え方からは，貧しさによる電子機器やインターネットへのアクセスの格差が，教育の格差をより深いものにすることがわかる。オンラインの公開講座であるMOOCs（大規模オンライン公開講座）ではMIT等トップ大学の授業を誰もが無料で受けることができるが，ニューデリーで子どもたちが自由に使えるパソコンからよりも，大学教育をひと通り終えているロンドンの会社員のパソコンからの方がアクセスされやすいだろう，という多くの人の予想は，デジタル格差と教育の重要な論点を示唆している。

③　世界と日本の事例から考える

こうしたデジタル格差は，教育の機会に多大なる影響を与えている。そして，同様の構造は日本国内の教育においても散見される。高校生になるとスマートフォン所持率が9割を超えるといわれる日本では，誰もがテクノロジーにアクセスできているように見える。しかし，本節冒頭に述べたような特定の集団はそのアクセスが限られており，特に地域・家庭の貧困状況による格差は深刻である。一例として，2022年現在での児童養護施設では人数分の機器の購入が難しいだけでなく，インターネット接続すらない場合もある。大学生の場合に限っても，突然のオンライン授業に際しモバイルデータ通信しか使えずに長時間の動画ライブ参加が難しいケースが頻繁に聞かれたほか，高額な端末やネット接続について共用施設を使用できるはずだった学生が，授業のみならず大学生活全体から切り離されてしまった例もある。こうした事例から，特に端末とインターネットの用意について，世界にある格差だけでなく，国内の身近な場所にも大きな格差があるといわれる状況が見えてくるだろう。

いま，義務教育段階においてGIGAスクール構想が進行している。デジタル格差はテクノロジーそのものへのアクセスだけではなく，それを使うためのスキルまで含むことを理解し，その格差による「増幅の法則」を学んだ読者は，目下の課題とされる端末とインターネットを全国の学習者に届けたこの計画をどう捉えるだろうか。当然ながら，国内でもICTリテラシーや，機器を利用した学習に向かう意欲や金銭的余裕について，各人の置かれた環境によって違いがあり，全員が十分な力を与えられているわけではない。指導する立場の教員や保護者も，多様な状況にある。次に何が必要とされるか，何が有効か，ぜひ読者にも考えてみてもらいたい。　　　　　　　　（高林友美・鄭　仁星）

▷4　GIGAスクール
1人1台端末と高速大容量通信ネットワークの整備により，教師と児童生徒が最大限に力を発揮できるための教育ICT環境実現を目指す文部科学省による構想のこと。

（問い）
オンライン授業が普及すると，デジタル格差が教育機会にどのような影響を与えるか考えてみよう。本文最後の問いを確認し，正の影響，負の影響の両側面を対象にすること。

（参考文献）
OECD "Bridging the digital gender divide," OECD, 2018 (https://www.oecd.org/digital/bridging-the-digital-gender-divide.pdf).
UNESCO "Scaling up digital learning and skills in the world's most populous countries to drive education recovery," UNESCO, 2021 (https://en.unesco.org/news/scaling-digital-learning-and-skills-worlds-most-populous-countries-drive-education-recovery).
外山健太郎『テクノロジーは貧困を救わない』みすず書房，2016年。

Ⅲ　貧困をめぐる課題

 ジェンダーと途上国における貧困の課題

1　途上国の貧困とジェンダー

　本テーマの結論を先取りすると，社会経済的な状態に影響を与える資産の所有や法的権利の獲得，教育機会の享受にはジェンダー格差が見られる。その格差の発生には，ジェンダー規範やジェンダー役割，そしてジェンダーに基づく暴力（GBV）が大きく関わっている。これらは相互に関係し，社会的に脆弱な状況を発生させ，貧困に陥りやすくする。

　例えば，世界的に見て，農業に従事する女性の割合は高いが，女性は耕作する土地の所有権や相続権などの権利をもたない場合が多い。農業を主体的に担っていても，土地という経済的な資源の活用は容易ではなく，経済状況を改善する手段が制約されている。また，水汲みの役割など，世帯内で女児に任される役割を担うため，十分に学校などに通うことができないケースもある。あるいは，女性や女児が自由に外出する権利が制約されている場合など，就学が困難なケースもある。このように教育機会の欠如は，女児自身が知識や技能などを獲得する機会を奪うことであり，就労などの機会も大きく制限され，結果として社会的により脆弱な状況を発生させる。さらには，GBVは被害者の心と身体に深刻な影響を及ぼし，社会経済活動が難しい状況を発生させる。また世帯内でのGBVから逃れるために，住居や社会的ネットワークを失うケースなどもある。このように，ジェンダー規範，ジェンダー役割，GBVは，個々人が貧困に陥る危うさを一層加速させるのである。貧困の課題を解消する上では，このようなジェンダー関係を変革するような取組みが求められる。

　これらは，途上国に限った問題ではなく，OECD加盟国とも共有する課題である。ただ，OECD加盟国と途上国がジェンダーの課題を共有していても，双方が直面する貧困の課題を全く同様のものとして扱うのは適切ではないであろう。なぜならば，貧困の背景として，国際政治経済の変容や気候変動の影響などを無視することはできないからである。貧困の捉え方には多様なアプローチがあるが，複数の指標を見ても途上国の貧困は深刻な状況にあることがわかる。では，途上国の貧困は，ジェンダー視点から具体的にどのように捉えられるのか。以下，二つのアプローチを参照し，考察していきたい。

▷1　**GBV**（Gender Based Violence）
性別を理由とする／またはジェンダー関係を利用した暴力や，特定の性別の人に著しく影響が出ている暴力である。GBVには，身体的，性的，心理的，経済的等の様々な形態の暴力が含まれる。また世帯内などの親密な関係性で発生する暴力も含まれる。

▷2　ムニョス - ブーデほかの研究では，89カ国の家計調査データを用いて，開発途上国における貧困のジェンダー差について考察している。データに制約があるため，開発途上国の約84％に関する結果となっている。Munoz Boudet, A. M., Buitrago, P., De La Briere, B. L., Newhouse, D., Rubiano Matulevich, E., Scott, K., and Suarez-Becerra, P., *Gender Differences in Poverty and Household Composition through the Life-Cycle : A Global Perspective*（Policy Research Working Paper; No. 8360）, World Bank, 2018.

▷3　MPIはUNDPの人間開発指数（HDI）と同様の三つの側面（健康，教育，生活水準）に焦点を当てている。多次元な貧困を構成する複数の貧困状況を考察対象としているので，各状

❷　「極度の貧困」とジェンダー

貧困の捉え方の一つに，所得に着目したものがある。例えば，SDGs は，1日1.9ドルの国際貧困線以下での生活状態を意味する「極度の貧困」を撲滅することを目指している。極度の貧困という所得の貧困に関し，ジェンダー視点からアプローチすることの重要性はこれまでも指摘されてきた。ただ，極度の貧困に占める女性の割合などのジェンダー差については，その把握は容易ではなく，データの制約から限定的なものにならざるを得ない。

世界銀行と UN Women（国連女性機関）は合同で，極度の貧困とジェンダー差について研究を行っている[2]。その結果，極度の貧困は子どもで特に高いこと（特に女児），そして生殖年齢（この研究では18～49歳）にある女性は，男子や男性よりも国際貧困線以下で暮らす可能性が高いことを指摘している。女性に偏るケア役割が，女性の経済活動に様々な形で制約を与え，結果として収入に影響を与えることから，貧困に対する脆弱性が増すという指摘である。また同研究では特に女子に対する学校教育が貧困緩和に役立つことを示唆している。

❸　多次元貧困指数（MPI）とジェンダー

所得という狭義のアプローチではなく，より広義に貧困を捉える試みにおいても，ジェンダーの影響は指摘されている。途上国の貧困の発生を多面的に捉える試みとして，多次元貧困指数（MPI）[3] が挙げられる。MPI は，例えば，安全な飲料水へのアクセスの状況や，どのような資産（テレビや電話など）を保有しているのかなど，より生活の実態を把握する[4]。2021年10月に公開されたデータは，109カ国の途上国を対象とするが，そのうちの21.7％（13億人）が多次元な貧困状態にあると指摘している[5]。また，多次元な貧困状況にある人々について，分析可能なデータのある国を対象にジェンダーやエスニシティ，カーストという点からアプローチしている。その結果，多次元貧困層の3分の2に該当する人口は，6年間の学校教育を修了した少女や女性のいない世帯で暮らしていることが指摘されている。また，多次元貧困層の6人に1人が女性世帯主世帯で生活していることも示されている。さらには GBV（ここでは親密な関係性における女性・女児に対する暴力を示している）と多次元な貧困には相関関係があることを指摘し，多次元な貧困にある女性や女児の厳しい生活実態を示している。

以上のように，途上国の貧困に対する二つのアプローチはそれぞれに異なる点に着目しているが，ジェンダー規範や役割，GBV 等によって教育や労働の機会が制限され，また資産へのアクセスや自身の人権などが剥奪される状況は，貧困に陥りやすい状況を加速させ，脆弱性をより深刻化させるということがいえるであろう[6]。途上国の貧困課題に対しても，ジェンダー関係を変革するアプローチが不可欠である。

（高松香奈）

況の関連性や属性による貧困状況の違いについても議論しやすい。⇨ Ⅱ-5

▷4　MPI によって示された各国の情報については，国連開発計画（UNDP）とオックスフォード貧困・人間開発イニシアティブ（OPHI）の HP で確認することができる。

▷5　MPI は多次元な貧困状況に置かれた人の85％はサハラ以南アフリカまたは南アジアで生活しているとしているし，この地域における生活の厳しさが浮き彫りとなっている。

▷6　「極度の貧困」や「MPI」は異なる着目点によって貧困の状況が算定され，議論されているが，双方のデータにおいて国レベルの順位などを考察してみると特記すべきような顕著な違いは認識されない。

（問い）

ジェンダー視点から途上国と先進国の貧困問題を捉えると，双方でジェンダー課題を共有していることがわかるが，とりわけ途上国で強調される点はどのようなことか。

（参考文献）

Chant, Sylvia, *The International Handbook of Gender and Poverty : Concepts, Research, Policy*, Edward Elgar, 2011.

UNDP & OPHI, *Global Multidimensional Poverty Index 2021 - Unmasking disparities by ethnicity, caste and gender*, United Nations Development Programme and Oxford Poverty and Human Development Initiative, 2021.

Ⅲ　貧困をめぐる課題

 7 # ジェンダーと先進国における貧困の課題

1　先進国の貧困とジェンダー

「先進国」という定義は必ずしも明確ではないが，OCED（経済協力開発機構）加盟国を「先進国」と位置づけた場合に，貧困の状況を知るための手がかりの一つとして，相対的貧困が挙げられる。

相対的貧困とは，「相対的」という言葉が示すように，他と比較して貧困状態であることを示しており，一般に国の中での比較が行われる。具体的な算出方法としては，「手取り」と呼ばれる，所得の総額から支払いが必要な税や社会保険料などを差し引いた「可処分所得」を世帯の人数の平方根で割った「等価可処分所得」が中央値の半分である貧困線に満たない状態を示す。日本の例を見ると，厚生労働省が公表する2019年の国民生活基礎調査では，2018年の貧困線は127万円で，「相対的貧困」の割合（世帯員の割合）は15.4％だった。

図1に示したOECDのデータを参照すると，貧困線以下で生活する人の割合には，加盟国内で大きな違いがあることがわかる。そして，女性に相対的貧困率がより高いことを示している。OECD加盟国では相対的貧困率の男性平均が10.9％であるのに対し，女性は12.3％と高い傾向を示した。ただ，この傾向は加盟国によって大きく異なっている。一部の国にはこの傾向が見られない一方で，一部の国ではより顕著に差が見られるのである。

2　ジェンダー課題としての貧困問題

女性の相対的貧困率が高い傾向にあるということは，そこには何かしらのジェンダー要因があることを意味している。これまでの研究では，女性の貧困に影響を与えるものとして，脆弱な雇用形態や賃金格差，ケア役割の重さ，育児や介護などを公的にサポートする制度の欠如など，不平等な処遇や就労をする／継続する上での制約などが指摘されてきた。また，とりわけOECD加盟国は，貧困に陥るリスクを軽減するような税制やセーフティ

▷1　貧困へのアプローチは所得の側面だけではなく，医療保険や年金などに代表されるような制度へのアクセス，社会的ネットワークの有無，心身の健康状態など，より包括的に捉える試みもある。

▷2　女性の相対的貧困率が男性より高い傾向は，デンマーク，フィンランド，ギリシャには該当しない。一方で，OECD加盟国によってはジェンダー格差が4％以上ある国も見られる。例えば，ラトビア（5.3％差），エストニア（4.7％），韓国（4.4％）が挙げられる。なお，日本（3％）や米国（2.9％）も比較的格差のある国として位置づけられることがわかる。

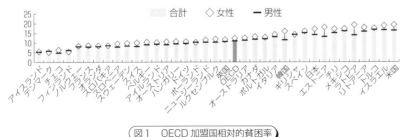

図1　OECD加盟国相対的貧困率

出所：OECD Income Distribution Database（http://oe.cd/idd），2016年または最新年。

ネットである社会保障の整備など，福祉努力が期待される。政府による**所得再分配**の政策が積極的にとられている国では，相対的貧困率が低い傾向はこれまでの研究でも指摘されている。一方で，貧困削減の役割が期待される税制や社会保障制度自体が偏っている結果，福祉効果を得られない国も見られる。

　日本を例に挙げると，日本は所得再分配機能が他のOECD諸国と比べ非常に弱く，かつ制度設計が主な稼ぎ手の男性と家事やケア労働を主に担う女性を想定した「男性稼ぎ主」モデルに基づいていると指摘されている。そのため，所得再分配の結果，「共働き世帯」や母子世帯の割合が高い「ひとり親世帯」で，より貧困状態に陥ることが明らかにされている。この実態とはかけ離れた制度設計は，経済活動と育児などのケア労働を同一の人が担い，かつそれらが表裏一体の関係にあることを忘れている。この関係性は，新型コロナ感染症の拡大で改めて明らかとなった。休校や休園，外出制限などの措置がとられた結果，多くの子育て世帯では仕事を休む必要性に迫られ，ケア労働の負担の増加により女性の非労働力化が進んだといわれている。時給で働く場合，仕事に行けないことは減収に直結する深刻な事態である。そして，コロナ禍ではとりわけ雇用調整の対象となりやすい非正規雇用に失業や減収の影響が現れた。日本において非正規雇用で働く女性の割合は高く，貧困に陥りやすい。

　また，女性の所得の低さは就労期間だけの問題ではない。OECD Income and Wealth Distribution Databases を参照すると，OECDの65歳以上の人口の相対的貧困率は女性15.7％および男性10.3％であり，全人口を対象とした相対的貧困率のジェンダー格差より大きい。この原因として，65歳以前の段階で見られた男性と比較した時の女性の所得の低さが，結果として年金の低さに影響を与えていることが示されている。また余命の長さも女性の貧困率がより高くなる要因の一つとされ，年金制度の制度設計を見直す必要性も指摘できる。

③　排除的な構造と貧困

　雇用や社会保障制度の設計に内在するジェンダー構造が相対的貧困に大きな影響を与えているが，性的指向や性自認（SOGI）に基づく排除の構造にも目を向ける必要があろう。OECDは2019年に発表したレポート「society at a glance」で，データの揃うOECD諸国を対象とした考察を行っている。

　この中で，相対的貧困率とSOGIとの関係については明確にされてはいないが，性的指向や性自認によって雇用格差と収入格差があることを指摘している。性別二元論や異性愛主義の強い社会における心理的ストレスによって，労働の継続が難しいなど，所得に直接的な影響を与える状況が把握される。また，社会保障制度の制度設計が特定の家族像に基づくなど，制度からの排除の問題も指摘することができる。ジェンダーやセクシュアリティに基づく差別や排除の構造は，相対的貧困に大きな影響を及ぼすのである。　　　　（高松香奈）

▷3　所得再分配
所得の多い世帯から少ない世帯への所得移転で，税制や社会保障制度（現金給付や社会保障負担）を通じて行われる。

▷4　経済学者の大沢真理は，先進国の相対的貧困と政府の政策（税・社会保障制度や労働市場規制などの政府の制度）について考察し，OECD諸国の中でも一部の国では，政府の政策（税制や社会保障のあり方）によって効果的に貧困が緩和されていることが確認できる一方で，日本の強固な「男性稼ぎ主」モデルが，貧困を悪化させ，排除を拡大していると指摘する。参考文献を参照。

▷5　OECD Income (IDD) and Wealth (WDD) Distribution Databases は以下で参照できる。http://www.oecd.org/social/income-distribution-database.htm

（問い）
先進国において，相対的貧困に対しての脆弱性を高める要因は何か。そして，どのような対策が求められるのか。

（参考文献）
大沢真理『生活保障のガバナンス』有斐閣，2014年。
Sylvia, W., *Crisis*, Polity, 2015.

第 2 部

開発課題と事例

guidance

　第2部「開発課題と事例」では，経済発展，ガバナンス，社会的包摂，環境・災害，健康・感染症を含む様々な開発課題について論じる。なぜ豊かさと貧しさが生まれるのかを，その制度的要因や政策，国際的な枠組みにも関連づけながら考え，開発学の領域の広さを感じられる内容となっている。

　経済成長一辺倒だった開発のあり方を展望していた時代は，途上国と先進国という二項対立軸で豊かさと貧しさが捉えられていたが，数十年をかけて，経済成長の恩恵がすべての人に与えられないことに対して疑問が投じられ，社会における様々な制度や政策が見直され，知見が積み上げられてきた。また，グローバル化が急速に進展した1990年代後半以降，人，資源，知識，情報などの国境を越えた移動の加速化や集中により，格差の拡大や社会的排除の課題が，途上国のみならず先進国においても顕在化した。すべての人にやさしい社会とは一体どのようなもので，それをどのように設計しうるのかについても関心が高まっている。さらに，新型コロナ感染症や地球温暖化をはじめとする国際的な課題に一人ひとりが当事者意識をもちつつ，多様な中にも共通善を目指して国際的な枠組みをいかに形成していくのか，についても真剣な議論が求められる。

　第2部の各章，各項目においては，以上のような地球規模の課題を巨視的に捉えるだけでなく，読者が自分たちの身の周りでできることを探すことができるように問いを設定している。また，社会的包摂，ジェンダー，国境を越えた人の移動による少数派（マイノリティ）の課題などは，分野横断的な視点としてもっていることが重要であることも随所に強調されている。第2部の課題に関する項目を読み進める中で，SDGs に謳われる「誰一人取りこぼさない」という意味での包摂的な社会を阻害する考え方，認識の仕方を今一度見直してみよう。

IV　経済発展と開発

 経済成長の要因

1　ソローの経済成長モデル

▷ 1　ソロー（Robert Solow, 1924-）
ソローは彼の成長理論の研究とマクロ経済学に関する貢献で1987年にノーベル経済学を受賞した。

　1956年に**ロバート・ソロー**[1]は，ソローモデルと呼ばれる経済成長モデルを考案した。労働と資本がどのように生産に変換されるかを示す生産関数を利用し，経済成長の長期均衡過程（定常状態）を単純化した。経済成長モデルの目標の一つは，国によって大きな違いが見られる成長率を説明することである。

　ある国が長期の均衡状態である定常状態に達すると，それ以上の成長はない。ソローモデルは定常状態までの相対的な成長率の違いについて説明している。つまり，なぜ一部の国が他の国よりも速く成長しているのかを説明する。技術進歩がない場合のソローモデルを利用して相対的な成長率を調べるための鍵は，定常状態にまだ至ってない国々について考えることである。一定の投資率をもつ国は，最終的には労働者一人当たりの生産量の伸び率がゼロである定常状態に到達するため，長期的には経済成長は止まってしまう。しかし，外生的な技術成長率がある一定の率である場合は，定常状態に到達しても一人当たりの生産量の伸び率とりわけ経済成長率はその正の技術成長率に一致し，持続することになる。

　したがって各国の成長率が違う場合は，まだ，長期の均衡状態である定常状態に到達してないことをソローモデルが示唆している。例えば，労働者一人当たりの生産量が定常状態を下回る国々では，すべての成長率がこのモデルでは変化し，各国の成長率にばらつきがある状態である。定常状態への移行中には成長率の違いが発生する。労働者一人当たりの資本水準が定常状態を下回った結果，資本のストックが増加し，生産水準が増加する。その一方，生産が定常状態の水準を上回っている国では，生産レベル（水準）が低下する。国々の成長率が定常状態に向けて収束する過程を収束過程（convergence process）[2]と呼ぶ。ソローモデルによると，途上国はまだ定常状態に達していないため，高い成長率で先進国に追いつくことが可能であることを説明している。

▷ 2　経済収束（economic convergence）は，キャッチアップ効果としても知られる考え方であり，貧しい国の一人当たりの所得は，豊かな国よりも速い速度で成長する傾向があるという仮説。

2　技術進歩の重要性と人口成長率

　ソロー成長モデルの核心は，技術にある。このモデルにおける定常状態への均衡成長率は，投資率（貯蓄率）からの影響を受けず，技術進歩率のみに影響を受ける。したがって，長期成長率を持続させるのは，投資率ではなく，技術

進歩率である。技術進歩なしには，どの経済も持続的な成長は不可能である。人口成長率はどうか。他の条件は固定されている状態で，ソローモデルにおける人口成長率のみによる変化は，その経済の一人当たり資本水準を低下させ，経済はより悪化してしまう。これが，アフリカや貧しい途上国の高い人口成長率がもたらす貧困状態をよく説明する。問題はどのように技術進歩率を上げることができるかということである。途上国は自力で開発研究を行うぐらいの水準に到達していない場合が多いからである。そのため，先進国からの技術援助，国際機関によるインフラ建設，基幹産業の保護政策，輸出産業の育成，海外からの海外直接投資（FDI）のような政策が必要となる。ここ数十年で，経済学者は開発の概念としての資本蓄積の重要性は以前よりは軽視するようになった。彼らは，国際貿易，教育，技術の変化，FDI，経済制度などの要因に，より注意を払ってきた。開発について考える時，物的資本は重要ではないという意味ではないが，経済学者は現在，資本蓄積を経済成長の多くの側面（要因）の一つとして見ている。

❸ 内生的成長の要因：人的資本と研究開発

ソローモデルはあくまで技術進歩は外生的に与えられるものとしてしか考えておらず，モデルの中からの誘発された技術進歩というものはなかった。しかし，人類の発展の歴史から，意図しない偶然からくる（つまり外生的な）ものは果たしてどのぐらいあるのであろうか。産業革命もそれに至るまでイギリスでのマグナカルタ，宗教改革，議会政治，名誉革命と権利章典，ニュートンによる自然科学の発展，イギリス特許法のような意図した人類の歴史の流れが先にあったことは偶然ではない。これこそがイギリスが他の国より先に産業革命を経験することできた原因であったといえるだろう。

1980年代から利潤追求という内生的動機による技術進歩をモデルの中から説明する内生的経済成長モデルという新しい経済成長モデルが考案され，アメリカ経済学会では内生的な結果として長期経済成長を説明しようとする試みが行われた。代表は，**ロバート・ルーカス**と**ポール・ローマー**である。ルーカスは，人的資本を取り入れたモデルを考案し，長期経済成長の可能性は，人的資本による外部性の影響であると述べた。ローマーは，技術革新を行う研究開発部門（R&D）を導入し，最終財，中間財，研究開発部門の三つの部門による経済モデルを考案した。R&D部門からの特許によって中間財部門の生産者は独占力をもち，R&D部門のアイデアの生産性というものが最終財の生産部門の成長率に外部効果として働き，持続的な長期経済成長可能性を説明できた。内生的成長モデルはさらに国際貿易，教育投資，FDIなどによるモデルまでに拡張された。 （黄 仁相）

▷3 **ルーカス**（Robert Jr. Lucas, 1937-）
ケインズ主義は誤りとする"合理的期待形成仮説学派"の代表的存在。1970年代以降の財政・金融政策など，マクロ経済理論に大きな影響を与え，95年にノーベル経済学賞を受賞した。

▷4 **ローマー**（Paul Romer, 1955-）
ロバート・ルーカスとともに1980年代より始まった内生的成長理論の確立に貢献し，一連の研究を主導した経済学者。ローマーはイノベーションによる持続的な成長を生み出すメカニズムをモデル化した。2018年にノーベル経済学賞を受賞した。

（問い）
①経済成長に影響を与える要因として最も重要なのは何だと思うか。それはなぜか。
②国の制度・歴史・文化はどのように国の豊かさと貧しさに影響するのか。

（参考文献）
デイヴィッド・N・ワイル（早見弘・早見均訳）『経済成長（第2版）』ピアソン桐原，2010年。

Ⅳ　経済発展と開発

 2 経済成長と所得不平等

① 経済成長は所得不平等をなくすのか

　途上国の場合，経済成長なしに，所得不平等を改善することは難しいため，所得分配を改善する一番重要な課題は経済成長である。同時に，所得分配は社会的結束に影響を与え，一人当たりの平均所得の貧困度と成長の貧困削減効果に影響し，人々の健康にも影響を与えるため，所得不平等を改善することも開発にとって非常に重要である。ある国の経済成長政策と所得分配政策をどのように策定するかはその国の政治的な圧力と妥協の帰結であり，民意と政治との関わりによって成長が先なのか分配が先なのかが決まることになる。

　近年の所得不平等の拡大は，高成長国と低成長国に等しく影響を及ぼしていると解釈される。所得不平等を理解するためには，所得分布に注目する必要がある。世界の所得分布は，国間および国内の所得の大きな違いを網羅しているため，特定の国のそれよりも実質的に不平等である。国連貿易開発会議（UNCTAD）の1997年の推定によると[1]，1990年に世界人口の上位20％が世界の収入の83％を受け取り，世界の**ジニ係数**[2]が1980年の0.68から1990年の0.74に上昇した。また，国連開発計画（UNDP）によると[3]，1980年から1997年にかけて33カ国で一人当たり GNP の成長率が年率３％を超えていたのに対し，59カ国ではマイナス成長であった。世界の所得分布の変化は非常に大きく，国内の格差よりも急速に変化しているように見えるため，国内の不平等の変化よりも国家間の所得格差が大きい。

② 経済成長と所得不平等の関係

　1955年に**クズネッツ**[4]は，一人当たりの所得のレベルを所得分布に関連づけ，クズネッツの逆 U 字カーブの存在を示した。所得分布は産業化の初期にはより不平等になるが，産業化の成熟した後ではより平等になるという有名な発見である。開発の初期段階の低所得レベルでは所得分配は一般に比較的平等であり，開発が進むにつれて不平等になる。そしてある水準の産業化以降には，逆の動きが起こり，各国の所得分配が再び平等になるようになる。

③ 経済成長が所得分布にどのように影響するのか

　クズネッツの研究は，ある国の経済成長は成長率だけではなく，一人当たり

▷１　UNCTAD, *Trade and Development Report 1997*, United Nations publication, sales no. E. 97. II. D. 8, 1997.

▷２　**ジニ係数**
国または社会グループ内の所得の不平等または富の不平等を表すことを目的とした統計的尺度である。ゼロのジニ係数は，完全な平等を表し，ジニ係数が１の場合は完全な不平等を表す。
⇨ Ⅱ-3　Ⅱ-4

▷３　UNDP, *Human Development Report*, United Nations, 1999.

▷４　**クズネッツ**（Simon Kuznets, 1901-85）
ロシアのハリコフに生まれ，若くしてアメリカに帰化した。専攻分野は，国民所得論，景気変動論，経済成長論などであり，1971年にノーベル経済学賞を受賞。国民総生産（GNP）の概念を標準化した。

の所得水準と分布に影響していることに着目している。そこで，経済成長による所得分配の影響を二つの経路を通して説明する。①開発によって生産性が低く所得の平等的な伝統的な農業部門から，生産性が高く不平等な現代的な産業部門である工業部門への労働力シフトが発生し，経済成長率は高くなる。人々がより不平等なセクターにシフトしているために，不平等が拡大する。しかし，完全雇用に達すると，工業部門内の所得の不平等も縮小する。このような成長の経路はクズネッツプロセスと呼ばれる。②ルイスの二重構造の成長モデルから導き出された別の説明は，生産性と所得の伸びは利益分配が上昇する現代のセクターに限定されているが，停滞している伝統的なセクターの所得は低いままであるということであり，セクター間の不平等が拡大する。

❹　所得分配，教育機会，資産分配と土地分配からの経済成長への影響

　最近の実証研究によると，所得分配がより平等な国ほど成長率が高いことが示されている。より高い水準の平等な所得分配は貧困を減らし，より生産的な労働力，より多くの革新などを伴い，より多くの人間開発（栄養，教育および健康）につながる。

　所得分配，教育機会，資産分配と土地分配からの経済成長への影響について簡単に紹介する。①所得不平等の政治経済学：多かれ少なかれ政治的発展の結果として，高い所得不平等が成長を妨げる要因に関連する。例えば，より高い所得不平等は，より多くの政治的不安定性，より多くの不確実性，より少ない投資およびより低い経済成長につながると主張されている。②人的資本への投資からの高い見返りを考えると，教育機会の不平等な分配は，偏った所得分配のより重要な決定要因であることが多い。より高い（初等および中等）就学率および教育水準の向上は，より低い不平等と関連する傾向がある。また，教育水準の向上は人的資本の蓄積に貢献し，経済成長に貢献すると見られる。③資産分配の平等性が高いと，信用と情報へのアクセスがより均一になり，貧しい人々が生産的な投資を行う機会が増える。より高い平等は，より大きな国内市場，規模の経済による多くの工業化と成長につながる。④より平等な土地分配がより高い農業生産性とより平等に分配された農村所得に関連しているという証拠が豊富にあり，農村経済では平等な土地分配が重要である。

（黄　仁相）

（問い）

①経済成長と所得分配とどちらが途上国にとって大切だろうか。

②不平等が経済成長に与える影響についてどう思うか。

（参考文献）

デイヴィッド・N・ワイル（早見弘・早見均訳）『経済成長（第2版）』ピアソン桐原，2010年。

Ⅳ　経済発展と開発

 資源の呪い

① 資源の呪いへの注目

「資源の呪い」とは，豊富な天然資源の存在がその国にむしろ災いをもたらすというパラドックスのことであり，1990年代初頭より注目されるようになった。その災いには，経済の低成長のみならず，政治体制の非民主的な状態，紛争，汚職，環境破壊など様々な現象が含まれる。この資源の呪いをめぐっては，その存在や原因，生じる影響，解決方法について研究がなされてきた[1]。

本来，石油など天然資源の存在は，低所得国ほど，輸出による外貨獲得につながり，その収益は政府の財源を潤して公共サービスを拡充させ，国内経済を活性化させるはずである。しかし実際には，それをうまく活かすことができず，むしろ上に挙げたような災厄を招いてしまう傾向にある。例えば，シエラレオネでは，1990年代から今世紀にかけて，ダイヤモンド鉱山からあがる収益が政府と反政府勢力の内戦を支え，「紛争ダイヤモンド」とまでいわれるようになった。ナイジェリアは，豊富な石油資源を抱えるにもかかわらず，1960年代のビアフラ戦争など宗派・地域間の紛争がたびたび発生し，政治も不安定で軍事政権の支配が続き，1990年代末の民政移管後も政府には汚職が蔓延してきた。

総じて，天然資源輸出への依存度が高い国は，そうでない国に比べて経済成長率が低いとされる。コリアー（2012）によると，原油輸出がGDPの3分の1を占めるナイジェリアでは，25年間で原油価格が二倍になった時も，本来実現しうる経済成長の3分の2しか実現しなかった。また，資源収入で外貨が流入するため通貨の価値が高くなり，天然資源以外の輸出産業の発達が阻まれる「オランダ病」が引き起こされる。しかも，天然資源は国際価格の上下動が激しく，価格が高い時は政府の財政と国内経済を潤わせるが，下落したとたん債務に苦しむことになる。例えば，ベネズエラは中南米で有数の産油国だが，チャベス政権（1999～2013年）のもとで，原油輸出の収益が貧困層向け公共サービスに用いられた。しかし，原油価格の下落と政治腐敗による原油生産能力の低下で，2014年以降はマイナス成長が続き，経済は破綻状態に陥っている。

他方で，同じアフリカでも，ダイヤモンドなどの鉱山資源を抱えるボツワナでは，民主政治が安定し，資源収益を元に着実な経済成長に成功している。マレーシアも，1970年代の低所得の時代から，国営石油企業ペトロナスが獲得した収益を工業化への投資に使用することで，電子産業などの製造業の育成に成

▷1　「資源の呪い」の最近の研究については，栗田英幸「『資源の呪い』理論の新局面──その変遷と課題」『愛媛経済論集』40巻1号，2020年。向山直祐「天然資源と政治体制──『資源の呪い』研究の展開と展望」『アジア経済』LIX-4，2018年。出町一恵・金京拓司「低所得資源国のマクロ経済運営の課題と展望」『国民経済雑誌』210(3)，2014年。

▷2　外務省の「EITI（採取産業透明性イニシアティブ）概要」（https://www.mofa.go.jp/mofaj/gaiko/commodity/eiti.html）を参照。

▷3　⇨V-3　V-4

▷4　元王族であったセレツェ・カーマは，1960年代初頭にボツワナ民主党を立ち上げ，65年の議会選挙で圧勝し，翌年66年にイギリスから独立を果たした。首相から初代大統領となったカーマは，ダイヤモンド鉱山が発見されると，公表前に地下資源の鉱業権が国家に付与されるように法改正

功し，現在国民一人当たりの GDP は１万ドルを超えている。

❷ 資源の呪いは解けるのか

　このように，天然資源輸出への依存度が高い国にとっては，資源による収益を経済発展や公共サービス提供のために有効に活用しつつ，資源依存を脱して経済の多角化を図って，資源の呪いの回避を図ることが課題となる。開発援助も，アフリカの低所得資源国に対する援助のように，資源収入があるにもかかわらず有効に活用できない政府に対する援助は，そもそも効果が薄い。そこで，提案され実践されてきたアイデアの一つが天然資源基金である。

　天然資源基金は，天然資源を公有化すると同時に，その輸出による利益を政府の財政に直接組み込むのではなく，基金化してプールする。天然資源の価格が上昇して利益が大きい時には，その一部を財政に拠出する。下落した際には，財政に組み込むのを止めたり，公共サービス維持のために必要ならば基金を取り崩したりする。また，基金は国外で投資運用することで増やすことも試みられる。この天然資源基金は，国際通貨基金（IMF）や世界銀行によって推奨され，天然資源の価格の変動に対し財政と経済の安定を図り，将来世代のための貯蓄となり，経済・社会開発を進める資金となる。

　他にも，世界銀行などが支援して，採取産業透明性イニシアティブ（EITI）では，天然資源の開発に関わる採取産業から資源産出国政府への資金の流れの透明性を高めることを目指す試みが55の資源産出国で行われている。

　しかし，先の天然資源基金を有効に運用できているのは，結局のところ，ノルウェー，クウェート，オマーン，ボツワナ，チリ，マレーシアといった政府の行政能力が比較的高い国に限られる。ナイジェリアでは，資金管理能力や制度に問題を抱え，腐敗が蔓延し，政府による違法な資金利用が目立つ。いかにして，政府の能力構築を進め，ガバナンスを強化するかが課題である。

　汚職を防いで政府による資源の有効な管理と活用を進めるためには，チェック・アンド・バランスが機能する民主政治が好ましい。しかし，ロス（2017）など資源の呪いをめぐる政治学の研究である「レンティア国家仮説」にあるように，民主主義に対しても天然資源は悪影響を及ぼす。天然資源の収入は「レント」とも呼ばれ，課税によらない政府の収入は国民による監視の目を逃れがちであり，資源収入にアクセスできる政治家や役人の腐敗を招きやすい。国民の不満はバラマキによって抑えることもできる。このように資源国では民主的国家の構築が容易ではないというジレンマがある。この点で，コリアー（2012）は，独立初期の指導者の決定で民主政治と天然資源収入の活用を両立させることに成功したボツワナのように，政治指導者のリーダーシップの重要さを挙げる。加えて，日本を含む天然資源を輸入する諸国の対応や，世界銀行など国際援助機関の適切な関与も，資源の呪いからの脱却の鍵となろう。（杉浦功一）

を行い，民族集団間の不平等を事前に抑えるとともに，鉱山の収益でインフラ整備や教育への投資を行った。ダロン・アセモグル／ジェイムズ・A・ロビンソン（鬼澤忍訳）『国家はなぜ衰退するのか（下）』早川書房，2013年の第14章参照。

▷5　例えば，最近では，紛争を経てインドネシアから2002年に独立した東ティモールは，2005年に海底の石油・天然ガスによる収益を基金化するなど，民主政治の下での，天然資源収入の有効な活用を試みている。初代大統領シャナナ・グスマンと初代首相マリ・アルカティリの国造りをめぐる対立と協調の物語について，花田吉隆『東ティモールの成功と国造りの課題』創成社新書，2015年参照。なお，長谷川祐弘が東ティモール担当の国連事務総長特別代表（2004〜06年）になるなど，日本人および日本政府が東ティモールの平和構築支援に関わってきた。長谷川祐弘『平和構築の志』創成社，2020年参照。

（問い）

「資源に呪われた」国に対し，日本をはじめとした先進諸国や国際援助機関は何ができるであろうか。

（参考文献）

ポール・コリアー（中谷和男訳）『最底辺の10億人』日経 BP 社，2008年。
ポール・コリアー（村井章子訳）『収奪の星』みすず書房，2012年。
マイケル・L・ロス（松尾昌樹・浜中新吾訳）『石油の呪い』吉田書店，2017年。

Ⅳ 経済発展と開発

 金融包摂

▷1 金融包摂は英語では Financial Inclusion と表される。

▷2 8項目とはSDG1貧困をなくそう，SDG2飢餓をゼロに，SDG3すべての人に健康と福祉を，SDG5ジェンダー平等を実現しよう，SDG8働き甲斐も経済成長も，SDG9産業と技術革新の基盤をつくろう，SDG10人や国の不平等をなくそう，SDG17パートナーシップで目標を達成しよう（https://www.uncdf.org/financial-inclusion-and-the-sdgs）。⇨Ⅰ-10

▷3 https://www.fsa.go.jp/common/about/research/20210423/report.pdf

▷4 参考までに，総務省がまとめた2015年時点で日本では人口1000人当たりのATMの台数は0.86台となっており，成人などに限定しない10万人当たりにひき直すと86台と計算される。

1 金融包摂について

　金融包摂とは，不平等や貧困問題の解決，世界的な経済発展を目指し，法人個人のすべてが金融サービスを利用できる世界の実現を指す。あらためて世界銀行ではこれを，すべての個人や企業がそれぞれにとって必要なあるいは有効な金融商品やサービスを利用できることとし，貧困を削減し繁栄を後押しするための鍵と位置づけている。そしてSDGsの17項目のうち少なくとも8項目で効果的であるとしている。また，実現に向けて，人々が自由に貯蓄や送金が可能となる金融機関の口座を開設する（保持する）ことを金融包摂の第一ステップに据え，いずれはこの口座を使ってクレジットカードの利用や保険の加入を通じて，生活の質が改善すると説明する。参考までにアフリカでは，金融機関の口座を介さずに，携帯電話会社の代理店を通じて送金などの金融機能を代替するM-PESAが全土で普及していることも紹介しておく。

　金融機関の預金口座は単に金銭の一時的な保管場所でしかなく，それ自体から利益が生み出されるものではないが，もしなかったとすると，たちどころに生活の質が低下することが容易に想像できる。例えばアルバイト代など給料の受け取り，公共料金の引き落としや毎月の携帯電話の利用料金の支払いの際の現金の持ち運びに危険が伴うなど相当な不便が強いられることにはじまり，住宅，自動車の購入や教育資金のための融資の申し込みにおいても，そして生命保険や損害保険の引き落とし，クレジットカードの支払いでも金融機関の口座がないことには始まらない。金融機関の口座を起点として享受できるサービスを考えることをボトムアップ型思考とすれば，すでにサービスを享受しているわれわれが金融サービスの原点をトップダウン型で考えてみると，その原点はやはり金融機関の口座（開設）にたどり着く。日本国内では，口座の開設は容易であるが，例えばASEAN諸国の口座普及率について次項で考えていく。

2 ASEAN諸国の金融包摂の状況

　ASEAN諸国の金融包摂に関する状況が詳細にまとめられた資料によると，ASEAN加盟10カ国の成人10万人当たりのATMの台数ではシンガポールの59台に対しミャンマーは7台となっている。また15歳以上の口座保有率はシンガポール97.9％であるのに対し，カンボジア21.7％やミャンマー26.0％などと大

きな開きがある一方で，携帯電話（スマートフォン）の保有率はおおよそ 6 割の
ラオス以外の 9 カ国で100％を超える状況となっている。そこで携帯電話を活
用することで先進国のインフラ整備発展の段階的な過程を飛び越えて先進技術
が浸透する，いわゆるリープフロッグ型発展も期待できると資料では指摘して
いる。感覚的には確かにわれわれも，銀行の店舗を訪れる機会が以前よりも減
っている。その理由は銀行に行かずとも，あるいは ATM を探さなくても，
インターネットなどで金融商品の概要や，異なる銀行間での商品の特性の違い
を確認できることや，口座の残高や送金，金融機関によっては投資信託などの
リスク資産の購入などといったある程度以上の金融取引が携帯電話でできてし
まう，用事が完結してしまうからではないだろうか。その意味では寧ろ，
ATM の機械そのものが高額であるのはもちろんのこと，設置のためのインフ
ラ整備，設置後の保安コストや現金の充塡などもろもろの管理コストを要する
ATM の台数を先進国並みに増やすよりも，携帯電話を用いたサービスの提供
について考えていくことの方が金融包摂の実現可能性は高い。加えて，中国の
アリペイやウィーチャットペイのようなキャッシュレス決済の普及も，携帯電
話が活用できるのであれば金融包摂の有力な選択肢となる。また ASEAN の
一部では，金融リテラシー教育が義務化されている国もあるなど，資金利用の
計画性や投資に伴うリスクへの理解が，経済発展に重要との考えが窺える。

③　仮想通貨を用いた金融包摂

　エルサルバドルは法定通貨をこれまでのアメリカドル（USD）から，仮想通
貨の一つであるビットコイン（BTC）に変更した。その狙いとしては様々な推
測があるが，有力なものの一つはエルサルバドル国内の成人の銀行口座保有率
が約 3 割と低いため，GDP の一定以上の割合を占める出稼ぎ労働者が自国に
住む家族に送金する際に不都合であったためという説明である。ビットコイン
であれば銀行口座が無くても携帯電話やインターネットで送金操作ができかつ
コストも安く抑えることができる。このように送金目的でビットコインを活用
するケースはエルサルバドルに限らず，米国で働くメキシコからの移民なども
送金手数料が安価であることなどを理由に，仮想通貨を活用するケースが増え
ているといわれている。これ以外にも仮想通貨を活用するメリットがあり，そ
のブロックチェーンがもつ台帳機能を，難民の ID 発行に活用するというアイ
デアや，人身売買の削減に役立てるという動きもある。このように仮想通貨の
もつ金融機能によって諸問題の解決に役立つという事例がある一方で，仮想通
貨は価格変動リスクが高いことや**マネーロンダリング**の温床となるという指摘
や，また**マイニング**の際の電力消費が激しいことなどから，発電がもたらす地
球環境の悪化などの問題も指摘されており，実際中国では仮想通貨が全面禁止
となっている。
　　　　　　　　　　　　　　　　　　　　　　　　　　（金子拓也）

▷5　リープフロッグ
（Leapfrog）とは蛙飛びの
こと。

▷6　https://www.aliba
ba.co.jp/service/alipay/
参照。

▷7　https://tencent
japan.com/tencent_we
chatpay/ 参照。

▷8　マネーロンダリング
資金洗浄のこと。金融庁
HP「マネー・ロンダリン
グ対策」によると，違法な
起源を偽装する目的で犯罪
収益を仮装・隠匿すること
と定義されている。

▷9　マイニング
採掘の報酬として仮想通貨
を手に入れること。

（問い）
金融機関の口座を介さない
金融代替機能をもつ M-
PESA が普及した背景を考
えてみよう。

（参考文献）
総務省「途上国に広がるモ
バイル送金サービス第 1 部
特集 ICT がもたらす世界
規模でのパラダイムシフ
ト」https://www.soumu.
go.jp/johotsusintokei/
whitepaper/ja/h26/html/
nc113100.html

Ⅳ　経済発展と開発

 ジェンダー平等と経済開発

 ジェンダー平等の経済開発への寄与

　ジェンダー平等と経済開発の議論の一つに，ジェンダー平等が開発効果を高め，公正な経済成長を実現するという考え方がある。ジェンダー平等はそれ自体が目標であるが，同時に手段として捉えられているのだ。これに類似する "Gender equality as smart economics"（「スマート・エコノミクスとしてのジェンダー平等」，以下，スマート・エコノミクス）という主張がある。この主張を中心的に推進してきたのが，世界銀行である。スマート・エコノミクスという概念が最初に使用された年は定かではないが，2012年に発表した『世界開発報告』は，ジェンダー平等と開発を特集テーマとして掲げた。その中で，ジェンダー平等の進展はそれ自体が中核的な開発目標であり重要と断った上で，ジェンダー平等が開発効果を高め，生産性の向上に寄与し，社会全体に利益をもたらすので，ジェンダー平等への「投資」（取組み）は「経済合理的」であると，スマート・エコノミクスの考え方を示している。

　このアプローチは，経済開発を行う上で，ジェンダー平等を実現する努力が不可欠であるという認識を深化させ，かつジェンダー平等に意識を向けない層へ戦略的にアプローチするという指向性があったものと考えられる。だが，スマート・エコノミクスというアプローチに対しては，違和感を感じる人も少なくないようである。違和感の正体は，ジェンダー不平等を是正していくことよりも，むしろ経済効率性や，経済開発の資源として女性が捉えられ，ジェンダー平等がそれらの議論に回収されることへの疑問にあるのかもしれない。さらに，スマート・エコノミクスの議論を満載にした，上述の『世界開発報告』では，市場の開放や安価な ICT の普及などのグローバル化は，女性が市場や経済機会との結びつきを強くし経済格差を是正するなど，ジェンダー平等に大きく貢献する可能性をもつと主張する。新自由主義的な政策がジェンダー平等に大きく貢献するという認識に近いといえよう。また，起業家支援など女性を起業家にする取組みも多く紹介されている。近年，女性起業家支援が開発支援の一つの潮流を形成しつつあるが，そこには女性起業家の生産性を向上させることなど，生産性と成長に貢献する主体としての女性の経済的エンパワーメントが目指される傾向にある。

▷1　⇨Ⅸ-2

▷2　この報告書では，ジェンダー平等の進展が生産性を向上させ，次世代の育成や社会の政策，制度の質の向上につながるとの見解を示す。一方でジェンダー不平等は国際競争力の低下を招くと危惧する。報告書の中では，経済開発だけではなく，様々な分野にも言及しているが，スマート・エコノミクスが世界銀行のジェンダー平等の考え方の中心を構成していることがわかる。特に，グローバル化の進展は，ジェンダー平等に寄与する可能性があると主張する。

▷3　他の国際機関，例えば国際通貨基金（IMF）なども，ジェンダー平等は，経済開発を下支えするという考えを明確に示している。

▷4　新自由主義の特徴としては，規制緩和や民営化，緊縮財政が挙げられる。Ⅰ-3も参照。

② 経済政策のジェンダー化されたインパクト

　スマート・エコノミクスのすべてを否定する意図はないが，新自由主義的な
グローバル化を背景に，経済効率性や生産性，経済合理性を目指す経済政策は，
果たしてウーマン・フレンドリーであっただろうか。

　過去の事例を振り返ると，1970年代後半から，経済危機に陥った開発途上国
では，世銀やIMFが要請した「構造調整政策」という経済政策を受け入れた。
公共支出の削減など緊縮財政政策や貿易体制の自由化などを内在とするこの政
策は，消費財の価格の上昇や介護や育児などの社会サービスを削減し，結果と
しての市民の負担を増加させた。そしてこれらの変化は，社会のジェンダー権
力構造を通し，女性により厳しい影響を与えたと指摘され，多くのフェミニス
トからも厳しい意見が示されてきた。また，新自由主義的なグローバル化の進
展は，新自由主義的な経済開発を推し進めた。例を挙げると，多くの開発途上
国は安価な労働力提供に国際競争の比較優位性を見出し，輸出加工区の整備な
どを積極的に行った。これにより経済成長につながった国も見られるが，女性，
とりわけ貧困層の女性は搾取的な低賃金などの問題に依然として直面している。
日本も例外ではない。1990年代後半からの規制緩和政策によって非正規雇用が
増大したといわれている。そして，不安定な非正規雇用に占める女性の割合は
著しく高い。経済の低迷などに直面すると，非正規雇用は雇用の調整を目的に
「使われ」，より深刻な影響を受ける。このように，新自由主義的な経済政策は，
とりわけ一部の女性を犠牲にしている。ジェンダー平等が経済開発に寄与する
という主張は強く示されるが，経済政策や開発がジェンダー不平等にさらに拍
車をかけるという問題も認識し，問い正さなくてはならないであろう。

▷5　⇨ Ⅰ-3　Ⅰ-4

▷6　主に開発途上国に設けられる輸出加工区は，そこで優遇される外資，多国籍企業などの誘致を行い，主に輸出向けの生産を行う。

③ 経済開発には何が求められるか：ジェンダー視点から

　ジェンダー平等が経済開発に貢献するという主張は，ジェンダー平等のポジ
ティブな側面を示すものとして，好意的に受け取られるであろう。また，ジェ
ンダー賃金格差などの労働市場の歪みや，ジェンダー排除的な労働環境など，
経済活動に深く埋め込まれたジェンダー不平等な構造が，経済開発の効果を妨
げているという認識に立つと，ジェンダー平等の推進によって経済開発の効率
性が増すという理解もできる。ただ，現状ではむしろ，ジェンダー平等が経済
発展のためのリソースとして活用されること，新自由主義的な要素を多分に含
む経済政策に組み込まれることを意味しているようである。果たしてこれが目
指されるべき姿なのだろうか。既存の制度の中で，女性の経済的エンパワーメ
ントを促進するやり方だけに頼るのではなく，女性の経済活動を妨げる要因，
社会のジェンダー構造を見直すようなあり方が，経済開発に求められているこ
となのではないだろうか。

（高松香奈）

(問い)

どのような条件が整えば，ジェンダー平等が経済発展を促し，そして経済発展がジェンダー平等を促進するのだろうか。

(参考文献)

Beneria, L., *Gender, Development and Globalisation : economics as if all people mattered,* Routledge, 2003.
Cohn, S. R., *Gender and development : The economic basis of women's power,* SAGE, 2020.
長田華子『バングラデシュの工業化とジェンダー』御茶の水書房，2014年。

V　ガバナンスの課題

 途上国の政治体制の特徴

▷1　政治体制
個人の自由や集団間の平等，権力の所在やその使用に関する規範や規則に関しての制度化を指す。基本的な政治体制として，民主主義体制と非民主主義体制がある。

▷2　フリーダムハウスの各国の民主主義の度合いは，HP上で公開されている。
https://freedomhouse.org/

▷3　世界銀行の所得分類は，米ドルに換算した一人当たり国民総所得に基づく。

▷4　たとえ複数政党で選挙が争われたとしても，例えば議会選挙後に野党議員が大統領と同じ政党に鞍替えして与党としての利権を得ようとするなど，複数政党制が十分に機能しないことも多い。

1　途上国の民主化の現状

　各国の経済発展の度合いと**政治体制**[1]との間にどのような関係や傾向があるだろうか。フリーダムハウス[2]という米国の非営利団体は，毎年世界の国の民主主義の度合いを「自由」「部分的自由」「自由でない」の三つに分類し公表している。この分類は，二つの側面，つまり選挙がどの程度競争的で公正に行われているかに関する政治的権利の側面と，個人の表現の自由や結社の自由，少数者の権利といった個人の人権がどの程度守られているかに関する市民的自由の側面に基づいて行われており，それぞれ点数化して分類されている。

　世界銀行による国民一人当たりの所得に基づく高所得国，上位中所得国，下位中所得国，低所得国という所得分類[3]とフリーダムハウスによる民主主義の度合いとの関係を2020年の分類をもとに示すと**表1**のようになる。高所得国59カ国のうち，49カ国（83%）は自由だと分類された国である。複数の政党が競い，国のリーダーを選ぶのに自由で公正な選挙が行われ，市民的自由も基本的には保障されている。日本や米国など西欧先進諸国が入る。また自由でない6カ国も高所得国に分類されている。サウジアラビアやオマーンといった産油国であり，王政で血縁関係に基づいて選挙もなく国のリーダーが決まる。

　低所得国の27カ国には，自由と分類された国は含まれていない。サブサハラアフリカ地域の国が23を占める。27カ国の半分以上にあたる16カ国は自由でないと分類されており，政党が一つしかない厳しい思想統制や人権弾圧のある北朝鮮・エリトリアや，紛争を抱える国が多く含まれる。その一方，「自由でない」「部分的自由」な国の多くで政治的リーダーを選ぶための選挙が行われている。ウガンダの2021年大統領選挙のように，有力な野党のリーダーは警察から監視され，野党は政治活動も制限され，メディア情報も統制され，現在のリーダーと政権党が勝つための形骸化した選挙しか行われない国も多くある。「部分的自由」な国では，複数の政党間の候補者で選挙が争われるが，野党への資源配分が少なく，選挙

表1　各国の所得分類と民主主義の度合いとの関係（2020年）

		政治体制			
		自由でない	部分的自由	自由	合計
世界銀行所得分類	低所得国	16カ国 （59.3%）	11カ国 （40.7%）	0カ国 （0%）	27カ国 （100%）
	下位中所得国	17カ国 （31.5%）	25カ国 （46.3%）	12カ国 （22.2%）	54カ国 （100%）
	上位中所得国	14カ国 （26.4%）	19カ国 （35.9%）	20カ国 （37.7%）	53カ国 （100%）
	高所得国	6カ国 （10.2%）	4カ国 （6.8%）	49カ国 （83.0%）	59カ国 （100%）
	合計	53カ国 （27.5%）	59カ国 （30.6%）	81カ国 （42.0%）	193カ国 （100%）

の不正が多い，誰にでも公正な司法へのアクセスがあるとは言い難く，少数者の権利が守られないなど，個人の自由や選挙の権利が制限されている。下位中所得国，上位中所得国と国の所得レベルが上がるにつれ自由でない国の割合は減り，部分的自由の国の割合が増えていく。このように選挙の現実は様々で，複数政党で選挙を行うことと民主主義体制とはイコールではない。^{▷4}

② 権威主義化やクーデターの可能性

　途上国の政治体制の特徴として民主化支援の国際的支援も得て，独立後や紛争後に複数政党で競争的な選挙が行われたとしても，時が経つにつれ，複数政党が競争する多党制へと発展することが難しく，強大な与党の利権ネットワークへと変容しがちであるという問題点がある。与党の指導者や政治家と地域ボスや経済エリートが結託し，野党支持者はこうした与党の利権ネットワークから排除される。そして次第に，ネットワークに参加しないのが誰かを監視し，野党や野党支持者をあぶりだして排除するために使われるようになる。

　また，政治腐敗から与党への国民の不満がつのる，また大統領の任期満了などで，野党による政権交代の機運が高まると，普通は野党による選挙を通じての政権交代を期待するが，途上国では，むしろ与党のリーダーが野党を弾圧することで政府への不満を封じ込めて自分に権力を集中させて権威主義化し，選挙が形骸化し結局民主主義体制が崩壊してしまうという結果になりやすい。

　また，途上国では**クーデター**^{▷5}が起こりやすいという点も特徴として挙げられる。クーデターはまれにしか起きないが，同じ国で繰り返される傾向があり，クーデターの罠^{▷6}とも呼ばれる。クーデターは失敗に終わっても，大きな政治不安を引き起こす。クーデターは貧しい国ほど，軍人が政治的リーダーである軍政の国ほど，経済危機やデモの頻発など社会不安が高い時ほど起こりやすい。

③ 失敗国家の問題

　政府の統治機能が十分に果たされていない状態を脆弱国家と呼ぶ。その中でも，失敗国家^{▷7}は国に武力行使を行う勢力が複数存在して，政府の統治が行きわたらない領域が領土内にあり，政府による基本的な公共サービスの提供が著しく滞る状態を指す。こうした失敗国家が生じる主な原因としては，戦争や内戦があり，アフリカや中東にその多くが集中し，長期にわたることも多い。イエメンやソマリアが失敗国家の例である。紛争や内戦による失敗国家の状態は，人々が安定的な教育を受ける機会や経済活動の機会を奪い，難民となって出国せざるを得ない流出圧力を生む。また脆弱国家では紛争に駆り出される子どもや若者を生み，暴力の連鎖を生む悪循環に陥りやすくなる。^{▷8}紛争地域では国連による平和構築ミッションや，国際機関や各国政府，NGOによる緊急援助，脆弱な政府の制度能力の強化支援などの支援が行われている。^{▷9}　　（大森佐和）

▷5　クーデター
憲法上の正統な手段ではない方法で権力を奪取しようとする行為を指す。軍人による軍事クーデターが多いが，選挙で選ばれた大統領が公正な手続きによらず改憲してしまう自主クーデターと呼ばれるものもある。

▷6　例えばタイでは，1990年以降でも，1991年，2006年，2014年に軍事クーデターが起き当時の選挙で選ばれた政権は崩壊した。

▷7　失敗国家は，破綻国家とも呼ばれる。世界銀行は，経済発展により極端な貧困の人口が減少する中，脆弱で紛争に影響を受ける人々が極端な貧困の人口に占める割合は2030年には半分を超えると予測している。

▷8　米国の非営利団体 Fund for Peace は脆弱国家指標により国をランキングしている（https://fragilestatesindex.org/）。

▷9　⇨ Ⅵ-4 Ⅵ-7

（問い）
①途上国の政治制度の特徴には先進国と比べて違いや共通点はあると思うか。それはなぜか。
②豊かだが政治的権利がなく市民的自由が厳しく規制される国と，貧しいが民主主義で市民的自由がある国とどちらに住みたいか。それはなぜか。

（参考文献）
エリカ・フランツ（上谷直克・今井宏平・中井遼訳）『権威主義』白水社，2021年。

V　ガバナンスの課題

 政治体制と開発：民主化か開発独裁か

1　開発をもたらす要因としての政治体制

　開発を規定する要因の一つとして「政治体制」が着目されるようになったのは、1980年代の東アジアの急速な経済成長である。アジア NIEs、ASEAN 諸国、中国が続々と工業化を達成し、「東アジアの奇跡」と称えられたが、その成功の要因を探る過程で、これらの国（香港を除く）が共通に、「民主的政治体制（以下、民主制）」とは対極の、独裁的もしくは権威主義的な政治体制（以下、非民主制）をもつことが発見された。豊かな経済社会に多元的な政治が現れるという「近代化論」の想定を覆した衝撃は大きく、開発を促進する独裁体制としての「開発独裁」という概念が生まれ、「民主制と非民主制のどちらがより開発的か」という論争が開始された。しかし、「政治体制」も「開発」も定義が乱立しているため、その組み合わせも無数となる。そのため、膨大な研究が存在するものの、政治体制と開発の間に系統的な関係は「実証的には」確認できず、論争の決着はついていない。

　では、「理論的には」どうか。「政治体制」はどのような経路を経て「開発」という帰結をもたらすのか。ある政治体制の下に置かれた「政府」による開発へ向けた具体的な努力が存在するはずである。それは、市場では提供されない公共性の高い「政策」を策定し、実施することである。開発に効果があるとされる政策のメニューは、インフラ投資や輸出指向型工業化等、開発経済学において定式化されている。よって、開発の成否は、適切なタイミングで適切な開発政策を導入することができるかにかかっている。とするならば、政治体制の違いが政策選択の違いを生むかが焦点となる。

2　民主制 VS 非民主制：どちらがより開発に有効か

　民主制下では、政策を選択する意思決定は主権者たる国民によってなされる。人々のニーズは多様に分布し、短期的かつ個別的なニーズが選好される。ニーズは政治家によって吸い上げられ、また利益集団を通じて、政府への要求圧力となる。結果、短期に回収可能かつ個別に分配可能な政策ばかりが採用され、開発効果はもたらされない。一方、非民主制であれば、意思決定への人々の参加が制限されるため、私益に基づく要求から「遮断」された状態で、政府のテクノクラート集団が長期的かつ包括的な視点から国にとって必要な政策を立案

できる。政府への異議申し立ての自由も制限されているため，政策に必要なリソースを集中的に動員でき，安定的な政策環境の中で，決められた政策を確実に実施できる。急速に先進国にキャッチアップするために不可欠な政府の「自律性」を確保するための苦肉の策として開発独裁を正当化する主張である。

　しかしそれには，何が開発に有効な政策かを独裁政府が知っていて，その政策を採用する意思と，実行する能力があることが前提となる。政府が政策を誤った場合に国民が修正する機会をもちえないのは，非民主制の根本的な問題である。何が適切な政策かを知る術がないのは民主制下でも同様だが，選ばれた政策は多数の合意に基づき，その決定の責任は人々が負い，政府は人々からの委託に応答する責任をもつ。このような国民と政府との相互関係によって，初期の間違いが修正される機会が担保されている。その過程において，多様な価値観をもった者どうしが議論を繰り返すことで，相互に学び合うのみならず，自分自身が大切にしている価値やニーズに気づくことができる。セン（2000）が民主主義の「構築的機能」と呼んだこの作用に，広い意味での「開発」の本質が見いだせよう。アセモグルとロビンソン（2013）は，包摂的な（inclusive）政治制度の下でこそ，人々の自由な創意工夫が発揮されうる包摂的な経済制度が機能し，社会を繁栄に導くイノベーションが生まれると指摘している。

❸　開発ファーストVS民主化ファーストを越えて

　理屈の上では，独裁制と民主制ともに開発に対する利点・欠点をもっていることが確認された。事実はどうか。多国間比較をすると，民主制ほど開発水準が高く，非民主制ほど開発水準が低いという傾向が確認できる。経済的な繁栄を謳歌しているすべての先進国（OECD加盟国）は民主制をとっており，民主体制と経済開発は両立しているといえる。しかしこのような共存関係はある時点の静態的なものに過ぎない。各国の時系列の推移を見ると，ほとんどの国が，非民主制の下での低開発状態からスタートをしているのである。現時点の非民主的な途上国が採りうる次のステップは，①開発を先行するルート（中国に代表される）か，②民主化を先行するルート（インドに代表される）となる。現在の先進国が途上国に推奨しているルートは②だが，先進国自身が実際に辿ったルートは①であることがチャン（2009）によって明らかにされている。

　ともあれ，先進国による民主化支援の帰結として，開発途上国の多くはすでに民主化されていることに鑑みれば，「開発独裁か民主化か」という問いから，「民主化された社会において，いかに開発を実現するか」という「民主的開発国家」のあり方が模索される必要がある。日本の経験からは，民主政権が国民の経済的ニーズを満たすことに失敗し，民主化が後退した大正デモクラシーの教訓も引き出せよう。政治体制と開発の変動の過程は単線的ではなく，ジレンマとトレードオフに満ちているのである。　　　　　　　　　　　（小林誉明）

ている貧困層であり，国家の長期開発への関心は低くならざるをえない。

▷6　決定には時間もコストもかかるかもしれないが，最終的には投票を通じて政権交代が可能なため，武力に訴える必要はない。民主制の下では，ベストなパフォーマンスができるとは限らないが，破滅的な結末は避けられ，そこそこの開発が達成できるのである。

▷7　長期間にわたって変動はなく，民主体制と経済開発の間にはある種の制度的補完性が働き，均衡が存在しているとも捉えられる。Ⅴ-1も参照

問い

ほとんどの途上国が民主化をしている中で，非民主制と開発の関係を考える意味はどこにあるだろう。一方，ルワンダのようなアフリカの国が，東アジアの経験に学び，その政治体制を独裁化しているという現象をどう捉えたらよいだろうか。

参考文献

アマルティア・セン（石塚雅彦訳）『自由と経済開発』日本経済新聞社，2000年。
ダロン・アセモグル／ジェイムズ・A・ロビンソン（鬼澤忍訳）『国家はなぜ衰退するのか』早川書房，2013年。
ハジュン・チャン（横川信治監訳）『はしごを外せ』日本評論社，2009年。
木村宏恒ほか編『開発政治学入門』勁草書房，2011年。
堀金由美「『開発主義』の系譜」『政経論叢』第73巻，第1・2号，2004年。

Ｖ　ガバナンスの課題

 制度能力と開発⑴：制度能力の向上

① 援助の有効性と制度

　1990年代，世界銀行は援助の有効性に関する研究を行った（世界銀行 2000）。途上国に対し多額の構造調整融資が供与されたが援助効果が見られなかったからである。低所得国は成長が見られず，借款によって対外債務だけが増えていた。調査の結果，政府の優先度の高い予算項目が援助を受けると，優先度の低い項目への支出が自国予算で増えてしまうファンジビリティの問題が確認された。構造調整融資は新自由主義の経済的自由化を進めていたが，受入れ当事国は貧困削減などの意思をもっておらず，資金が欲しいだけではという疑問がうまれた。1990年代後半の開発援助の潮流においては市場重視の新古典派経済学を重視し過ぎたという反省があり，その見直しとしてダグラス・ノースらの新制度派経済学が導入された。そして，開発の成功には良き制度が重要と考えられるようになり，構造調整のコンディショナリティ（援助付帯条件）の数が減らされると同時に，当事国には制度の形成が求められた。

　制度（institution）の定義には，ゲームのルール，戦略ゲームの均衡という二つの考え方がある。ノース（1994）の考え方は前者であり，経済の長期的パフォーマンスが制度によって決まるとした。制度は「人々によって考案された制約であり，人々の相互作用を形づくる。従って，制度は，政治的，社会的，あるいは経済的，いずれであれ，人々の交換におけるインセンティブ構造を与える。制度変化は社会の時間的変化の様式を形づくり，それゆえ歴史変化を理解する鍵」（3頁）となる。現在，世界に貧しい国と豊かな国があるのは「良き制度」の歴史上の有無が影響したという。また，ノースはロナルド・コースから引き継いだ取引費用の概念を分析枠組みの中心に据え，経済取引に伴う費用（取引費用）を削減する効率的な制度が経済成長をうむと考えた。

　ノースの「良き制度」の議論が開発問題におけるグッド・ガバナンスの議論につながった。グッド・ガバナンスは途上国政府の国民を代表していない傾向や市場的な効率性のなさなどを制度の問題として認識し，その克服のための目標概念としてうまれた。現状の認識としては，バッド・ガバナンスがある。ドナー側は，「グッド」は貧しい途上国には少ないという認識であった。途上国に対してドナーは幅広い政治・経済のアジェンダとして民主化を含むガバナンス改革を要求した。グッド・ガバナンス論の起点は1981年の世界銀行のバーグ

▷1　ノースは制度をゲームのルールだと説明した。フォーマルには財産権や契約，インフォーマルには規範や慣習からなる。またゲームのルールの実効性を考えると，ゲームのプレイヤーどうしの自己拘束的な戦略均衡ということも想定される。

▷2　途上国の「バッド」ガバナンスについては様々なカテゴリーがある。「脆弱国家」「新家産制国家」「ハイブリッド・レジーム」などである。しかし，途上国に「バッド」が多い原因に関しては，多くの途上国は植民地支配を受け，その際に垂直的な統治構造が作られたことも指摘しなくてはならない。世界銀行は「制度や能力の弱さ，または紛争に起因する困難を経験している」低所得国を「脆弱国家」と呼んだが，その大半はアフリカ諸国。

▷3　ガバナンスは多義的な概念であるが，コーポレート・ガバナンス論に由来する健全な組織経営という意味と，グローバル・ガバナンス論に由来する国家（政府）と非国家（民間セクター，市民社会）の多様なアクターの協力関係という意味が重要であろう。

▷4　ワシントン・コンセンサスは新自由主義の立場

報告書であろう。バーグ教授はアフリカの開発の停滞を国内の開発過程と政策環境に求めた。これに対し，アフリカの政府や研究者の一部は植民地支配がアフリカ社会に及ぼした深刻な影響が原因であると反論した。これはアフリカの停滞と未発達の原因が国家の内部からきたのか，外部からきたのかという論争になった。バーグ報告書以降，世界銀行などのドナーは内部原因説に依拠する議論を強めていった。最初の基準とされたのがワシントン・コンセンサスであり，次いで制度派の影響を受けたグッド・ガバナンス論ないし公共セクター改革論（Public Sector Reform）が代表的な議論となっていった。[44]

❷ 民営化の議論と多様なガバナンス

1980年代には政府は非効率とするワシントン・コンセンサスが隆盛となった。米国のレーガン，英国のサッチャー政権が公営事業の民営化や経済の自由化を推進した。民営化は旧事業体を民間部門に売却・改組することで国庫収入を増やし，効率的な事業経営から経常黒字を上げ，クライアントへのサービスの向上も期待できるメリットがあるといわれた。民営化的な視点をもつ政府系事業の経営を新公共経営（New Public Management: NPM）と呼んだ。他方，効率性だけでは公平性が見失われるという議論もあった。効率性は有限な資源や時間をいかに効率よく配分するかという視点であり，公平性は豊かさを多くの人々が共有する方がよい，それが人権であるという視点である。二つの視点は一種トレード・オフのようにも見えるが，社会としてはあるところでバランスをとることが求められる。そのバランスをとるルールも制度である。

ガバナンスには政治的なガバナンスと経済的なガバナンスがある。グッド・ガバナンス論は双方を重視し，理論的な研究とドナーの援助評価の双方から論じられた。理論ではガバナンスとその他の変数との相関関係が大規模調査において分析された。その結果，ガバナンスのアジェンダや指標は膨大なものとなり，理論的・実践的な関心から開発研究機関は多数の指標化と計測の作業に取り組んだ。世界銀行，UNDP，英国国際開発省などのドナーはガバナンスと開発の関係を熱心に論じ，ガバナンスを改善する計画の評価を通じて途上国に対する新しい処方箋を作成した。世界銀行研究所のカウフマンはガバナンスの開発にとっての有用性を論じ，一連の測定指標の分析結果を示した。[45]

当初IMF・世界銀行はガバナンスの概念によって透明性，財政のアカウンタビリティおよび公共セクターの健全な経営といった経済的ガバナンスを重視した。その後，欧米諸国の外務省・国際開発庁，国連開発計画（UNDP）などの国連および国際NGOsがアジェンダを政治的ガバナンスにまで拡張した。[46] しかしながら，世界銀行の相対的に狭い概念においても社会における資源配分の問題など政治権力と密接に関わるテーマが存在していた。[47]　　（笹岡雄一）

からケインジアンなどが推奨する大きな政府による経済社会発展を否定した。
⇨ I-3

▷5 Kaufmann, D., Kraay, A., and Lobatón, P., "Governance Matters," *Policy Research Working Paper* 2196, World Bank, 1999.

▷6 Weiss, T., "Governance, Good Governance and Global Governance: Conceptual and Actual Challenges," *Third World Quarterly* 21(5): 795-814, 2000. 2000年に UNDP は「民主的ガバナンス」という新しい概念を示し，人権，法の支配，分権，反腐敗などの包括的なアプローチを論じた。

▷7 Ranker, L., "Governance," Burnell, P., Ranker, L., and Randall, V., *Politics in the Developing World*, 5th edition, chapter 15, Oxford University Press, 2014.

（問い）
①良いガバナンスの条件とは何だろうか。
②民営化の正と負のインパクトについて考えてみよう。

（参考文献）
ダグラス・C・ノース（竹下公視訳）『制度・制度変化・経済効果』晃洋書房，1994年。
世界銀行（小浜裕久・富田陽子訳）『有効な援助』東洋経済新報社，2000年。
Elliot, B., *Accelerated Development In Sub-Saharan Africa: An Agenda for Action*, World Bank, 1981.

Ⅴ　ガバナンスの課題

 制度能力と開発(2)：政府の腐敗

1　貧しい国の腐敗

▷1　Rothstein, B., *The Quality of Government: Corruption, Social Trust, and Inequality in International Perspective*, University of Chicago Press, 2011. ガバナンスについては Ⅴ-3 も参照。

▷2　腐敗でよく引用されるトランスパレンシー・インターナショナル（TI）は1993年に設立された，ベルリンに本部がある国際NGO。毎年CPIを発表している（https://www.transparency.org/cpi2021）。

▷3　Susan Rose-Ackerman and Bonnie J. Palifka, *Corruption and Government-Causes, Consequences, and Reform*, Cambridge University Press, 2016.
ローズ・アッカーマンはイェール大学の政治学者で，反汚職研究を長年リードしている。

▷4　US legal definitions（https://definitions.uslegal.com/c/corruption/）

▷5　大きな腐敗はどの国でも起こりうるが，小さな腐敗は低所得国での頻度が高い。市民がクライアントとして公共サービスを受ける時に待ち人数が多過ぎる事情がある。待てない人はFPを払う。これは政府の

ガバナンスの質は，貧困国の開発の進展を左右する中心的な要素と認識された。そして，低レベルの腐敗（corruption）はグッド・ガバナンスの代替指標としてしばしば使われている。グッド・ガバナンスが実現されている社会においては，市民の声（the voice of the citizens）が政策決定者を通じて明確に政府に影響し，政府が市民に対して約束した政策についてアカウンタビリティを保とうとすると考えられる。タンザニアにおいてもグッド・ガバナンスと政治的アカウンタビリティの促進が1996年以降のガバナンス改革の主要な目標になった。同改革は，地方政府の改革，民主的代表制，セクター行政の中央と地方の分担の見直しなどから構成され，2008年に第一フェーズが終了した。タンザニアは東アフリカにおいて民主化と分権化政策を両立させて推進させてきたが，腐敗の問題は複数政党制のもとで常に問題として議論されてきた。

腐敗はトランスパレンシー・インターナショナル（TI）によれば「私的な利益のために委せられた権力の悪用」として操作的に定義される。ローズ・アッカーマン，世界銀行および国連開発計画（UNDP）の定義もこれに近い。法的文脈における腐敗は「金銭又は他の利益を得，生むための不法なはかりごと」を意味し，「賄賂，キックバック，陪審員の変更および公共の職務の乱用といった多様な不法行為を含む」。また，大きな腐敗（grand corruption）と小さな腐敗（petty corruption）があり，大きな腐敗は政治家や官僚上層部が特権を利用して不正を行い，巨額の国際的な賄賂や隠し預金を得る，小さな腐敗は庶民に対する公共サービスにおいて不法な賄賂を求めるたぐいである。1995年のムカパ政権発足時からタンザニアは腐敗の撲滅や公共サービスを改善する公共部門改革（PSR）を政策課題としたが，今でも腐敗の問題に悩まされている。

腐敗の頻度は一般に個人所得の高さと負の相関関係にあり，一般に貧しい国ほど腐敗は多い（UNDP 2013）。TIの腐敗認識指数（Corruption Perception Index: CPI）の上位国，腐敗の少ない国はみな先進国であり，下位の腐敗の多い国は低所得国が並ぶ。腐敗はキック・バックやファシリテーション・ペイメント（FP）などの支払いを含むので公共サービスなどの支払いを増加させ経済成長には悪影響があるとする実証研究は多い。ただし，腐敗はもちろん途上国だけの現象ではなく，先進国でも起きるものであり，例えば2021年にはイスラエ

ルとオーストリアの首相が汚職を事実上の理由として辞職しており，日本では広島県の参院選大規模買収事件の判決が記憶に新しい。政治資金規正法が改正され，政党交付金も設置されたが，地方では政治家から政治家への贈収賄や有権者への違法な支払いが後を絶たない。それとつながっているのが地方の利権の問題であり，補助金の使われ方には地方ボスと業者の癒着，慣行的な随意（非競争）契約とキック・バックなどの一連の事象がつながりやすい。

② 腐敗の抑制

　腐敗の中でも小さな腐敗は家計の貧困とそれを受けた政府の歳入・能力不足が背景にあるが，大きな腐敗は貧困とは関係なく発生する。ただし，その頻度は腐敗や汚職に対する不適切，不十分なコントロールの低所得国では発生回数が多いことが予想される。また，同様の所得水準の国でも対策を積極的に行い，メディアの報道の自由が保証されていれば大きな腐敗の発生頻度を下げられるだろう。国際通貨基金（IMF）によれば，経済発展が同程度の国々を比較した際に，腐敗度が最低水準の国の政府は最高水準の国の政府よりも対GDP比で4％多く税収を得たという。[6] 180カ国以上の調査結果において腐敗度の高い国ほど税収が低いことも判明している（リベートと引き換えの納税回避）。[7]

　1990年代以降腐敗の抑制はすべてのドナーが関わり，ガバナンス対策の主な柱として政府資金の監視の強化や透明性の向上など腐敗の抑制に役に立つプログラムないし制度の形成を行っている。また，政府と市民社会の関係構築やメディアの報道の自由も政府のアカウンタビリティを向上させる意味で腐敗の抑制につながる。腐敗防止は一国の取り締まり対象というよりは国際的に取り組むべきテーマとの認識になった。[8] 国連は2003年に国連腐敗撤廃条約（UNCAC）を発効し，汚職行為の防止措置やそのための一連の国際協力などを定めた。ほとんどの国連加盟国が締結しており，日本は2017年に受諾した。

③ 腐敗の少なさ：成長の原因かつ結果

　腐敗の少なさは経済的ガバナンスの指標になる。そして，このことは経済成長に対してよい影響を与える。シンガポールが高い成長を続けて先進国入りしたのにはいくつかの要因があるが，腐敗の少なさが国際的に評価されたことも一因である。報道の自由のある民主主義国でなくとも経済的ガバナンスの達成が良好であれば経済発展の機会をつかむことができる例であろう。他方，腐敗の非常に少ない北欧諸国などを見ると，民主主義や政治的ガバナンスの確立と経済的ガバナンスの良好さには不可分の関係があり，両者のガバナンスの好循環が一般的な条件になっていることも理解できる。エストニアはすでに高所得国であるが，参加民主主義とe-ガバナンスをつなげる政策で政府の透明性とアカウンタビリティを大きく向上させ，CPIも顕著に改善させた。　（笹岡雄一）

▷6　ヴィトール・ガスパール／パオロ・マウロ／パウロ・メダス「政府内の腐敗に取り組む」2019年4月4日，https://blogs.imf.org/2019/04/04/tackling-corruption-in-government/

▷7　改革を実施した結果，税収が改善した国はジョージア，ルワンダなど。また，独立した外部の監査機関が効果的な監督を行って成果をだしたのがコロンビア，コスタリカ，パラグアイ。オンライン上のプラットフォームを活用して市民が財務状況等をモニターできる。

▷8　日本政府は1998年にOECDの外国公務員贈賄防止条約に署名した。そして，条約を実施し，外国公務員への贈賄に対する刑事罰を設けるため，1998年に不正競争防止法を改正し（99年2月施行），外国公務員等に対する不正の利益の供与等に関し，違反者には刑事罰が科されることになった。

（問い）
①大きな腐敗と小さな腐敗の具体例を調べてみよう。
②経済成長にはいくつかの条件があるが，良好な経済的ガバナンスだけで達成できるのか，さらに政治的ガバナンスも必要となるのか考えてみよう。

（参考文献）
小山田英治『開発と汚職』明石書店，2019年。
UNDP, Human Development Report, UNDP, 2013.

（能力の低さと官吏の意図的な遅延行為が交錯した事象である。）

V　ガバナンスの課題

 5 オストロムの共有資源管理：制度と共有資源管理

▷1　オストロム（Elinor Ostrom, 1933-2012）
米国カリフォルニア大学ロサンゼルス校で政治学博士を取得した政治学者であり，ノーベル経済学賞を受賞した初めての女性，かつ経済学の領域以外の研究者である。

▷2　共有地の悲劇
誰でもがアクセスでき，なおかつ消費することによってその量が減ってしまうような財を指す。例えば，薪を燃やして料理をするところで，植林して森を管理することなく，薪を得るためにどんどん木を伐採してしまうとはげ山になってしまう。

▷3　ポリセントリック・ガバナンスの理論
途上国では，国家と自治体の様々なレベルで似たような機能をもつ組織が重層的に乱立し，非効率であると思われることがある。しかし，この理論では無駄とばかりは言い切れないとみなす。中央集権型のトップダウンの無駄のない組織でも，逆に地方に権限を大きく与えた分権型のボトムアップの組織でもない。むしろ，様々なレベルで重複した一見無駄のある組織が相互に自律的に働くことが，目的とする政策をより実現すると考える。

1 エリノア・オストロムと共有資源の管理

　エリノア・オストロムは，どのような条件下で共有資源の管理が制度として可能になるかについての研究の業績で，2009年に女性で初めてノーベル経済学賞を受賞した。共有資源（common pool resources）はコモンズとも呼ばれ，従来，森林資源などの管理は，これらの資源に誰でもがアクセスできる状態にある時には，それを守って維持管理するための費用を負担することなく利用することができるため，その資源が枯渇してしまう「**共有地の悲劇**」と呼ばれる状態となるとされてきた。従来の考え方では，こうした課題を解決するための政策の手段としては，政府か市場に任せる，そのどちらかの考えが主流であった。すなわち，政府が何らかの規制を設けて介入するか，市場原理に任せて例えば森林の土地を売却して私有地化するなどの方法である。オストロムをはじめ世界中の研究者たちは，こうした政府か市場かといった択一的な方法ではなく，実際に共有資源を管理している世界中の共同体の事例を調査した。そして共有資源を使いつくすことなく適切に維持している共同体の例とそうでない共同体の例を調べ，資源管理がうまくいくための条件は何かを調べたのである。

2 共有資源管理の条件とは

　オストロムらは，スイスや日本，南米など世界中のコモンズの管理の事例について調査し，様々なグループや共同体がどういった規則を定めて共有資源の維持管理をしているか，参加メンバーが維持管理にあたって支払わねばならないコストは何で，何が利益として得られるのか，共同体の地理的，資源的な条件は何かなどに関し，多岐にわたって検討した。

　その上で，共有資源管理を行う共同体を，一定の規則を定めたりその規則を変更したりするための「制度」と捉え，住民が資源を維持していくことを可能にするための「制度」に関する原則八つを，以下のように明らかにした。

　①共同体に加入したり脱退したりするためのルールが明確である，②住民にとって資源管理から得られる利益と支払わなくてはならないコストの比率があっている（利益が得られる人がコストを払う），③地域ボスの独裁的決定やすでに決められた規則にただ従うのではなく，住民が集団で意思決定を行える仕組みがある，④共有資源を維持するための活動への参加の有無をモニタリングでき

ている，⑤こうした維持活動に参加しない行為に対し，段階的な罰則が課せられている，⑥もめごとが起こった時の紛争解決メカニズムがある，⑦住民が自分たちで組織化を行うことのできる最低限の権利をもっている，⑧一見無駄に見えるが，様々なレベルの組織が重複して存在している（Ostrom 2015）。なかでも八つ目の原則は，**ポリセントリック・ガバナンスの理論**として発展した。この理論によれば，様々なレベルの組織が重層的に重なり，互いに自律的に動いていて，頻回に連絡をとりコミュニケーションを図っているところでは，上位下達の効率的な無駄のない組織よりも，互いの信頼関係が高まり，むしろ目的とする政策をうまく達成できると考える。

❸　共有資源管理の事例：フィリピンのトラムラインプロジェクト

　コモンズの管理の事例として，フィリピン農業省の研究所（PHilMec）が行った，遠く離れた山の農地から共同体の道路の近くまで農産物を運ぶため，トラムラインと呼ぶ農産物運搬用のケーブルカーを敷設した農村の小規模なインフラプロジェクトの例を挙げよう。農地の高さや広さ，農民の受益者数などを加味して，一定の条件を満たした農民によるユーザーグループを選び，小規模な農業インフラプロジェクトとしてトラムライン（**図1**）を敷設した。しかし，何年か経つと，トラムラインを農産物や肥料を運ぶ手段としてずっと使い続けているところと，使われずに錆びてしまったところが出てきてしまった。

　なぜこのような違いが起こったのか，トラムラインを維持できたところと維持できなかったところの両方のユーザーグループの農民にその違いをインタビューし，統計分析して結果を比べた。すると，トラムラインを維持できているユーザーグループの方が，維持できていないグループよりも，トラムラインの使用管理ガイドラインの存在を知っていると答えた農民や，グループの会合に出席していると答えた農民が多かった。また，自分たちユーザーグループのリーダーをより頻回に選挙で選び交替するグループの方が，そうでない例えば地域ボスが支配しているようなグループよりもトラムラインを維持できていた。

　こうした結果からは，ユーザーである農民たちが規則を意識し，ダメなリーダーを選挙で変えられるような仕組みを制度的に担保している共同体の方が，コモンズをより良く管理できることがわかった。ユーザーグループの民主的なルールが大きな影響を与えることがわかる。

　オストロムのコモンズの管理やポリセントリック・ガバナンスの理論は，先進国・途上国を問わず様々な事例に適用され今も検証されている。成功例のみでなく失敗例も検証していることも多い。人がどういう条件下で協力し信頼を構築してコストを払ってでもコモンズを維持できるかを実例に基づいて理論化し，その経験を他のコモンズの維持に活かしてゆく，これがこのアプローチの強みの一つであろう。

（大森佐和）

▷4　PHilMec: Philippine Center for Postharvest Development and Mechanization

図1　トラムライン

▷5　Omori, Sawa and Bartolome S. Tesorero, Jr., "Why Does Polycentric Governance Work for Some Project Sites and Not Others? Explaining the Sustainability of Tramline Projects in the Philippines," *Policy Studies Journal* 40(3): 833-860, 2020.

（問い）

①オストロムの共有資源の管理においていわれている八つの制度の特徴がなぜ資源を維持する行動を可能にするのに重要だと思うか。
②コモンズを守る必要があるとして，今自分が所属している共同体はどの程度，コモンズを守るために機能すると考えるか。それはなぜか。

（参考文献）

Ostrom, Elinor, *Governing the Commons: The Evolution of Institutions for Collective Action,* Cambridge University Press, 2015.

Ⅴ　ガバナンスの課題

 6 ガバナンスにおけるジェンダー平等の課題

1 民主的ガバナンスとジェンダー

　民主的な体制を構築することは，社会経済的発展の阻害要因となる汚職などを取り除く意味でも，そして人権の保障などの公正かつ安定的な社会の基盤を強化する意味でも不可欠である。ジェンダー平等は，民主的ガバナンスの構成要素であり，公平性や公正性を高めるための要因である。そのためジェンダー平等を確実なものとしていくために法整備支援や，**ジェンダー予算**[1]への支援，行政機構のジェンダー主流化支援などが行われている。だが，これらの取組みを強化する上でも，そもそも国の政策に影響を与える意思決定の場が，どのように構成されているのかという点が重要となる。

　SDGsのジェンダー平等を実現する目標では，政治を含むあらゆるレベルの意思決定において，完全かつ効果的な女性の参画が目指されている。だが，意思決定の場における女性の参画の推進は，新しい課題ではない。1975年にメキシコ・シティで開催された第1回世界女性会議では，女性の政治参画を促す施策の重要性が確認されていた。

　1995年に北京で開催された第4回世界女性会議では「**北京行動綱領**」[2]が採択され，意思決定の場がバランスのとれた構成になることが求められた。また1999年に策定されたOECD開発援助委員会の指針 DAC Guidelines for Gender Equality and Women's Empowerment in Development Co-operation では，意思決定プロセスにおける女性の代表者の少なさは，民主的な性質を損なうとし，DAC加盟国が意思決定の場におけるジェンダー平等と女性のエンパワーメントを促進するよう言及している。現在，議会に占める女性の割合は1995年と比較し11％程度の改善が見られるが，世界全体としては依然として課題が残る。また，状況は国によって大きく異なり，大幅な女性代表者の増加が見られた国々も存在する。この背景には，一定の割合で女性が議席を占めることを義務づける**ジェンダー・クオータ制**[3]の採用もある。

2 女性代表者の政策インパクトと開発

　人々の代表が集まる議会の構成が，どの程度社会の構成と近似しているのか。また，意思決定の場で女性の参画を促進することが，どのような政策的効果をもたらすのかという影響に関する議論も行われてきた。例えば，ジェンダーに

▷1　**ジェンダー予算**（gender budgeting）
予算の編成に関わるすべての過程で，ジェンダーの視点を取り入れ，ジェンダー平等を実現できるよう，内容を再構成することである。

▷2　**北京行動綱領**（Beijing Declaration and Platform for Action）
ジェンダー平等に必要な優先的行動として12領域が設定された。この行動綱領では，ジェンダー平等を実現するための重要な戦略としてジェンダー主流化が確認され，政府等の実施するすべての政策やプログラムに適用することが求められた。

▷3　**ジェンダー・クオータ制**（Gender Quotas）
男女格差の是正や，ジェンダー・バランスのとれた参加や代表を達成することを目的に行われる積極的な措置。

▷4　スワミーらの研究によると，女性が議会の議席や政府官僚の上級職や労働力に占める割合が高い国では，汚職の深刻度が低いことが指摘されている。Swamy, A., S. Knack, Y. Lee, and O. Azfar, "Gender and corruption", *Journal of Development Economics* 64: 25-55, 2001.

基づく暴力の撤廃等，とりわけ女性の政策的ニーズに応答する政策立案の上で，女性議員の増加が大きな効果をもつというような指摘なども行われてきた。また，クオータ制の導入が汚職やガバナンス制度に与える影響についての研究などもある。これらの研究では，議会における女性の割合が増加し，女性の存在感が高まると，汚職のレベルが下がる傾向が示唆された[4]。また，議会における女性の参画を含む，女性の社会進出が促進されるほど，国の対外的行動がより平和的（非武力的）となる傾向の指摘などもある。ただ，これらの指摘は，女性代表者が汚職や敵対的な外交政策を好まないということではなく，意思決定の場やそれに影響を与える社会に多様性が増した時の効果として理解される。同時に，政治体制や政治環境は国によって大きく異なるため，一つの明確な結論を導き出すのは容易ではなく，各国に焦点を当てた議論も参照する必要があろう。そして，ジェンダーだけではなく，エスニシティや階層といった社会的経験に違いを与える要因も，政策選好に影響を与えるため，それらにも目を向ける必要がある。民主的なガバナンスを実現する上では，排除や抑圧を生みだす複数の要素に目を配るインターセクショナリティの観点が重要となる。

　開発支援と民主的なガバナンスの議論では，開発途上国のガバナンスの状況に注目が集まる傾向にある。しかし，ドナー国側のガバナンスのあり方も極めて重要となる。議会や内閣などの意思決定の場における女性の参画の増加が，より寛大な援助（手厚い援助）の実施を促進することが指摘されている[6]。だが，外交や援助に関係する特定分野での女性大臣の配置は，特に影響を与えるわけではない。これは，女性の大臣が特別に援助に寛大な価値観をもつのではなく，意思決定の場に女性の参画が見られた時のインパクトを指摘したもので，意思決定の場の多様性が増した時の効果の指摘と類似する。いずれにしても，議会などの意思決定の場における積極的な女性の参画は，民主的なガバナンスの重要な構成要素であり，議会の透明性の向上，平和の実現，グローバルな連帯への可能性が増すと理解できるのではないだろうか。

③ 最大の課題としての「実現」

　意思決定の場における女性の参画促進が求められてきた歴史が長いように，その実現は容易ではなく，クオータ制の導入などのように，強い力をもつ手段も効果的な選択肢の一つであろう。同時に，何が意思決定の場における女性の参画を阻害する要因なのか明確にすることも重要であろう。意思決定の場に参画する女性の「やる気」や「気力」だけに依存するのではなく，政治資金へのアクセスにおけるジェンダー差，選挙運動でのセクシュアル・ハラスメント被害などのGBV（ジェンダーに基づく暴力）の問題など，選挙制度に内在する課題や阻害要因を把握し，解消していく努力も必要である。意思決定の場における女性の参画の実現には，包括的な努力が不可欠といえる。　　　　　（高松香奈）

▷5　カプリオリは，国内のジェンダー平等が国際レベルでの国家行動に平和的効果を与えるという理論を実証する。Caprioli, M., "Gendered Conflict," *Journal of Peace Research* 37 (1): 51-68, 2000.

▷6　ブルーニングらの研究によると，国会や内閣における女性の代表性と援助の寛大さには関係があり，国家の対外援助の寛大さを説明するには，ジェンダー平等が重要なことを指摘している。Lu K., and Breuning M., "Gender and generosity : does women's representation affect development cooperation ?" *Politics, Groups, and Identities* 2(3): 313-330, 2014.

（問い）

意思決定の場における女性の参画促進は，どのような政策効果をもたらす可能性があるのか，あるいは特に変化をもたらさないのか。

（参考文献）
三浦まり・衛藤幹子『ジェンダー・クオータ』明石書店，2014年。
Runyan, A. S., *Global Gender Politics* (5th ed.), Routledge, 2018.

Ⅵ　社会的包摂の促進

 社会的包摂と教育

▷1　セーフティネット
生活や雇用に関する不安を縮小するための救済策の仕組みのこと。生活保護等の給付金の支給，求職者支援制度としての情報提供，無料の教育訓練支援等が例として挙げられる。

▷2　日本においても，2000年代から孤立，孤独死，無縁社会等，かつての共同体としての社会のあり方や連帯意識が薄れる中で，社会的包摂の必要性が謳われるようになった。

▷3　個人が低学歴の末に低所得に留まるのは，自らの能力と努力の帰結であり，基本的に自己責任であるという姿勢のこと。

▷4　メリトクラシー
個人の能力と努力によって業績が生み出され，その業績に応じて社会的地位が配分される制度のこと。マイケル・ヤングによって1960年代に生み出された造語。学校教育は，個人を能力と努力に応じて選抜し，適した職業や社会的地位に配分するという意味で，社会における不平等を正当化すると考えられている。正当化の条件としては，教育機会および過程における平等性，労働市場における採用の透

1　社会的包摂とは何か

　社会的包摂とは，1980年代から90年代にかけてヨーロッパで普及した概念であるといわれる。戦後，開発の主体としての国家が人々の基本的な生活保障を担うことが理想とされたが，1970年代以降の低成長期において，失業と不安定雇用が拡大した。この時期，国際労働機関（ILO）は，途上国における失業と貧困という課題において，政府の統計では把握できない労働市場におけるインフォーマルセクターに注目し，それまでの国家の政策の限界を指摘した。こうした周縁化された経済活動に従事している人は，福祉国家の基本的な諸制度（失業保険，健康保険等）や**セーフティネット**[41]から漏れ落ちてしまう。そして生活の基礎的なニーズが欠如し，社会的な参加やつながりも絶たれるという「新たな貧困」に注目が集まった。先進国においても，移民や若年者の社会の諸活動への参加が阻まれ，社会の周縁部に押しやられている状態あるいはその動態を社会的排除（ソーシャル・エクスクルージョン）と規定し，これに対応して，社会参加を促し，保障する諸政策を貫く理念として社会的包摂（ソーシャル・インクルージョン）という概念が用いられるようになった。[42]

　社会的包摂の対象となりやすい集団としては，移民，難民，少数民族，移住者，無国籍者，障害者，若者，女性，孤児等が挙げられるが，社会によって対象となる周縁化された集団は様々である。

2　教育における包摂という考え方

　教育と社会的包摂との関連として重要なのは，国が提供する教育サービスにアクセスできているかという機会の平等，教育内容や教授法に排除の概念が働いていないかという教育制度におけるフェアネス，そして教育と労働市場との接続における特定の集団の排除の有無である。また，近年，学校教育を通した実力主義が蔓延し，教育が所得格差につながることを正当化することによって，社会的排除の姿勢が強化されるという現象に警鐘が鳴らされている。[43]教育が本来もっていた「フェア」な選抜と配分の機能，「正統な」制度として社会の不平等を正当化する機能が見直されている。そして，個人の能力と努力によって社会的地位が配分されるという**メリトクラシー**[44]の実際性が問われている。

　教育制度内での包摂性については，教育が「全ての人が有する人権である」

と最初に規定された1948年の「世界人権宣言」に遡るが，多様なニーズに応える教育をどのように設計するかについては，1994年の「サラマンカ声明[5]」において，インクルーシブ教育の概念が打ち出されたことに大きな意味がある。インクルーシブ教育は，1959年に「児童の権利宣言」が採択されて以降，障害児をはじめとする特別なニーズを有する子どもを対象に発展してきた「特殊教育」と，1980年代に発展した障害児と健常児を同じ場所で教育する「統合教育」を超える新たな教育形態である。すなわち，統合教育が特別な支援を必要とする子どもを通常学級へ吸収（メインストリーム化）するのに対して，インクルーシブ教育は教師や学校側が子どものニーズに対応し，カリキュラムや教材など，教育システム全体の変容を迫るものである。「サラマンカ声明」はインクルーシブ教育の意義を次のように謳う。

> すべての子どもは誰であれ，教育を受ける基本的権利をもち，（中略）インクルーシブ志向をもつ通常の学校こそ，差別的態度と戦い，すべての人を喜んで受け入れる地域社会をつくり上げ，（中略）万人のための教育を達成する最も効果的な手段であり，さらにそれらは，大多数の子どもたちに効果的な教育を提供し，全教育システムの効率を高め，ついには費用対効果の高いものとする。（国立特別支援教育総合研究所訳）

教育統計の中で排除されている集団としては，障害児や移民が大きく取り上げられてきた。世界銀行は，2003年に世界の初等教育不就学児童の3分の1が障害児であると試算し，国連教育科学文化機関（UNESCO）は，2009年に7200万人の不就学児童のうち5700万人が障害児であると報告した[6]。また，欧州では，社会的包摂を目的として，外国にルーツをもつ移民の児童への教育機会の確保のために，言語支援や特別予算措置が行われている。

③ 共通善を考える教育へ

2015年に国連総会で採択された持続可能な開発目標（SDGs）は，インクルーシブで公正な質の高い教育と生涯学習の機会をすべての人に保障することを掲げている。SDGsにはそれまでの開発指標にはなかった教育の価値に関する記述があり，グローバルシティズンシップ教育や文化的多様性の尊重，平和と非暴力の文化等，包摂を意識した価値が打ち出されている。また，UNESCOは2021年11月に，2050年を目指す教育政策として「明日を共に再考する——教育のための新たな社会契約（Reimagining Our Futures Together: A New Social Contract for Education)」という新たなビジョンを発表した。この報告書は，今後の重要な教育の原理として，差別の撤廃，社会的正義，命の尊重，人間の尊厳，文化の多様性を挙げている。多様な価値観を認めつつも共通善とは何かを問い続け，誰もが尊重される社会を目指す教育とはどのように行われるべきかが問われている。

（西村幹子）

明性，学校教育機関の質保障，学校教育に対する社会からの信頼等が挙げられる。

▷5 1994年6月にスペインのサラマンカで開催された「特別なニーズ教育に関する世界会議」において，92カ国，25の国際組織が参加し，障害のある子どもを含む万人のための学校を提唱した「サラマンカ声明」が採択された。

▷6 World Bank, *Education NOTES Education for All: Including Children with Disabilities*, The World Bank, 2003 および UNESCO, *Guidelines for Inclusion: Ensuring Access to Education for All*, Paris: UNESCO, 2009.

（問い）
①社会的包摂を推進するための教育政策の例を挙げてみよう。
②社会的排除につながる教育政策あるいは学校教育のあり方にはどのようなものがあるか。
③社会的包摂のために教育分野だけではできないことは何だろうか。どのような追加的な仕組みが必要だろうか。

（参考文献）
北村友人・佐藤真久・佐藤学編『SDGs時代の教育』学文社，2018年。
マイケル・サンデル（鬼澤忍訳）『実力も運のうち？』早川書房，2021年。
UNESCO, *Reimagining Our Futures Together: A New Social Contract for Education*, Paris: UNESCO, 2021.

VI　社会的包摂の促進

 ## 社会的包摂と教育の事例

1　アプローチの多様性

　社会的包摂と教育を考える際，重要となる視点としては，多様なニーズをどのように特定し，それらのニーズに対してどのようなアプローチで応えようとするのか，という観点である。多数派あるいは主流派の教育的営みの状況に対して基準を満たしていない少数派あるいは周縁化された人々の状態に追加的な措置を講じるのか，または教育的営みの主流派のあり方に変革をもたらし，多様なニーズに同時に応えていけるような仕様を盛り込むのか，という点において考え方は多様である。

　具体的には，通常学級の中に補助教員を追加したり，同じ学校の中でも様々な言語レベルの子どもたちに対応するために教材を多様化したり，教科や活動によって習熟度別クラスを取り入れ，児童がそれらのクラスを一人ひとりの状態に応じて臨機応変に移動できるようにする等，主流の学校運営に多様性を考慮したアプローチを盛り込む方法と，多様な集団に応じて通常学級外で特別支援を実施する特別措置とする方法がある。日本は障害児については後者のアプローチをとっており，普通学級，特別支援学級，特別支援学校という異なる選択肢を与えることを以てインクルーシブ教育と呼んでいる[1]。また，外国にルーツをもつ子どもたちの支援についてはどちらのアプローチも十分に取ることができずにいる。UNESCO（2020）は，インクルーシブ教育は，対話，参加，寛容性に基づく必要があると述べている。

2　主流化した教育のあり方を変えた事例：スポーツを通した包摂

　ケニア等で実施されているスペシャル・オリンピックというプログラムは，14カ国の幼稚園から高校において実施されているスポーツを通してインクルーシブ教育を実践する取組みである。2～7歳児に対する遊びを中心にした運動技能の発達に関する幼児教育，知的障害の有無によらず共にチーム・スポーツと遊びを通した合同訓練と競争体験，学校生活全体を通した包摂（インクルージョン）を強化するための生徒組織やクラブによるアドボカシーや啓発活動，学校コミュニティを巻き込んだ包摂への理解・支援・実践の取組み，の四つの柱から成っている。ケニアでは約600人の知的障害のある生徒が参加し，学校において障害の有無にかかわらず積極的な態度を形成できるように努めている。

▷1　これに対し，スウェーデン等の北欧では，教員を増員したり，多様な教材を利用したりすることにより，通常学級を多様なニーズに応えられるように変革するアプローチをインクルーシブ教育と呼んでいる。

▷2　Pratham
1996年からインドで活動するローカル NGO。困難な状況にある子どもたちの初等教育へのアクセスを保障することから始めた Pratham は，2000年代に世帯における学力調査を実施したことで注目を集めた。それまで学校で行われてきた学力調査を世帯をベースに行うことで，就学していない児童や退学した児童の学力をも測り，子どもたち全体の学習到達度を明らかにした。政府の統計から取りこぼされている子どもたちの学習ニーズを明らかにした Pratham のモデルは，2000年代後半から現在にかけて南アジアおよびサブサハラアフリカの多くの国々においても広がった。

このように，幼児期から多様性に触れることで，学ぶ可能性に関する視野を広げ，学校内外で既存の偏見や差別をなくす取組みの方法として，スポーツが用いられていることは興味深い。

③ 追加的措置として社会的包摂を促進する事例：学校外補習の取組み

通常の学校の学びでは学習成果を十分に発揮できない子どもたちのために，プラサム教育財団（Pratham）[42]というインドの非政府組織が2002年に開発したTaRL（Teaching at Right Level，学習レベルに合った教育という意味）というプログラムがある。Pratham はもともと世帯における学力調査を開始したことで知られるが，学校ではなく世帯において学力調査をすることで，学校を欠席しがちな子どもや不就学児に対しても学力調査を行い，十分な基礎学力が身についていない子どもたちの実態を明らかにした。このアプローチでは，子どもたちが学年ではなく学力に応じたグループ活動を行うことで，自らのレベルにあった学習グループの中で学ぶ。そして，レベルに応じてグループを変化させていく。また，グループの規模も臨機応変に変更し，個人の取組みの時間も併せて，ダイナミックに学習グループを組織する。教員が前に立ち，生徒が受け身で板書法で学ぶ従来型のスタイルよりも学習成果において効果があることがわかっている。Pratham はインドにおいては，ヒンズー語と算数を教えている。

ウッタープラデシュ州で実施したランダム化比較実験法による調査によると，四つのグループ[44]のうち，追加的補習授業を受けた二つのグループの成績は平均で0.7〜1レベル上昇した[43]のに対し，教材だけを受け取ったグループには改善が見られなかった。補習授業を受けたグループの約半数は段落や物語を読めるようになったのに対し，介入されなかったグループでは読めるようになったのは4分の1程度に留まった。

2017年までに TaRL プログラムはインドの4000校に広がり，20万人の子どもが参加した。その後，この方法論は，アフリカ12カ国，アジア3カ国に波及している。ザンビアでは，このプログラムによって2桁の引き算ができるようになった生徒が32％から50％に上昇し，単純な段落から物語を読めるようになった生徒も34％から52％に上昇した[45]。

このような一人ひとりの子どもの学習ニーズに合わせた学習法を採ることによって，学校教育の包摂性を高める動きは，多くの国々で行われてきた。その要には，教師がファシリテータとしての役割を担い，生徒に活発で参加型の学習を促すこと，学年を超えた一人ひとりの習熟度に合わせたグループ編成を行うこと，一人ひとりの生徒の状況に応じて教員間の連携協力を行うこと，学習プロセスにおける保護者とコミュニティの参加が特徴として挙げられる。

（西村幹子）

▷3 ⇨ XIII-2

▷4 10日の放課後授業を10日の夏休み中授業を受けたグループ，20日の放課後授業と10日の夏休み中授業を受けたグループ，TaRLの学習教材だけを与えられたグループ，介入を受けないグループ。

▷5 TaRL の HP で多くの実証評価分析が報告されている。(https://www.teachingattherightlevel.org/tarl-in-action/zambia-case-study/) 例えばガーナでは，TaRL の手法を用いて，小学校4〜6年の教師を対象に，STARS プログラムと呼ばれる事業を教育省とともに実施し，子どもたちの低い学習到達度の原因を探り，一人ひとりの学習ニーズに合わせた教授法を工夫する取組みを行っている。

（問い）

①インクルーシブ教育の二つの考え方を比較対比し，障害児とそれ以外の子どもたちへの学習や成長に対する影響について考えてみよう。
②主流を変えるアプローチと追加的措置を講じるアプローチのどちらがより社会的包摂を促進するだろうか。短期的，中長期的な双方の視点から考えてみよう。

（参考文献）

UNESCO, *Global Education Monitoring Report 2020, Inclusion and Education : All Means All*, Paris: UNESCO, 2020.

Ⅵ　社会的包摂の促進

開発教育

▷1　南北問題

1959年に英国ロイズ銀行会長のオリバー・フランクスが米国訪問時に行った「新たな国際均衡」と題する講演の中で，冷戦状態にあった米ソ間の東西問題と並んで，先進工業諸国と発展途上諸国との関係の重大性を「南北問題」として指摘した。

▷2　1960年代に飢餓撲滅や貧困救済を目的に始まった国連やNGOによるキャンペーン活動には，飢餓解放キャンペーン（FAOや英国）のほかに，第一次世界大戦の休戦日（11月11日）に因んだ11.11.11（ベルギー）やチャリティウォークのマイルズ・フォー・ミリオン（Miles for Millions）（カナダ）などがある。

▷3　例えば英国では，ロンドンをはじめ，マンチェスターやバーミンガムなどの主要都市に開発教育センター（DEC）が発足。カナダやオーストラリアでは州ごとに開発教育の協議会が設立された。

▷4　例えば英国では，労働党政権は開発教育を支援し，保守党政権は関連予算を削減した。また，カナダでは90年代半ばの政策変更により開発教育予算が大幅に削減された。

▷5　欧州グローバル教育会議

欧州評議会（Council of

① 欧米諸国における開発教育の歴史的経緯と現状

開発教育とは，貧困や格差といった国内外の「開発（development）」問題をはじめ，これと密接に関連しあう環境破壊や気候変動，人権侵害や民族対立などの地球規模の諸問題の解決を目的とした教育・学習活動である。

第二次世界大戦後から1960年代にかけて，アジアやアフリカなどでは新しい国家が誕生し，これらの国々は植民地支配からの独立という悲願を果たすことができた。しかし，独立後も依然として飢餓や貧困といった窮状を克服できず，いわゆる「北」の工業先進諸国との間には経済格差が拡大していった。こうした南北問題を背景に，国連機関や欧米各国のほか，NGOやキリスト教会などを通じて，欧米諸国から「南」の発展途上諸国へ多くの人材が専門家やボランティアとして派遣された。しかし，任期を終えて帰国した彼らを待っていたのは，「南」の国々や国際協力に対して無関心で無理解な自国の人々であった。「開発」問題は海外だけでなく自国の人々の心の中にも存在することに気づいた国際協力の関係者らは，広報・キャンペーン活動を通じて「南」の過酷な現実や国際協力の必要性を訴え始めたのが開発教育の発端である。

1970年代に入ると，「南」の飢餓・貧困問題が解決しない中で，欧米のNGO関係者は，募金のための広報活動としてではなく，従来の国際協力のあり方や「北」の生活様式を問い直していくための啓発・学習活動に取り組み始めた。そのために制作した様々な資料や教材が学校教育の中でも活用され，やがて「開発教育」と呼称されるとともに，NGO関係者と学校教員らが共同して教材を制作し，研修会などを行うための開発教育センターが各地に発足した。こうした活動を各国政府も資金的に支援したが，80年代から90年代にかけては，政権交代による政策変更の影響を開発教育も受けることになった。

その一方で，欧州連合や欧州評議会は欧州の開発教育を継続的に支援してきたが，大きな転換点となったのは，2002年にオランダで開催された**欧州グローバル教育会議**であった。この会議で採択された欧州グローバル教育宣言では，開発教育をはじめ，人権教育や環境教育，平和教育や持続可能な開発のための教育（ESD）等の地球的諸課題に取り組む教育をグローバル教育として展開していくことが確認された。これに伴い，欧州では開発教育を推進してきた開発NGOなどもグローバル教育や地球市民教育などと表現するようになっている。

➋　日本における開発教育の歴史的経緯と現状

　日本では1979年に在京の国連機関が開発教育シンポジウムを共催したことが契機となり，その参加者や関係団体を中心に1982年に現在のNPO法人開発教育協会が発足した。1990年代には，従来の座学・講義型の教育ではなく，学習者中心の参加型学習教材を活用した市民講座や研修プログラムなどを展開。また，国際理解や国際協力，学校教育や社会教育などに取り組む各地の関係者と共催した開発教育地域セミナーには，外務省もこれを資金的に支援して，地域での開発教育や参加型学習の取組みに広がりが見られた。それ以降も，同協会では調査研究や政策提言，教材作成や担い手養成などの各種事業を企画運営して，日本における開発教育や参加型学習の普及推進に取り組んでいる。

　2002年から学校教育に「総合的な学習の時間」が導入されて「国際理解」が学習課題として例示されたことから，NGO関係者や青年海外協力隊経験者などが講師として学校に招かれる機会が増大した。これに対して国際協力機構（JICA）では教師海外研修や指導者養成研修をはじめ，出前講座や訪問学習などの事業を通じて，学校教育や市民活動における開発教育を支援している。

　日本の開発教育も飢餓や貧困，南北格差や国際協力などの問題を理解していくことから始まったが，現在では，環境や人権，平和や文化などに関わる国内外の地球的諸課題について，「知り，学び，行動する」教育活動となっている。

➌　開発教育の理念と実践：「開発」と「教育」のあり方を問う

　開発教育協会では，「共に生きることのできる公正で持続可能な地球社会」という理念を掲げ，その実現には「私たちひとりひとりが，開発をめぐるさまざまな問題を理解し，望ましい開発のあり方を考え，……その解決に向けて行動していくこと」が重要だとしている。そして，そうした行動を促していくための五つの学習目標を提示して，開発教育の実践を広く呼びかけている。すなわち，その五つとは，①多様性の尊重，②開発問題の現状と原因，③地球的諸課題の関連性，④世界と私たちのつながり，⑤私たちの参加である。[6]

　2015年に国連で「持続可能な開発のための2030アジェンダ」が採択され，SDGsの達成が公約された。そしてその達成には教育の果たす役割が重要だとして，国連は2020年から始まるESDの新たな枠組みに「持続可能な開発のための教育：SDGs達成に向けて（ESD for 2030）」を採択した。他方，2020年度から順次実施された日本の新学習指導要領では，子どもたちを「持続可能な社会の創り手」として育むことが学校や教員に求められることになった。

　「私たちの世界を変革していく」ために教育にはSDGs時代における「開発」と「教育」のあり方を問うという，新たな課題が突きつけられている。それは開発教育にとっても長く課題であった。[7]　　　　　　　　　　　　　（湯本浩之）

Europe）でグローバル教育を担当していた南北センター（North-South Centre）が主催。同評議会加盟国の国会議員，中央政府，地方政府，市民社会組織の四つのセクターから関係者が参加して，直前に開催された「持続可能な開発のための世界サミット（WSSD）」での議論やそこで採択された「国連ESDの10年」におけるグローバル教育の方針や課題が議論された。

▷6　詳しくは，以下を参照。近藤牧子・田中治彦・湯本浩之・中村絵乃「ウェブ版開発教育Q&A」開発教育協会，2019年。http://www.dear.or.jp/org/2056/

▷7　詳しくは，以下を参照。湯本浩之「SDGsを批判的に検討する――SDGs学習の死角を乗り越えるために」『SDGs学習のつくりかた――開発教育実践ハンドブックⅡ』開発教育協会，2021年。https://note.com/ngodear/n/nab023e841b12　で一部閲覧可能。

（問い）

SDGsの達成のために，「2030アジェンダ」は「私たちの世界を変革する」ことを呼びかけている。「世界を変革する」ために，既存の教育や学校の変革も必要だとすれば，これからの教育や学校はどうあるべきだと考えるか。

（参考文献）

西あい・湯本浩之編著『グローバル時代の「開発」を考える』明石書店，2017年。
田中治彦・三宅隆史・湯本浩之編著『SDGsと開発教育』学文社，2016年。

Ⅵ　社会的包摂の促進

 少数民族と平和構築の課題

▷1　UN. Doc. A/47/277 -S/24111, para. 21.

▷2　紛争などに伴う大規模な人権侵害に向き合い，その真実を明らかにして責任を追及し，正義の実現や和解を進めるメカニズムは，「移行期正義」ともいわれる。

▷3　国連平和構築委員会は，持続可能な平和を達成するために，紛争状態の解決から復旧，社会復帰，復興に至るまで，一貫したアプローチに基づき，平和構築の統合戦略を助言・提案する。これまで，ブルンジ，リベリア，中央アフリカ共和国などで国別の支援が行われてきた。次の外務省のHPを参照(https://www.mofa.go.jp/mofaj/gaiko/peace_b/gaiyo.html)。

▷4　境悠一郎『『紛争後の平和構築』から『持続的な平和 (Sustaining Peace)』へ』(http://www.cao.go.jp/pko/pko_j/organization/researcher/atpkonow/article094.html)，2016年8月5日を参照。

▷5　⇨Ⅲ-2

▷6　多極共存制
オランダやベルギーをモデルとして，大連合，相互拒否権，民族的比率に基づく資源配分，各民族の自律性を特徴とする。

 平和構築とは何か

　近年の紛争の多くで少数民族が関わっている。シリア内戦におけるクルド人勢力のように，一見宗教・宗派の対立に見えても，その国における少数民族の問題と重なる場合が多い。少数民族が関わる紛争の場合，紛争がいったん終わった後の平和構築において少数民族をどう扱うかが課題となる。

　平和構築は，1990年代以降注目される国際課題である。1992年に国連で公表された事務総長報告書『平和への課題 (*Agenda for Peace*)』では，平和へ向けた取組みが段階的かつ包括的に示され，予防外交，平和創造，平和維持，そして平和構築と，平和へ向けた活動のサイクルが提案された。そこでの平和構築は，主に紛争後を念頭に置いて，「紛争に再び陥ることを避けるために，平和を強化し堅固なものにするような構造を特定し支える行動」と定義された[1]。2000年の国連平和活動検討パネルの報告書（通称ブラヒミ報告）では，平和構築とは，平和の基礎を再生し，単なる戦争がない状態以上のものの基礎を構築するためのツールを提供する活動とされた。具体的には，元紛争当事者たちの武装解除や社会への再統合（いわゆるDDR），難民の帰還，警察など治安要員への助言と訓練支援，選挙監視など民主化支援，人権を擁護する活動の拡大，政府機関の改革・強化，政治参加の公式・非公式な過程の促進，過去または現存する人権侵害の捜査と和解，経済の再建などが挙げられた[2]。2005年末には国連で平和構築委員会の設立が決定されるなど国際的な課題となっていった[3]。

　2015年には持続可能な開発目標（SDGs）が採択され，目標16として「持続可能な開発のための平和で包摂的な社会を促進し，すべての人々に司法へのアクセスを提供し，あらゆるレベルにおいて効果的で説明責任のある包摂的な制度を構築する」ことが掲げられると，平和構築も，「持続的な平和（Sustaining peace）」を目指す活動として，紛争後の対応だけでなく，紛争の防止全般に重点を置くようになった。持続可能な開発と密接に関連づけられるようになり，平和・開発・人権の統合，現地社会における包摂的な国民のオーナーシップ，紛争の根本原因への対処が重要な要素となっている[4]。

2 紛争と少数民族

　SDGs のいう平和で包摂的な社会の促進では，少数民族の扱いが鍵となる。

月村（2013）によると，過去の民族紛争では，民族の居住分布パターン，民主化，貧困，歴史と宗教などが原因となってきた。具体的な紛争発生のきっかけとしては，民族が混在する国家の民主化に伴う競合的選挙の実施が挙げられる。選挙で敗れることで国家の政策決定過程から排除され，経済的な不平等が広がったり，（それまで政権を握っていた場合）享受してきた特権が失われたりして一部民族が不満を募らせる。低所得国の場合，民族集団間の不平等は，生死に関わるより深刻なものとなる。しかも選挙過程では，支持を得ようとする政治エリートにより民族間の相違が過度に強調され，相互への不信が増幅しやすい。その結果，不満をもった民族勢力が武力蜂起したり，民族間の暴力がエスカレートしたりして，内戦に突入する。コリアー（2008）が指摘するように，ビルマ族が7割を占めているミャンマーで長年政府と少数民族との間で紛争が続いてきた事例を典型に，一つの民族グループが人口の大半を占めている場合，内戦の可能性はより高くなる。[5]

③　平和構築の課題

　民族紛争の場合，終結後も集団間の対立・亀裂が存続しており，平和構築の過程で一般的に行われる民主的な選挙は，むしろ多数派と少数派の地位を恒久化し，少数派の不満を高めかねない。そこで，民族紛争後の平和構築として，民族少数派の利益を制度的に保護することで国家権力の一体性維持を図る「パワーシェアリング（権力分掌）」が試みられてきた。具体的なシステムとしては，連邦制や文化的自治，**多極共存制**[6]がある。しかし，少数民族とのパワーシェアリングは，今度は多数派民族の不満を高めかねない。スリランカでは，少数派のタミル人の武装勢力「タミル・イーラム解放の虎（LTTE）」と政府の間で2002年に停戦合意が成立したが，連邦化案に対し多数派のシンハラ人が不満を高め，2005年に強硬派のラジャーパクセが大統領選挙で当選すると，政府軍は攻勢に出て，2009年にLTTE支配地域を軍事的に占領した。また，連邦制はかえって民族間の分断を促し，分離独立をめぐる紛争を生む場合がある。しかも，分離独立で少数派に転落する民族集団が紛争を引き起こしかねない。クロアチアやボスニア・ヘルツェゴビナのユーゴスラビア連邦からの分離独立で少数派になる域内のセルビア人の不満が，1992年からの紛争の背景にあった。

　このような状況を背景に，紛争予防のためにも，「欧州民族マイノリティ枠組み条約」（1995年締結）など，国際的な少数民族の保護が試みられている。並行して，開発援助の役割も大きい。そもそも，カナダのケベック州問題のように，貧困が深刻でなければ，民族間の対立は紛争にまでエスカレートしない。[7]その点で，日本が，フィリピンのミンダナオ紛争に対し，和平プロセスへの関与と並行して開発援助を行い，今も継続していることは，アジアにおける少数民族を伴う問題での平和構築として重要な試みであろう。[8]　　（杉浦功一）

▷7　カナダのケベック州はフランス語話者が多数を占め，英語話者が多数を占めるカナダ全体では少数派であり，独立を問う住民投票が1980年と1995年に行われたこともある。Ⅲ-2も参照。

▷8　フィリピンのミンダナオ島の西部では，1970年代よりバンサモロと呼ばれるムスリム系住民が武装闘争を行い，政府軍と戦闘を繰り返してきた。最後まで抵抗を続けてきたモロ・イスラーム解放戦線（MILF）とフィリピン政府との間で，2014年3月和平合意に至り，2022年のバンサモロ自治政府設立に向け準備が進められている。日本政府は和平プロセスに積極的に関わり，2006年より「日本―バンサモロ復興と開発イニシアティブ」（通称 J-BIRD）のもとで，インフラ整備，農業開発，産業振興などの経済開発や，コミュニティ開発，自治政府のガバナンス強化を支援している。落合直之『フィリピン・ミンダナオ　平和と開発』佐伯印刷，2019年参照。

（問い）

民族間の相互不信を解消し，紛争発生・再発を避けるにはどのような方法があるだろうか。

（参考文献）

吉川元『民族自決の果てに』有信堂，2009年。
ポール・コリアー（中谷和男訳）『最底辺の10億人』日経BP社，2008年。
月村太郎『民族紛争』岩波新書，2013年。

Ⅵ　社会的包摂の促進

 5 ## 女性戦闘員の社会復帰とその課題：LTTEの事例を中心に

▷1　DDR
Disarmament（武装解除），Demobilization（動員解除），Reintegration（社会復帰／再統合）。本節が注目する社会復帰について，2011年の国連事務総長報告（A/65/741）は，社会復帰支援についてより多面的な社会統合（Multidimensional Reintegration）の重要性について言及している。多面的とは，経済的側面に加え，社会・政治的側面も含むものである。

▷2　2009年に終結したスリランカ政府軍とLTTE（Liberation Tigers of Tamil Eelam）との間の紛争。[Ⅵ-4] も参照。

▷3　戦闘員のイメージは男性に付与されることが多いが，女性戦闘員の存在は時代を遡って確認することができる。LTTEに限らず，国軍ではない組織，例えばゲリラ組織や武装組織が戦闘のアクターになる中で，女性の戦闘員は増加したといわれている。武装組織等の戦闘員の正確な数字を摑むことは容易ではないが，世界的に女性の徴用が顕著に見られている。

1　元戦闘員の社会復帰

　元戦闘員の社会復帰という中長期的な取組みは，武装解除，動員解除とならび DDR として，社会の安定，治安・安全保障の上で重要視されている。

　元戦闘員の社会復帰とは，元戦闘員を社会的に再統合することであり，元戦闘員が市民権を得るための社会的・経済的なプロセスとして解釈される。本章のテーマとされる社会的包摂は，その人が排除されずに社会の重要な構成員として共生していく意味を内包するのに対し，用語の意味としての「再統合」は，既存のものに再適合させる印象が強いであろう。とはいえ近年は，コミュニティに根ざした社会復帰支援のあり方と，より包摂的な再統合が目指されており，元戦闘員がコミュニティの一員となれるよう，元戦闘員に加え，コミュニティへの積極的な働きかけの重要性が共有されている。しかし，紛争中に戦闘員であった女性が，紛争後に社会的に排除される事例が多く報告されている。ここでは，スリランカで国軍と戦闘状態にあった武装組織「タミル・イーラム解放の虎（LTTE）」を事例に，その課題を考察していきたい。

2　女性の元戦闘員とジェンダー規範

　紛争中，LTTE は積極的に女性戦闘員を徴用した。そのため，女性戦闘員は組織内でも，そして社会においても顕在化された存在であった。だが，戦闘員の出身地であるスリランカ北東部は家父長制的価値観が強い地域でもあり，女性の戦闘員は社会的に逸脱した存在でもあった。

　女性の元戦闘員は，紛争後に様々な排除に直面することになる。例えば，家族や親族から帰還を拒まれたケース，マイクロ・ファイナンスなどの地域活動のグループから排除されるケースなどが挙げられる。これらの背景には，LTTE に嫌悪感をもつ市民が多いことや，女性の戦闘員が地域で共有されるジェンダー規範から逸脱していることも起因している。そのため元戦闘員の女性は，LTTE に所属していたことを口外しないか，村などから離れた土地に暮らしている様子も窺われた。また，コミュニティや人を避ける傾向も強く，自分自身をコミュニティから「排除」していくような状況も見られた。

　戦闘員としての女性は社会において顕在化していたが，戦闘員へ提供される支援から取りこぼされるという現状も見られた。類似のケースは広く紛争後の

地域から報告されている。そこには，「女性は安全保障上の脅威ではない」や，「女性は家族の庇護や扶養を得られる」といった，女性に付与されるイメージが，女性の元戦闘員の自立と自律を阻害しているのである。[45]

　このように，女性の元戦闘員は社会復帰上の困難を抱えているが，紛争前の状況への復帰を強く望んでいないことも事実である。兵士となった過程は，自発的なものから強制性を伴うものまであるが，LTTEでの経験は葛藤であると同時に，新しい機会に触れるものでもあった。彼女たちの語りから，紛争中の苦しさや紛争が終わった時の安堵感と同時に，戦闘員としての経験が自分の能力や可能性を知る機会もあったことがわかる。例えば，ある女性は戦闘への参加は苦しみであったが，同時に自己決定をする機会でもあり，自信が高まった経験でもあったという。内面化されていたジェンダー規範や役割意識が戦闘員の経験を通して変化したのである。そのため，紛争後に再び，社会のジェンダー役割やジェンダー規範の中で生活することに戸惑いを感じているのである。

③　コミュニティの紛争経験とジェンダー規範

　コミュニティ側も紛争を通じてジェンダー規範を変化させていた。LTTEはプロパガンダに「タミルの解放」を掲げたが，その中では家父長制的なタミル社会からの「女性の解放」も含意されていた。LTTEが「女性の解放」をどれほど本気で目指していたのかは定かではないが，コミュニティでは家父長制的慣行を強化するような側面が見られた。LTTEはかなり強制的な徴用手段をとったことが指摘されているが，女性や女児が連れ去られ徴用されないよう，女性や女児の外出や移動が家族によって強く制限されるなど，家族による防衛手段としての「女性の保護」が強化された。またLTTEは既婚女性を積極的な徴用の対象とはしなかったために，早婚という形態の「女性の保護」が多く見られた地域もあった。

　このように，紛争を通じ，女性の戦闘員はジェンダー規範を変化させた。一方，コミュニティにおいて女性は家族が「保護」する対象とされ，家父長制的な考え方が強化された側面も指摘できる。紛争後に見られる元戦闘員の女性とコミュニティとの間に見られる意識の差は，女性の元戦闘員の社会復帰を難しくさせる要因の一つであることが推察できる。

　このようにLTTEの事例から，紛争経験は人々のジェンダー規範に様々な影響を与え，同時にジェンダー規範が社会復帰を難しくする要因の一つともなっていることがわかる。社会復帰がこれまでの社会に統合させることを意味した場合，そこには限界がある。またコミュニティで展開される社会復帰支援に社会的包摂という概念が共有されても，それがジェンダー規範への働きかけに直結するほど単純な話ではない。ジェンダー規範にコミットするような中長期的な戦略的取組みが不可欠である。

（高松香奈）

▷4　LTTEは内戦の終盤，スリランカ北部で民間人を「人間の盾」として利用し，政府軍に対し抵抗を続けた。このような非人道的な行いは，地元住民にとって脅威となった。また兵士の確保のために，世帯から一人を強制的に徴兵するというような手段や，子どもの兵士の徴用，そのための誘拐なども発生した。

▷5　アフリカで行われた複数の調査からも，女性や少女が紛争の「被害者」として扱われることや，戦闘員として認識されないことによって，DDRに参加する機会は与えられず，必要なニーズが満たされないケースは多く報告されている。

(問い)

女性の戦闘員の社会復帰が包摂的であるために，どのような取組みが求められるだろうか。

(参考文献)

スヴェトラーナ・アレクシエーヴィチ（三浦みどり訳）『戦争は女の顔をしていない』岩波書店，2016年。
Cohn, Carol, *Women and Wars : Contested Histories, Uncertain Futures*, Wiley, 2013.
Sjoberg, Laura, and Sandra Via, *Gender, War, and Militarism : Feminist Perspectives*, Praeger Security International, 2010.

Ⅵ　社会的包摂の促進

 6 移住労働者と受入れの課題：JFCの事例

1 JFCとは

　JFC（ジャパニーズ・フィリピノ・チルドレン）とは，その多くが1980年代頃から日本にエンターテイナーとして出稼ぎに来ていたフィリピン人女性と日本人男性との間に産まれた子どもたちのことである。1980年代以降，貧困からの脱出を目指してフィリピンから「興行」などの在留資格で来日する女性たちが増加した。主として接客業に従事する目的で，いわゆる「エンターテイナー」と呼ばれた女性たちであった。在留資格上は「興行」，つまりダンサーやシンガーという名目で来日したが，実態はバーやクラブなどにおける接客業・ホステスとしての仕事に従事させられた。こうしたジェンダー差別に基づく実態は，2005年に米国国務省から「人身売買の温床」との評価を受けた[注1]。その結果，日本政府が在留資格の条件を2005年に厳格化したが，それまでピーク時にはエンターテイナーの過半数以上となる年間8万人を超える女性たちがフィリピンから来日し，接客業に従事していた。この間，フィリピン人女性と日本人男性を両親にもつ子どもが多く誕生した。

　これが，JFCと呼ばれる子どもたちである。その大半は両親が入籍せずに産まれた婚外子であり，多くの母子は日本人の父親から遺棄されてしまい，経済的精神的な苦境を強いられることとなった。フィリピンに帰国して子どもを出産する女性がいる一方，在留期限が切れた後も日本に留まり子どもを出産する女性も多く存在した。日本に暮らし続ける在留資格のない母子が増加し事実上定住化していったが，子どもたちの父親の多くは日本人であった。1996年に法務省により出された**730通達**[注2]により，移民女性は子どもの父親と婚姻していない場合でも，日本人の実子を養育する母として在留資格が得られ，日本での滞在が認められるようになった。

2 日本国籍を求めるJFCの裁判による闘い

　両親が入籍しておらず，JFCが婚外子であった場合には，たとえ日本人の父親から戸籍上認知を得たとしても，日本国籍を取得することができなかった。そのため，フィリピン人の母やJFCから「お父さんは日本人なのになぜ日本国籍が取れないの？」という疑問が噴出した。そして，こうした疑問をもつ日本で生まれ育った9人のJFCが「両親が婚姻している・いないにかかわらず，

▷1　2005年6月3日に米国国務省が公表した「人身売買に関する年次報告書2005年版」において，フィリピンからの人身売買被害者が多数いることが指摘された。

▷2　730通達
「日本人の実子を扶養する外国人親の取扱いについて」（通達）平成8年7月30日。日本人の実子としての身分関係を有する未成年者が，日本で安定した生活を営めるようにするために，その扶養者たる外国人親の在留についても，なお一層の配慮が必要という考えから，この法務省入管管理局による通達により，日本人の実子の親に定住者としての地位が与えられるようになった。

日本人の父親から認知された私たちに等しく日本国籍を与えて欲しい」「両親の結婚を条件としている国籍法3条は法の下の平等を定めた憲法14条1項に違反する」と日本国を相手に日本国籍確認訴訟を提起した。この訴えは最高裁で違憲判決を得，2008年に国籍法が改正され，両親が結婚をしていなくても日本人の父から20歳までに認知された子は20歳までに届け出ることによって日本国籍を取得することが可能になった。この判決は史上8件目の違憲判決であり，外国籍の子どもたちが原告となった事件としては初めてであった。

3　JFC 母子の来日に伴う課題の増加

　この国籍法改正は国際婚外子の日本国籍取得の道を拡げ，フィリピン在住のJFC 母子にとっての権利や来日の機会の促進につながった。子どもが日本国籍を取得すれば，フィリピン人母も日本国籍の子の養育者として日本に定住し就労することが可能となり，日本行きを目指す JFC 母子の増加をもたらした。ところが，来日するための費用もつてもない JFC 母子の来日を仲介する業者や団体が設立され，日本での就労斡旋等を行うようになる。そして仲介業者を通じて来日した母子が多額の借金を抱え不当な労働条件のもとで就労を強いられている事例が報告され始めた。

　フィリピンから日本を目指す母子が増加する理由の一つにはフィリピン国内の高い失業率がある。特にコロナ禍もあって，「より良い」生活を求めて日本を目指す。もう一つの理由は，JFC の子どもたちにとって日本は「自分のルーツの国」だからである。父を知らずにフィリピンで生まれ育った JFC にとって，父の国「日本」は自分のルーツの一部であり，父を知り，日本を知ることで，自分を人として「完成」させるために夢と憧れをもって来日する。

　しかし，JFC 母子の日本での生活は必ずしも安定しているとはいえない。特にコロナ禍において JFC や家族を含めた，外国籍住民の社会的・経済的脆弱性がより浮き彫りになった。日本定住歴が10年以上でも，多くは非正規雇用であるため，解雇や時間短縮，退職に直面すると，もともと生活基盤が弱い彼・彼女たちは収入減少によりすぐに困窮状態に陥ってしまう。さらに，日本語能力の低さも影響を受ける。コロナ禍では様々な給付金をはじめ支援制度の利用が可能であり，そうした数カ国語に翻訳された各支援制度の案内に移民当事者がアクセスするまでは難しくはなかった。しかし申請には日本語の読み書きが必要であり，申請自体へのハードルは非常に高く，移民者の多くは「申請弱者」に陥った。また，日本に定住する JFC 母子の中には，少なからず心に病を抱えている者が見られる。様々な要因から日本社会に馴染めずストレスのある生活を強いられる中，非正規雇用のための生活は不安定化し，それが精神的な不安定化に拍車をかけているといえるだろう。幅広い政策的支援が必要である。

（伊藤里枝子・大森佐和）

▷3　2022年4月1日から民法が改正され，成人年齢が18歳になるに伴い，国籍法も改正され，18歳までに認知された子は18歳までに届け出ることにより日本国籍が取得できることとなる。

▷4　移民者への社会保障の整備，移住者支援のための多言語の翻訳・通訳の養成とコロナ禍での申請支援サービスの提供，移民専門のカウンセリング養成やサービスの提供，子どもや両親への日本語教育の提供や子どもへの教育支援などを充実させてゆくことも，必要である。

（問い）
①JFC が来日を望む気持ちについてどう思うか。それはなぜか。
②日本において，国籍の他に，安定した移住を阻害する要因として，どのようなものが考えられるか。

（参考文献）

野口和恵『日本とフィリピンを生きる子どもたち』あけび書房，2015年。
高谷幸編『移民政策とは何か』人文書院，2019年。

Ⅵ　社会的包摂の促進

7 難民問題と解決の課題

▷ 1　難民条約（Convention Relating to the Status of Refugees）
「難民の地位に関する1951年の条約」と「難民の地位に関する1967年の議定書」からなる。

▷ 2　国内避難民（Internally Displaced Persons: IDP）
避難のために国境を越えた難民と異なり，国内避難民は本籍国内に留まる。南スーダンでは，同国内で活動する国連 PKO の駐屯地に戦禍を逃れる人々が押し寄せ，文民保護区（POC サイト）を形成することになった。

▷ 3　UNHCR, 2020 Global Trends Report

▷ 4　ロヒンギャ（Rohingya）
ミャンマー西部ラカイン州を中心に居住するイスラーム系少数民族。ミャンマー憲法が規定する135の土着民族に含まれず，ミャンマー政府からは市民権を認められていない。迫害を恐れたロヒンギャは国外へ避難したが，隣国バングラデシュからは不法移民として扱われてきた。2017年のラカイン州における仏教徒との衝突やミャンマー国軍によ

1 難民問題

　難民の地位を規定した国際法「**難民条約**[1]」では，難民を，「人種，宗教，国籍，社会集団，政治的意見を理由に，迫害を受ける恐れがあるため，国籍国の外にいる者で，国籍国の保護を受けることができない，受けたくない人々である」と定義づけている。難民には，紛争の戦禍から逃れるために故郷を後にした人々も含まれる。つまり，迫害や紛争の恐怖から逃れるために国境を越えた人々を難民という。国境を越えていない場合は，**国内避難民**[2]と呼ばれ，難民とは法的に区別される。難民条約を批准した国家は，庇護を求めてきた難民を追放したり本籍国へと強制送還させることはできない（ノン・ルフールマン原則）。

　国連難民高等弁務官事務所（UNHCR）は，難民の保護を目的に設立された。当初は国際法上の難民を支援の対象としていたが，内戦により多数の国内避難民が発生すると，近年では，難民だけでなく国内避難民に対しても支援の手を差し伸べるようになった。

　2021年には8240万人以上が難民や国内避難民となっている（難民は2640万人[3]）。世界の人口は78億7500万人。その約 1 ％が故郷を追われている計算だ。内戦が続くシリアからは670万人，政情不安のベネズエラからは390万人，タリバンが実権を掌握したアフガニスタンからは260万人，南スーダンからは220万人，ミャンマーからは，**ロヒンギャ**[4]を中心に110万人が難民となった。

2 難民問題と開発の関係

　この難民問題が，いかに開発と関係するのか。これまで難民問題は，緊急人道支援の文脈で語られてきた。難民と化した「最も脆弱な人々」に対する保護を提供することが，UNHCR の最重要任務だ。同時に，難民問題は開発課題と密接なつながりをもつ。例えば，難民受入国の 8 割が途上国である[5]。シリア難民の多くは，隣国のトルコやヨルダンへ流れ，ロヒンギャ難民の多くは，隣国のバングラデシュでのキャンプ生活を強いられている。

　加えて，長期化難民状況と呼ばれる課題がある。難民の発生源となった内戦や圧政などの根本問題が解決するのに時間がかかる。シリア内戦はすでに10年が経過し，パレスチナ問題に至っては70年以上も恒久的な解決が見出せていない。そのため，難民が本国に帰還できるまでに平均18年間もの歳月が費やされ

てしまう[46]。大量の難民を長期間にわたって抱えることは，途上国の財政を逼迫しかねない。難民の流入は，新たに民族問題や宗教問題を引き起こす恐れもある。難民に援助が提供される中，地元住民が貧困に苦しんでいては，不満を抱く住民が増え，受入国の政情不安につながりかねない。

　開発援助が難民問題の解決に関与する理由として，次の三つが挙げられる。第一に，和平合意や和解後に，難民の帰還を促すため復興支援が提供されてきた。地雷除去，住宅建設，帰還農民への種苗提供，住民間和解，小規模起業支援など，多様な開発援助のアプローチが存在する。人道支援と開発援助のギャップを埋める試みである。

　他方，難民の避難期間の長期化に伴い，難民の受入国に対する支援の重要性が叫ばれるようになった。難民を受け入れた途上国には，上下水道，保健衛生，教育などの行政サービスにおいて，過重の負担がかかる。難民キャンプ内の支援に留まらず，受入国の行政サービス能力の向上に資する支援を提供すれば，それは難民にも裨益するだろう。これが第二の理由。

　第三点目は，人間の安全保障[47]の概念が開発援助の中で主流化されたことと密接な関係がある。難民が本籍国からの庇護を受けられない「最も脆弱な人々」だとすれば，彼らに対する支援は，人間の安全保障の観点から重要である。難民問題は，難民の保護だけでなく，彼らの自立を促す**エンパワーメント**[48]にも重きが置かれる。

❸ 難民問題を解決するために

　迫害や戦禍を逃れる人々は，本籍国と国境を接する隣国に逃れることが多い。同時に，難民が隣国ではなく第三国に再定住を求めることもあり，旧宗主国を含む欧州連合（EU）を目指す難民も増えている。とりわけ，2010年に始まった「アラブの春」以降，北アフリカや中東からの難民が陸路や地中海を越えて流入する事態に，EU諸国は危機感を募らせてきた。

　難民問題の恒久的解決のためには，内戦や迫害などの難民発生源の解決が不可欠だが，そのことはこれまで開発援助の射程外に置かれてきた。開発援助は，和平合意後の平和構築や和解促進の段階において効力を発揮するものの，和平や民主化の動機づけとしては十分ではない。

　また，越境した難民に対する支援に比べ，国内避難民に対しては本籍国の主権が絡み，十分な庇護を与えられない状況が続く。アフガニスタンのタリバン政権やミャンマーの軍事政権下で，いかに「最も脆弱な人々」に対して支援を届けるのかが深刻な課題である。現状では，タリバン政権や軍事政権と交渉を重ね，彼らが受け入れ可能な条件下で，開発援助を提供していくしかない。

（上杉勇司）

▷5　国際協力機構（JICA）社会基盤・平和構築部『プロジェクト研究　長期化難民状況における開発機関の果たす役割』2016年。

▷6　UNHCR, Global Trends Report, 2020.

▷7　⇨Ⅰ-7

▷8　**エンパワーメント**（empowerment）
この用語が開発の文脈で用いられる時，援助を受ける人々が，外部からの支援に依存することなく，自立できるようにするための取組みを指す。

問い
日本は難民の受け入れ人数が少ない。より多くを受け入れるべきだと思うか，それはなぜか。

る過激派の掃討作戦から逃れるために，新たに70万人以上のロヒンギャがミャンマー国外に避難した。

参考文献
墓田桂『難民問題』中公新書，2016年。
滝澤三郎・山田満共編『難民を知るための基礎知識』明石書店，2017年。
緒方貞子『私の仕事』朝日文庫，2017年。
中坪央暁『ロヒンギャ難民100万人の衝撃』めこん，2019年。
東野真『緒方貞子』集英社新書，2006年。

Ⅶ　環境・災害と開発

1 地球環境ガバナンスと開発

1 国際開発と越境環境汚染

　先進国の公害問題は、国内の環境規制の強化や国際貿易の進展によって越境環境汚染となって国際問題化した。当初は大気汚染・酸性雨や水質汚濁・海洋汚染など北欧や北米の主に先進国間の越境環境汚染が国際問題となり、スカンジナビア諸国やカナダが主導的役割を果たした。1972年には「かけがえのない地球」をテーマとして国連人間環境会議（ストックホルム会議）が開催された。

　ストックホルム宣言では、低開発から起こる環境破壊や災害にも言及されており、途上国の開発促進や国際開発協力も盛り込まれた。しかし、人間環境を重視する先進国の視点と、経済開発や貧困削減を重視する途上国の立場とは必ずしも合致していなかった。ストックホルム会議を契機として締結された長距離越境大気汚染条約、ワシントン条約などはいずれも先進国主導によるものだった。開発を重視する途上国だったが、アフリカに本部が置かれた最初の国連機関はストックホルム会議を契機に創設された国連環境計画（UNEP、本部はナイロビ）となった。

2 世界開発と人類の共同財産

　1982年の国連総会で採択された世界自然憲章に見られるように、1980年代は途上国の参画が重要となっていった。1982年に開催された UNEP 管理理事会特別会合（ナイロビ会議）での日本提案をもとに設置された「環境と開発に関する世界委員会（ブルントラント委員会）」の報告書で「**持続可能な開発**」[1]が提案されて、この概念が広がっていった。

　オゾン層保護のためのウィーン条約・モントリオール議定書では、途上国支援のための多数国間基金が設置された。有害廃棄物の越境移動は途上国へ集中し、アフリカなどで放置されて環境汚染が多発したため、有害廃棄物の越境移動とその処分を規制するバーゼル条約が採択された。しかし、必ずしも途上国への移動を禁止したものではなかったため、アフリカ諸国は独自にバマコ条約を採択した。後に途上国への有害廃棄物越境移動を禁止するバーゼル条約改正が合意された（1995年採択、2019年発効）。国連海洋法条約では、内陸国の権利も考慮され、深海底とその資源は「**人類の共同財産**」[2]とされ、その開発から途上国が排除されないように意図された。自然環境や資源をどのような財として

扱うべきかについて，「**共有地の悲劇**」以来の政策論争にもなっている。

❸ 持続可能な開発と地球環境ガバナンス

　1992年にリオデジャネイロで開催された国連環境開発会議（地球サミット）では，持続可能な開発に向けて「共通だが差異ある責任」など27原則からなるリオ宣言や行動計画「アジェンダ21」が採択され，その進捗をレビューする持続可能な開発委員会が設置された。また，国連気候変動枠組条約と国連生物多様性条約も採択され，追って採択された国連砂漠化対処条約と併せてリオ3条約と呼ばれる。先進諸国は森林条約の採択も目指したが，木材資源輸出に依存する途上国の反対もあり，法的拘束力のない森林原則声明の採択となった。

　気候変動枠組条約のもとでは，その後，京都議定書が採択されて先進国と移行国の温室効果ガス排出削減が目指された。途上国は削減対象とならなかったが，京都メカニズムの一環のクリーン開発メカニズムに組み込まれることになった。生物多様性条約のもとでは遺伝子組換え生物の越境移動手続を定めたバイオセーフティに関するカルタヘナ議定書が採択された。砂漠化対処条約では，特にアフリカ諸国を中心とした途上国の干ばつや砂漠化に対処する行動計画や先進国によるその支援を定めた。森林原則声明によって，熱帯雨林だけでなく温帯林を含むすべての森林に関して持続可能な森林経営を促進する中で，民間部門や市民社会は森林認証制度を拡充していった。

　2002年にヨハネスブルグで開催された世界持続可能な開発サミット（ヨハネスブルグ会議）で採択されたヨハネスブルグ宣言では，経済開発・社会開発・環境保護という持続可能な開発の三本柱が再確認され，それを実現するために主要グループの参画によるパートナーシップが強調された。2010年には生物多様性条約締約国会議で遺伝資源へのアクセスと利益配分（Access and Benefit-Sharing）の手続を定めた名古屋議定書が採択され，遺伝資源を利用する主に先進国と遺伝資源を提供する主に途上国の双方の利益調整が図られた。

　2012年にリオデジャネイロで開催された国連持続可能な開発会議（リオ＋20会議）では持続可能な開発目標（SDGs）が提案され，2015年の国連総会で「2030アジェンダ」文書に含まれる形で採択された。持続可能な開発と地球環境ガバナンスを強化するため，持続可能な開発委員会はハイレベル政治フォーラムに改組され，UNEP管理理事会は国連環境総会に格上げされた。また，途上国の開発や貧困に伴う水銀による健康被害や環境汚染を防ぐため2013年には水銀に関する水俣条約が採択，2015年には気候変動枠組条約のパリ協定も採択された。2019年からの新型コロナウイルスの世界的流行は，貧困や環境破壊など複合的な危機によって脆弱な人々をさらに困難な状況に陥れた。災禍以前の世界への単なる回復ではなく，SDGs達成のために賢明な変革が求められている。

（毛利勝彦）

▷4　⇨ Ⅶ-2 ▷5

（問い）

①貧困は，どのように環境破壊や災害に影響するのか。具体例を挙げて，その発生過程を分析してみよう。

②乱開発や過開発を回避するためには，自然環境・天然資源を公共財，私有財，クラブ財，共有財のうち，どの形態として扱うべきだろうか。これらの財は，誰も排除されずに利用できるかどうか，多くの人や国が利用しても競合せずに十分に利用できるかどうかで分類される。

（四つのタイプの財）

	排除性	非排除性
競合性	私有財	共有財
非競合性	クラブ財	公共財

（インゲ・カールほか〔FASID国際開発センター訳〕『地球公共財』日本経済新聞社，1999年，32頁などを参照）

③自然環境はその内在的価値のために保存（preserve）すべきか，それとも人間活動のために保全（conserve）すべきか。また，保存あるいは保全目的の達成のための手段として国家や社会は積極的に自然環境を保護（protect）・介入すべきか，それとも過剰な保護や介入はせずに自然に任せるべきか。

（参考文献）

亀山康子『新・地球環境政策』昭和堂，2010年。
井村秀文・松岡俊二・下村恭民編著『環境と開発』日本評論社，2004年。
太田宏・毛利勝彦編著『持続可能な地球環境を未来へ』大学教育出版，2003年。

Ⅶ　環境・災害と開発

 気候変動と途上国への影響

▷1　大気の長期的な状態としての気候は，短期的な気象とは区別される。気候は太陽放射と地球放射のエネルギー収支で変動する。産業革命以降の化石燃料消費による二酸化炭素などの排出増加や森林破壊による二酸化炭素吸収の減少などによって地球放射が減少して温室効果が強くなり，地球温暖化が起きている。

▷2　地球工学の手法として，例えば，二酸化炭素を回収して地中に貯留したり，成層圏にエアロゾルを注入して太陽放射を管理する技術が提案されている。そのリスクとしては，安全性への懸念，高いコスト，迅速な解決策としての疑問，倫理の欠如などが指摘されている。

▷3　適応
緩和策でも避けられない気候変動による悪影響に対応すること。例えば，農作物の高温耐性品種への転換，洪水や渇水などの災害リスク削減，感染症対策，生態系の保全などがある。

---

1 脆弱性とレジリエンス

　気候変動[▷1]はすべての大陸と海洋に影響を与えているが，地理的，社会的，経済的，技術的要因などから，気候変動や異常気象に対する途上国の脆弱性が高い。とりわけ小島嶼途上国は海面上昇や高潮の影響を受けている。極端な高温，干ばつ，大雨や洪水などによる食糧不足・水不足・公衆衛生の悪化などを通じて，途上国の最貧困層に悪影響が集中する傾向にある。

　気候変動に関する政府間パネル（IPCC）第六次評価報告書によれば，20世紀後半以降の温暖化の原因が人間活動であることは疑う余地がなく，急上昇している。2040年頃までに産業革命前からの世界平均気温上昇が1.5℃を超える可能性が高い。累積排出量を制限し，2050年までにカーボン・ニュートラルを達成する必要があるが，対策が成果として出るまでには20年ほどかかるとされており，同時にレジリエンス（復元力）を強化する対応が求められる。そのためには，省エネルギーの強化，再生可能エネルギーへの転換，化石燃料からの撤退，森林や農牧地の管理などが求められる。また，気候変動を緩和するためには，地球システムを大規模に人為的操作する地球工学（ジオエンジニアリング）[▷2]の利用を奨励すべきとの立場があるが，そのリスクには懸念や批判があり，制限すべきとの立場もある。気候変動の悪影響は，気候要因だけでなく地域ごとの社会要因によって決まることから，脆弱性を改善する社会変革こそが優先課題であるともされる。

2 緩和・適応・損失・被害

　緩和・適応・損失・被害とは国連気候変動枠組条約の京都議定書やパリ協定を通じて発展してきた実施上の約束である。京都議定書では，温室効果ガスの排出削減をする「緩和」について先進国と移行国に削減義務のある各国の排出枠（キャップ）を課し，途上国には削減義務を課さなかった。先進国による排出削減についての柔軟性措置として，削減義務国間での排出量取引（トレード）と共同実施，途上国で実施するクリーン開発メカニズム（CDM）事業での削減量を先進国の削減義務に利用するキャップ・アンド・トレード方式をとった。CDM事業収益の一部は，途上国が気候変動の悪影響に対処する「**適応**」[▷3]事業の資金源としても利用された。

京都議定書第二約束期間に参加しなかった先進諸国は、カンクン合意において各国が自主的に決定した削減目標を約束して、それを定期的に見直すプレッジ・アンド・レビュー方式の緩和策をとった。適応策については、カンクン適応枠組みを設置して、各国による影響、脆弱性、適応策の評価や途上国の適応計画の支援強化を通じてレジリエンスを構築することになった。

パリ協定では、産業革命以前に比べて世界平均気温上昇を2℃より十分低く保ち、1.5℃に抑える努力のために、先進国・途上国の区別なくすべての国がプレッジ・アンド・レビュー方式で自主的に決定した削減目標を提示して貢献することになった。カンクン合意と異なるのは、各国がプレッジを更新する際にそれまでよりも野心的な削減を約束しなければならない退行禁止原則がとられた点である。途上国の緩和と適応に対しては、日本も主要拠出国となっている「緑の気候基金」が2015年から活動を開始した。さらに、IPCCによれば、気候変動は自然と人間に対して広範囲の悪影響と損失と被害を引き起こしている。途上国において発生する、修復できない損失と修復できる被害については、小島嶼国連合の提案によってワルシャワ国際メカニズムが2013年に設置された。パリ協定でも緩和・適応とは独立して損失・被害が認知されたが、その法的責任と損害賠償については先進国と途上国の意見対立が続いている。

❸ 共通だが差異ある責任原則

気候変動枠組条約には「**共通だが差異ある責任原則**[5]（リオ第7原則）」が明示されているが、先進国・新興国・途上国などが緩和・適応・損失・被害に関してどの程度の差異ある責任をもつべきかの基準について国際合意はない。

これまでの国際交渉では、環境的側面を重視する汚染者負担の原則や産業革命以来の先進国の歴史的責任により各国の温室効果ガス年次排出量や累積排出量が注目されてきた。また、森林など吸収源の役割を踏まえて、総排出量ではなく純排出量を重視する立場や、排出量と気温上昇とは必ずしも正比例しないため温暖化寄与度を基準とすべきという意見も出された。中国など新興国の温室効果ガス排出増加に伴い、途上国の経済開発能力に応じた応能負担原則によるGDP当たりの排出量や、受益者負担原則から人口規模を加味する基準も議論された。さらに、国単位ではなく一人当たりのGDP、一人当たりの排出量など個人単位の基準を考慮すべきとする意見もあり、交渉は複雑化した。

パリ協定では、こうした環境・経済・社会の側面の基準について合意形成をとる方式をとらず、科学的知見に基づいた環境面でのインパクトに焦点を当てた緩和の長期目標について、最大排出国である中国とアメリカの合意もあって国際協定が成立した。各国の自主的な取組みの総和によって、目標を効果的に達成することができるかどうかは後退禁止原則が効果的に機能するかどうかにかかっている。
　　　　　　　　　　　　　　　　　　　　　　　　　　　　（毛利勝彦）

▷4　グラスゴーでの締約国会議で事実上1.5℃目標となった。

▷5　共通だが差異ある責任原則
気候変動のような地球環境問題は人類共通の責任だが、産業革命以来化石燃料を主に消費してきた先進国とそうではない途上国の責任には差異があるという考え方。

（問い）
①気候変動が途上国に与える影響に関して、先進国や新興国はどのような基準で対応すれば衡平で効果的だと考えられるか。
②また、その基準は緩和・適応・損失・被害について共通とすべきか、それとも差異をつけるべきか。

（参考文献）
亀山康子・高村ゆかり編『気候変動と国際協調』慈学社出版、2011年。
新澤秀則・高村ゆかり編『気候変動政策のダイナミズム』岩波書店、2015年。
『IPCC第6次評価報告書政策決定者向け要約（SPM）暫定訳』気象庁ほか、2021～22年。

Ⅶ　環境・災害と開発

 ジェンダーと気候変動の課題

1　ジェンダーと気候変動の関係性

　気候変動は，世界の人々，国，地域社会，生態系全体に関わるグローバル課題であるが，その影響の度合いは地域や個人によって異なる。気候変動・温暖化や異常気象のリスクに対する脆弱性は，個人の属性や担っている役割で大きく変わる。一般的に，開発途上国の農村部の貧しい住民，特に女性が気候変動・異常気象によるリスクにより脆弱だといわれる。これは，途上国の農村女性の多くが，天水農業に従事し，森林資源を含む自然資源に生計を依存しているからである。気候変動に伴う異常気象（降雨量の減少，降雨パターンの変化，豪雨）によって，農作物の生産量や森林資源が減少し，また水源が枯渇すると，彼女たちが直接影響を受けるのである。一般的に，男性は農業や林業等の生産活動を主に担う一方，女性はそうした生産活動に加え，薪や飼い葉拾い，水汲み，家事，育児，家畜の世話等の再生産活動も担っている。つまり，農村女性は，食料が減れば家族のために食料を求めて奔走し，近場で薪や飼い葉，また飲料水が手に入らなければ，より遠くの森林や水源まで行かなければならない。農村女性は，もともと二重，三重の役割を担い「時間の貧困」下にあるといわれるが，気候変動・異常気象の影響でさらに労働と時間の負担が増えることになる。その分，彼女たちは経済活動に費やす時間が減り，男女間の経済格差が広がる。それが不平等なジェンダー関係を固定・強化することにもつながる。

2　女性の脆弱性と主体性（エージェンシー）

　開発と同様，気候変動対策のプロセスにおいても，女性の能力や役割があまり認識されず，女性は意思決定段階から排除される傾向にある。異常気象により激化する自然災害を前に，女性は嘆き悲しむだけの被害者で，男性はそうした被害者を助け先頭に立って立ち向かうヒーローとするなら，それはジェンダー偏見である。実際は，女性には，日々果たす役割を通じて培った固有の知識があり，それらに基づいて生き抜くリスク対応力もある。しかし，こうした農村女性の経験に基づく知識，さらには女性が気候変動対策に果たせる役割について認識されず，男性中心の気候変動対策の意思決定の場から女性は排除されている。

　気候変動対策のプロセスは，やり方次第で，女性のエンパワーメントやジェ

ンダー平等を図る好機にもなる。そのためには，まず，農村女性の脆弱性を減らし，適応力を向上させる必要がある。これまで世帯主で土地の所有者であり，女性より教育レベルが高いことから，男性に偏っていた気候変動・異常気象に関する情報，異常気象に適応した農業技術の研修，異常気象に強く水をあまり必要としない品種の種子，適応策を講じるための資金，外部組織とのネットワークを，女性に優先的に供給・支援していく必要がある。また，焼き畑農業から定住農業，あるいは農業以外の生計向上活動への転換，「グリーン・ジョブ」等による起業にも，積極的に女性を巻き込み，スキルやビジネス研修，資金支援を行うことが重要である。さらに，コミュニティ・レベルの意思決定段階に女性も参画できるようにし，女性の主体性（エージェンシー）やリーダーシップを醸成する必要がある。これまで意思決定段階から排除されることが多かった女性は公的な場での発言に慣れていないことが多い。そのため，コミュニケーション・スキルの研修，さらに女性リーダーの育成研修の提供も行う。また，コミュニティの気候変動対策を計画・実施していく際，女性は，男性の補佐的な役割ではなく，男性と同様に重要なアクターとして，中心的な役割を担っていけるよう，コミュニティに根づくジェンダー規範やジェンダー役割に対する考え方も変えていく必要がある。

③ 政策レベルのジェンダー課題

　国際レベルおよび国家レベルにおいて，気候変動対策のジェンダー課題として大きく三つの課題がある。まず一点目は，気候変動対策に取り組む国際的な取組みの意思決定段階への女性の参画が限定的なことである。気候変動対策の国際的な取組みとして，1992年に採択された国連気候変動枠組条約（UN-FCCC）がある。この条約の締約国が地球温暖化防止の枠組について議論する締約国会議（COP）が1995年以降開催されているが，パリ協定が採択された2015年のCOP21において，締約国代表団の女性の割合は38％で，代表団トップが女性だった割合は24％であった。パリ協定には，前文に締約国の気候変動対策の取組みの中でジェンダー平等と女性のエンパワーメントを促進する義務について謳われているが，女性が気候変動対策の主体としては明確に認識されていない。これは，仙台防災枠組（2015-30年）やSDGsのゴール13（気候変動対策）も同様である。二点目は，各国において，気候変動・災害にかかるジェンダー統計が整備されていない。そして，三点目は，各国で気候変動対策委員会や防災委員会が設置されているが，その中にジェンダー平等を担うナショナルマシナリ（女性省）が参画し，関連政策，戦略，計画にジェンダー視点を組み込み，ジェンダー主流化を図っていく必要がある。世界や国家の政策レベルにおいて，女性が気候変動対策のジェンダー主流化を進めていくことが重要である。

（野々口敦子）

▷3　例えば，変化する気候・気象に応じて，ネパールやスリランカの農村女性たちは，乾期前には保存食を作り，雨期前には大量の薪を拾ってきて激化する干ばつや豪雨に備え，洪水前には農作物（種子）を家の二階に上げ，家畜を高台に連れて行き，長期的には家の周辺の斜面に地滑り防止のために苗木を植える等の対策を独自に行っている。

▷4　Ⅶ-5 も参照。

▷5　Ⅴ-6 も参照。

（問い）

気候変動対策の取組みにおいて，どうすれば女性の脆弱性を緩和しつつ，同時に女性の意思決定段階への参画を促進できるか。国際レベル・国家レベル・コミュニティレベルで考えてみよう。

（参考文献）

Enarson, E. and Morrow, B. H., *The Gendered Terrain of Disaster: Through Women's Eyes,* Prager Publishers, 1998.
Wisner, B., Blaikie, P., Cannon, T. and Davis, I., *At Risk (Second Edition): Natural hazards, People's Vulnerability and Disasters,* Routledge, 2004.
Turner, B. L., et al., "A Framework for Vulnerability in Sustainable Science," *PNAS,* 100(14): 8074-8079, 2003.

Ⅶ　環境・災害と開発

 都市化と環境問題

 都市開発によって起こる環境問題

　都市開発に起因する環境問題を考えるためには，環境問題がどのようにして起きるのかというシステムを理解することから始めなければならない。そもそも環境という概念の中には境の中の環という循環の意味がある。したがって都市開発を行っていく過程で，対象となる環境がどのようにして循環構造を構築しているか，を考慮していくことが環境問題を抑えていく上で大事である。

　では環境の中身をどう捉えていけばよいだろうか。国連は2001年に**ミレニアム生態系評価**[1]を提唱し，環境は四つのサービス（供給，調整，文化的，基盤）が相互作用することによってバランスを保っているとしている。このバランス構造が時間と距離の二つの要因によっても大きく影響を受けることが，開発と環境保全の両立を実現困難なものとしている。さらに，バランスという概念にもあるように環境は環境容量を超えない負荷に対しては平衡を保つこと（**レジリエンス**[2]）ができる。したがって都市開発という行為による環境への負荷が自然システムのレジリエンス内に収まっている場合には持続的な開発になり，環境容量を超える負荷をかけた場合には当初の環境を維持することができず，新しいバランスの環境へと変化（環境破壊）する。

　20世紀の開発は上記の生態系のバランスに基づいた活動ではなく，大量生産，大量消費，大量廃棄，というリニアエコノミーに基づいた環境への負荷を考えていない活動が多かった。特に安価で便利なモノの導入が廃棄物の増加を招き，それが環境への負荷をさらに増大させている。その典型的な例が海洋プラスチック問題である。プラスチックは軽く，壊れにくく，長持ちすることから高度経済成長期以降広く使われるようになった。特にプラスチックのレジ袋は安価であること，軽くて丈夫であることから私たちの日常生活で広く用いられてきた。しかし，その廃棄処理はどうだろうか。日本では不燃と可燃ゴミとの分別が進み，マテリアルリサイクルまでいかなくともエネルギーリサイクルで熱としての再利用が進められている。では，途上国はどうか。日本と同様の理由でプラスチックのレジ袋は広く用いられている。しかし，これらの国々では廃棄物の回収，廃棄物処理場等のインフラが整っていないところがほとんどである。安いから，便利だから，と導入したモノを循環させる適切な処理がなく，廃棄物の山が発生する。廃棄処理まで考えていくと物質の循環を考慮に入れること

▷1　ミレニアム生態系評価
国際連合が2001年に提唱した，生態系の構造を理解しやすいように四つのサービス（供給，調整，文化的，基盤）の相関関係に普遍化したシステム。供給サービスは人間に生活に必要な資源を，調整サービスは環境を制御する要因を，文化的サービスは精神的そして社会的な基盤を，基盤サービスは上記三サービスを支える資源供給を指す。これらのサービスは多様な時間（秒から年まで）と物理的範囲（ナノメートルから惑星レベルまで）を絡めて相互に作用している。

▷2　レジリエンス
システムが安定した状態を維持しようとして発生する作用。生態系システムの状態ごとに限界点が異なるため普遍化された数字はない。一般的に多様性に富む生態系はレジリエンスが大きいとされる。

が持続的な開発を行っていく上で非常に重要であることがわかる。

② 持続的な開発のために

　人の歴史は開発の歴史と言い換えてもいいだろう。私たちは常に自然のシステムに手を加えて私たちの**ウェルビーイング**をより充実したものにしよう，とその時代の技術（おそらくその時代の最先端技術）を用いて繰り返し環境の改善を試みてきた。同時に，意図的にではないにせよ，自然への負荷を増加させ，様々な環境問題を引き起こしてきた。

　先進国，途上国にかかわらず，都市開発という人間の行動がどのような環境問題を引き起こしてきたか，東京を例に考えてみよう。東京における都市開発は実は長期間にわたって行われている。城塞都市として戦国時代に河口の湿地帯が都市開発され，江戸時代には文化と経済の中心として発展を続けた。江戸時代末期には100万人を超える世界有数の大都市であったといわれているが，その頃に甚大な環境問題があったとはあまり聞かない。戦後の高度経済成長期に初めて，河川の水質汚染などが社会問題化した。開発開始後300年たつ20世紀初頭まで問題にならなかったことがどういった理由で大きな問題となったのか考えてみよう。理由の一つとして考えられるのは土地利用である。国土交通省のデータによれば1970年に15％に過ぎなかった道路の舗装率は2019年には82％にまで上昇した。また，宅地造成で農地はどんどん減少し，同時期に東京都における民有地の宅地利用は41％から64％まで増加している。こうした変化は生態系における水の循環に最も大きく影響をもたらした。雨水は地上に落下後，地下へと浸透する水と表面を横に流れる水とに分かれる。雨水の浸透する割合はおおよそ森林・草地で80％，畑で50％，住宅地・市街地では10％といわれている。例えば，1ヘクタールの土地に10ミリの雨が降ったとすると降水総量は10万リットルとなる。これに上記の割合を掛け合わせると畑から市街地への変化は地下水源から4万リットルもの水を奪ったことになる。現在の市街地における雨水管理は水をできるだけ早く住宅地から遠ざけるという理念で構成されているため，降雨後すぐに川へ流れ込む水が4万リットル増加することになる。さらに，市街地化と舗装は地表における太陽からの熱の反射を妨げて貯めるため周囲よりも気温が高くなる。暖められた気体は上昇気流となり，夕立の原因となる積乱雲を都市上空に創り出す。このような開発による水循環の変化が近年話題となっている関東地域でのゲリラ豪雨を引き起こし，都市河川における鉄砲水が発生する原因である。現在行われている対策として**浸透ます**や透水性の高い舗装を行う，河川流域に遊水池を設けるなどが挙げられるが実施率はまだ低い。

　都市開発を持続的な状態にするためにも物質の循環を考慮に入れていく努力を続けるべきである

（藤沼良典）

▷3　ウェルビーイング

健康で安心な生活，満足できる生活の豊かさ，幸福度，等をまとめた言葉。この場合は環境を含めた社会の健全性を指す。

▷4　浸透ます

宅地や舗装された道路の雨水を地下水へと浸透させるための設備。日本では雨水用の下水管に設置されることが多い。浸透ますの周辺にレインガーデンと呼ばれる緑化設備を伴うこともある。ただし，どこにでも設置できるわけではなく，地下水位の高い地域に設置すると表層が湿地化してしまうため注意が必要である。

（問い）

①自分の活動は普段，周囲のどれくらいの範囲の環境に影響を及ぼしているか，考えてみよう。

②身の周りにあるモノを選んでそれを作るための資源から廃棄までの行程を考え，それぞれの行程がどれくらい環境に影響を与えているか考えてみよう。

③プラスチックの代わりとしてどのような環境に優しい物質があるか，使いやすさを含めて考えてみよう。

(参考文献)

『令和2年度環境白書』環境省。

枝廣淳子『プラスチック汚染とは何か』岩波ブックレット，2019年。

保坂直紀『海洋プラスチック』角川新書，2020年。

筧裕介『持続可能な地域のつくり方』英治出版，2019年。

Ⅶ　環境・災害と開発

 災害と開発の課題

1　災害とその影響

　災害大国の日本では，近年だけを見ても阪神・淡路大震災（1995年）や東日本大震災（2011年）が多大な被害をもたらした。世界でも近頃は各種の災害が多発するようになり，被害も増大している。国連報告によれば，過去10年間において，88万人以上の命が奪われ，18億8000万に及ぶ人々の生活に被害をもたらした。2019年以降の新型コロナウイルス禍は，世界のすみずみまでを混乱に陥らせた。今後，気候危機の深刻化やさらなるパンデミックの発生が予想されるため，災害を想定しより強靱な社会を作る，また災害への備えを拡充し，災害時の被害をできるだけ少なくする対策の実施が急務である。

　災害とは，自然由来，あるいは人為起源の危険性を伴う出来事によって，人間社会の脆弱性が増大する事態である。つまり，危険性（hazard）を伴う出来事が引き金になるが，その結果が人間社会の脆弱性（vulnerability）と相まって，人命の喪失や，社会生活の混乱という結果が生じる。引き金となる出来事には，台風や大雨といった自然由来の場合と，広く人為起源の場合とがある。後者には，化学工場の爆発といった技術変化によるもの，さらには内戦やテロといった紛争に起因する場合などがある。結果として，死者が発生し，住居が破壊される。多くの大規模災害では，発生直後から緊急人道支援が必要となる。

　例えば，東日本大震災は，地震と津波という自然災害と，それによって引き起こされた原発事故という人為災害との複合災害であり，11年以上がたった今では道路や住宅の復旧はかなり進んでも，人としての生きがいの復興は未完である。

　災害が社会的課題として重要な理由は，その被害が一様に生じるわけではないからである。常に，社会の中で恵まれない人たちにより多くのしわ寄せが及ぶ。そのため，発生前から災害をできる限り予測し，その影響を想定した準備が必要となる。また発生後には，より困難を抱える人々に対してはできるだけ早く支援を行う必要がある。とりわけ，男性に比べて女性には，災害発生時には避難所での生活から多くの負担が生じるので，ジェンダーの視点は災害対応には不可欠となる。東日本大震災もこのような不公平さを浮き彫りにした。

　そのため，対策としての防災・減災は脆弱性を可能な限り減らすような方策が総合的にとられる必要があるが，その際には例えば津波対策としての堤防の建設といったハード面のみならず，避難所の運営からまちづくりに至るまでの

▷1　国連防災機関の『世界防災白書』（2020年）より。これ以外の重要な情報源には国際赤十字・赤新月社連盟（IFRC）が刊行する世界災害報告書（英語）がある。インターネットサイトとしてはhttps://www.emdat.be/ などがある。

▷2　Ⅰ-9　Ⅱ-7　Ⅲ-6　Ⅲ-7　Ⅳ-5　Ⅴ-6　Ⅵ-5　Ⅶ-3　Ⅷ-5　Ⅹ-8　Ⅹ-9　Ⅺ-4　Ⅺ-5　ⅩⅢ-7　などを参照。

▷3　社会的弱者としては，無論女性のみならず，少数民族や，障害者などが含まれる。国際協力機構（JICA）が2021年に作成したマルチメディア教材「ジェンダーと多様性の視点に立った防災・減災・復興」は大変参考になる。

ジェンダー配慮などのソフト面での対応が伴う必要がある。そうでなければ，脆弱性を減らし社会を強靱化する（レジリエンスを向上させる）ことは難しい。

　国際社会は，災害や防災において一定の対応をとってきた。東日本大震災が発生した2011年には日本自身が世界最大の被援助国となったこともあり，日本はこの分野で一定の指導力を発揮してきた。世界で多発する災害に対応するため，2015年に仙台市にて第3回国連防災世界会議が開催され，仙台防災枠組（2015-30年）が採択された。これはそれまでの災害リスク削減についての兵庫行動枠組（2005-15年）の後継協定である。仙台枠組では，①災害リスクの理解，②リスクを管理する災害リスク・ガバナンスの強化，③強靱性のための災害リスク削減への投資，④効果的な災害対応への備えと，復旧・復興過程における「より良い復興（Build Back Better）」が優先行動分野として設定された。

２　今後のより効果的対応のために

　将来を考える時，災害はより頻繁に発生することが確実である。そのためには，総合的な対策が必要である。総合的とは，まず第一に，持続可能な開発目標（SDGs），気候危機対応のパリ協定，そして仙台枠組を，統合して捉え，各種の対策を立案・実施することの必要性である。とりわけ新型コロナウイルスが人獣共通感染症であることをふまえれば，コロナ後の世界においては，世界の人々の健康を守るためには，地球の健康そのものを守らなければならない。もはや，環境保護と経済対策を別々に立案・実施することは時代遅れである。

　第二に，グリーン・リカバリーの重要性である。仙台枠組の四番目は「より良い復興（Build Back Better）」であり，復旧・復興の過程が環境破壊を伴わないばかりか，復興によって実現される社会が災害前よりも持続可能となり，脱炭素社会になる必要がある。しばしば創造的復興といわれるが，言葉で語るのは容易でも，その具体化は簡単ではない。グリーン・リカバリーの実現には，私たちの想像力が試されている。その一環としての生態系を活用した防災・減災（Ecosystem-based Disaster Risk Reduction）も重要であるが[4]，残念ながら日本ではほとんど知られておらず，これに基づく実践例もほとんど見られない。

　第三に，総合的な対策の実現には，中央政府ならびに地方自治体のそれぞれの役割の明確化が欠かせない。地方分権に基づき，それぞれの地域で以前よりもより強靱な社会をつくるためには，日本では自治基本条例の制定が不可欠である。この条例により，自治体や住民のそれぞれの役割分担を決めておき，災害時にはそれに基づいて協同が可能となるからである。加えて，地方自治体の一つの役割として，国境を越えた地方自治体同士の連携がある。例えば宮城県・東松山市は，インドネシアのバンダ・アチェ市と同じ津波被害地として交流し，草の根レベルでの被災者間の相互支援を行ってきた[5]。このような地道な努力の積み重ねが，災害に強い社会の実現には不可欠である。　（斎藤文彦）

▷4　一例として，中静透ほか編『生物多様性は復興にどんな役割を果たしたか』昭和堂，2018年。

▷5　東松島市とバンダ・アチェ市との交流は，一般社団法人東松島みらいとし機構（HOPE）が担ってきた。また，中国の四川大地震（2008年）をめぐる，日本と中国の相互交流については，大谷順子ほか『四川大地震から学ぶ』九州大学出版会，2021年を参照。

（問い）
自分が住んでいる地域では，今後どのような災害の発生が予想されているだろうか。その災害に備えるためには，ハード面のみならず，ソフト面ではどのような事前の対策が必要だろうか。

（参考文献）
片田敏孝『人に寄り添う防災』集英社新書，2020年。
渥美公秀・石塚裕子編『誰もが〈助かる〉社会』新曜社，2021年。
David A. McEntire, *Disaster Response and Recovery : Strategies and Tactics for Resilience*, 3rd edition, Wiley, 2021.
学会としては日本自然災害学会や日本災害情報学会がある。

Ⅶ　環境・災害と開発

6　食の課題と持続可能な開発

❶　フードロスと食料不足・飢餓

　現在，先進国ではまだ食べられる食品を大量廃棄するという問題が生じてきている。フードロスである。農林水産省によると2018年には600万トンのフードロスがあり，日本人一人当たり1日約130グラム，年間約47キログラムの食品を廃棄していることになる。フードロスはまた，食料の生産過程，ごみ処理過程で温室効果ガスを発生するため，地球温暖化にも大きな影響を及ぼす。地球温暖化は異常気象の原因となり，作物を栽培する環境に影響を与える。また食料の生産には，世界の水の約70％，世界の農地の約30％が使われている。食料を廃棄することは，これらの資源の無駄遣いに他ならない。その一方でFAO（国際連合食糧農業機関）によると，「現在の推計では，世界人口の8.9％にあたる6億9000万人近くが飢餓状態にあり，1年で1000万人，5年で6000万人近くが増加している。また約7億5000万人，すなわち世界のほぼ10人に1人が深刻なレベルの食料不安に晒されている。COVID-19の大流行によって最大1億3200万人が増加する可能性があるとされている」とのことである。日本においても第二次世界大戦直後は食料難の時代があったが，その後「豊かな食」を求めた開発が進み，食環境が大きく変化してきた。

❷　食物から食品へ

　1960年代中頃，まだスーパーマーケットはあまり見られず，多くは八百屋，魚屋，肉屋といった個人商店で，その日の朝に市場で仕入れた地域の野菜や魚，肉などが並べられ，買い物かごを持った客が店主と話しながら買い物をする風景があった。

　1970年代中頃に，スーパーマーケットができた。店内には生鮮食品に加え多くの加工食品が並べられ，買い物かごはレジ袋に代わった。今から思えば飽食の時代への入り口だったのだろう。食べ物の加工の歴史は古く，乾燥，加熱，酸，塩や砂糖漬けなどの加工法が工夫されたが，その目的は微生物の繁殖を抑制し食物の保存や安全性を高めること，また微生物を利用して栄養を高め，味を良くするためであったが，この頃からの加工は，遠隔地で収穫または生産された食品を適正な価格で各地に流通させることが目的に加わり，合成化学物質が添加されるようになった。「豊かな食生活」は，戦後の食料難からの脱却，

▷1　2018年に廃棄された食品600万トンの内訳は，家庭系食品ロスに分類される食べ残し，賞味期限切れ，過剰除去（野菜の不可食部を除去する際に過剰に除去された可食部）などが276万トンで，一方事業系食品ロスに分類される製造段階での過剰生産や賞味期限，卸売と小売段階での配送時の汚れや破損，大容量販売，外食産業での調理ロスや食べ残しなどが324万トンである。

▷2　AF-2（フリルフラミド）
1965年，食中毒防止と長期保存の目的で殺菌剤・防腐剤として認可され，10年にわたって練り製品などに使用された。しかし1971年に染色体異常，遺伝子変異を起こす作用が，1973年には実験動物に対して発がん性が確認されたため，1974年に使用禁止された。その後もこのAF-2の人に対する影響については様々な実験結果や見解があり，これはまさにリスク評価の難しさの教訓である。

復興，高度経済成長の象徴だったのであろう。「豊かな食」を求め，食物という農業・水産業の産物が食品という工業製品になったようにも思われる。

3　食品添加物とリスク評価

　1947年「食品衛生法」が施行され「食品添加物」という言葉が誕生し，60種の合成化学物質が食品に添加されるようになった。2021年1月現在，食品添加物は，指定添加物，既存添加物，天然香料，一般飲食物添加物に分類され，それぞれ472品目，357品目，約600品目，約100品目にのぼり，用途も長期間保存や食品を魅力的にするなどにも広がっている。ではその安全性はどのように確保されているのか。2003年7月「食品安全基本法」が制定され，科学的知見に基づき客観的かつ中立公正にリスク評価を行う食品安全委員会が内閣府に設置された。委員会には添加物，農薬，微生物などの危害要因ごとに15の専門調査会が設置され，総勢200名もの専門家がリスク評価（食品健康影響評価）を実施している。日常的に食べている食塩や砂糖も摂り過ぎると障害を引き起こす。毒性評価は，化学物質がどの程度の量で毒性を示すか，その境目の量（閾値）から十分に低い量であれば安全との考えに基づく。様々な動物実験での閾値の最小値（最大無毒性量）の100分の1（安全係数）を一日摂取許容量「ヒトが一生涯，毎日摂取しても有害性を示さない量」としている。ただし化学物質の中には，無毒性量や閾値が明確でなく，長い潜伏期間ののち発がん性などの障害を示す物質もあり，これらの物質を適切に除外することが大切である。

4　豊かな食生活とは

　このようにして「豊かな食」を求め，多くの食品添加物を認可してまで，大量生産・長期保存・遠距離輸送などを進めてきた。その過程では，発がん性のある **AF-2** を10年間，防腐剤として使用したのちに禁止に至った経験もある。また多くの食料を海外から輸入するようになり，1965年度の76％であった食料自給率（カロリーベース）が2020年度には37％と大きく減少し，先進諸外国と比べても低い。食料輸送に伴う CO_2 排出量は1億6900万トンと試算され，国内輸送に伴う CO_2 排出量の900万トンと比較しても多く，環境負荷の問題も生じている。また CO_2 より地球温暖化効果の高いメタンガスが家畜から排泄されることから，地球温暖化防止対策として，大豆ミートなどの植物性タンパク質で作られる畜産代替品や細胞を培養して作られる人工肉の開発が進められている。新しい技術に伴う安全性確保もまた今後の課題になるだろう。

　以上のように，食は地球環境，貧困や飢餓，食の安全性などの問題が複雑に関連しているため，多様な視点からそれらの解決法を探る必要がある。これらの様々な現状を踏まえ，今一度，現代の「食の豊かさ」「今後の食環境の持続可能な開発」について熟考すべき時ではないだろうか。　　　　（布柴達男）

（問い）
①あなたにとっての「食の豊かさ」は？　それは環境にいかにつながっているだろうか。
②フードロス・食料廃棄削減，飢餓の撲滅に向け，あなたは何ができるだろうか。
③食環境を今後いかに開発すべきだと考えられるか。

（参考文献）
食品ロス：農林水産省HP食品ロス量（平成30年度推計値）の公表。https://www.maff.go.jp/j/press/shokusan/kankyoi/210427.html
世界の食料安全保障と栄養の現状報告書（原題：2020 The State of Food Security and Nutrition in the World）。https://www.unicef.or.jp/jcu-cms/media-contents/2020/07/English___SOFI_2020_-_In_Brief.pdf
食品添加物：厚生労働省HP。https://www.mhlw.go.jp/stf/seisakunitsuite/bunya/kenkou_iryou/shokuhin/syokuten/index.html
令和2年食料自給率について：農林水産省HP。https://www.maff.go.jp/j/zyukyu/zikyu_ritu/attach/pdf/012-2.pdf
AF-2物語：菊池康基，日本環境変異原ゲノム学会HPシリーズ環境変異原を理解するために（2019）。https://www.j-ems.org/pub/AF2.html

Ⅷ　健康・感染症と開発

 感染症対策の国際協力ガバナンス

1　国際保健規則の改定

　1948年に世界保健機関（WHO）が設立されて以降，その活動の中心は健康に関する規範の設定に加え，各種感染症対策に置かれてきた。1950年代にはアメリカのイニシアティブによって，マラリア根絶事業が展開され，1960年代以降は世界的な天然痘根絶に向けた事業が進められ，1980年にはWHOによって天然痘の根絶が宣言された。1980年代にはポリオの根絶に向けたキャンペーンも始められ，現在ではアフガニスタン，パキスタンなどいくつかの国でのみ継続的に流行が見られるレベルにまで減少した。他方，グローバル化で，感染症の影響は大きくなり，その対応は近年，大きな試練に晒されてきた。

　2003年3月には中国で謎の肺炎が流行し，同月，WHOは原因不明の重症呼吸器疾患としてサーズ（SARS：重症急性呼吸器症候群）と名づけ，「世界規模の健康上の脅威」だと警告した。発生国・中国に限らず，他の国でも**国際保健規則**[1]で規定されている感染症の動向調査が適切に行われていないこと，標準化されているはずの国際コントロールの方法が実は標準化されていない実態が明らかとなった。

　以上のような問題点に対処するべく，2005年に国際保健規則は改定された。まず，対象が特定の感染症から自国領域内における「国際的な公衆衛生上の脅威となりうる，あらゆる事象（国際的に見て緊急性の高い公衆衛生上の事象）」へと拡大された。これは感染症以外の課題，例えば生物細菌兵器の脅威等をも含むものであり，これらの事象が発生した場合，加盟国は評価後24時間以内にWHOへ通達することが義務づけられた。また，各国内に国際保健規則担当窓口を設け，WHOと常時連絡体制を確保することも定められた。このように，SARSを契機として国際保健規則は，グローバル化時代の感染症により適合するものへと進展した。ただし，体制を整えることと，その体制を円滑に運営することは別物であり，実際，多くの途上国では，サーベイランス（動向調査）機能の不備などにより，規則の義務を適切に果たせずにいる。2014年のエボラ出血熱の流行は，対応能力が低い地域で発生したものであった。

2　エボラ出血熱の流行

　エボラ出血熱が2014年西アフリカで流行した。同年5月末までに西アフリカ

▷1　国際保健規則
感染症が発生した際の，各国やWHOの義務・権限などを記した国際条約。起源は19世紀に遡る。相次ぐコレラのパンデミックに悩まされていたヨーロッパ諸国は，国別のパッチワーク的な対応に代えて，国際的な対処枠組みを目指し，1851年から定期的に国際衛生会議を開催していた。1903年にようやく締約された国際衛生協定のドで，加盟国は領域内で特定の感染症（コレラとペスト，1912年に黄熱病が付け加わる）が発症した際には，互いに通知すること，感染症の出入り口となる箇所（例えば港など）で適切な衛生管理を行うことなどが義務として課せられることとなった。国際衛生協定はその後，WHOの下で統合され，国際環境の変動に伴って，今日に至るまで，必要な改訂（例えば，1981年の改訂では，天然痘の撲滅を受けて，天然痘がその対象から外されるなど）を度々経てきた。その一方で，加盟国の義務を基盤に，感染症を制御していこうという規約の趣旨自体は，19世紀から現在に至るまで，ほとんど変化していない。

のギニア，リベリア，シエラレオネで感染者が確認され，7月以降はこれらの3カ国で大流行が起き，3カ国は相次いで国家非常事態宣言を発動した。その後，エボラ出血熱はアフリカのその他の国や北米，ヨーロッパにも広がった。2014年8月，WHOはようやく「国際的に懸念される公衆衛生上の緊急事態」を宣言するなど，WHOの対応は遅かった。この時までにすでに約1800人がエボラウイルスに感染し，1000人以上の死者が出ていた。

恒常的に財源不足のWHOには，そもそも対応のための資金が不足していた。このほか，組織内部の障壁もあった。WHOは六つの地域局で構成されているが，各地域局の独立性が高く，他の地域局からの迅速な人員派遣システムが存在しなかった。また，大規模な危機に対する緊急対応部隊も存在していなかった。2014年9月，国連事務総長は声明を発表し，その中でエボラ出血熱の流行がもはや公衆衛生上の危機であるのみならず，政治的，社会的，経済的，人道的，安全保障上と，多極面に大きな影響を及ぼしているとし，国連のアクターをこの危機に対処するために統括するべく，ミッションを設立することを提案した。同月の国連安全保障理事会では，エボラ出血熱が国際社会の平和と安全への脅威であると確認し，感染拡大に迅速に対応するために，国連のアクターが一致団結して対応することの重要性を強調した。これに引き続き，国連総会では9月，「国連エボラ緊急対応ミッション（UNMEER）」が設立された。

国連エボラ緊急対応ミッションは国連が設置する初の公衆衛生ミッションとなった。国連エボラ緊急対応ミッションは3カ国に人員を派遣するなどして支援し，年末までに感染者の70％を隔離し，安全な埋葬を実現することを目指し，この目標をほぼ達成した。

③ 新型コロナをめぐって明らかとなった感染症ガバナンスの課題

新型コロナウイルス・パンデミックをめぐっても，以前から存在した，保健ガバナンスの構造的問題点が明らかとなった。最たるものは，サーズの時と同様，国際保健規則の実効力に関するものであった。2005年の改定にもかかわらず，規則で定められた義務や権能をWHOならびに加盟国が適切に果たしていない現状が，明らかとなった。また，WHOに強制力がないことも問題点として浮上した一つであろう。

グローバル化時代の感染症は単なる公衆衛生上の危機ではなく，経済にも社会にも大きな打撃を与えるグローバルな危機である。だからこそ，WHOや国際保健規則など，既存の枠組みで対応しきれない部分も多い。2022年1月時点で，「**パンデミック条約**」など，新たなフレームワークも議論されている。グローバルな脅威としてのパンデミックに対応するための包括的な枠組みの整備が求められている。
　　　　　　　　　　　　　　　　　　　　　　　　　　　　（詫摩佳代）

2003年のSARSを経て，本文中に記したような限界が認識され，規則の改訂，IHR（2005）の創設へと至った。これにより，保健という特定の領域を越えて，人権，安全保障，貿易など他領域にもまたがるガバナンスとしての性格を強めることとなった。他方，IHRはあくまで国際条約であり，締約国による義務の履行の上に成り立っている点で，多くの限界を抱えているともいえる。

▷2　パンデミック条約

新型コロナウイルス・パンデミックをめぐっては，既存の国際保健規則の問題点が明らかとなった。発生国に対するWHOの権限のあり方や，ワクチンやマスクなど必要物資の調達と公平な分配のあり方なども問題となった。既存の枠組みを超える，パンデミック対応のより包括的な枠組みとして，パンデミック条約が2021年5月の世界保健総会に提案された。他方，今後，内容をどこまで具体化し，既存の枠組みを超えられるかが課題となっている。

（問い）
新型コロナウイルス・パンデミックへの国際対応には，どのような問題点が見られただろうか。同様に世界規模のパンデミックに備えるには，どのような変革が必要だろうか。

（参考文献）
新垣修『時を漂う感染症』慶應義塾大学出版会，2021年。
詫摩佳代『人類と病』中公新書，2020年。

VIII　健康・感染症と開発

 感染症とワクチン供給

▷1　アルマ・アタ宣言
1978年，旧ソ連邦のカザフ共和国において，各国政府や国際機関の代表が集い，プライマリ・ヘルスケア（PHC）が謳われた歴史的な宣言。

▷2　Gavi アライアンス
2000年設立の途上国のワクチン接種実施を後押しする国際的な民・官連携枠組み。高所得国政府，WHO，UNICEF，世界銀行，ビル＆メリンダ・ゲイツ財団，NGOs，製薬会社などが共同出資。

▷3　Morbidity and Mortality Weekly Report, Oct. 25, 2019, Centers for Disease Control and Prevention, U. S. Department of Health and Human services.

▷4　UNDP, COVID-19 Data Future Platform, Global Dashboard for Vaccine Equity, 2021 Oct. 24 downloaded.

▷5　ACT アクセラレーター（Access to COIVD-19 Tools）
Gavi アライアンスと CEPI（2017年，ワクチン開発を支援する感染症流行対策イノベーション連合）の国際的民・官連携枠組みを活用した新型コロナワクチン，検査，治療，保健システム

1　子どもの健康促進のための EPI（予防接種拡大計画）とワクチン供給

感染症を予防する重要な手段であるワクチン接種は，世界規模で見るとその供給とアクセスに関して大きな格差が見られる。

1978年，**アルマ・アタ宣言**が採択され，"Health for all by 2000" 達成のための活動の一環として，子どもを予防可能な感染症から守る EPI（予防接種拡大計画）が開始された。2000年には，**Gavi アライアンス**が設立され，貧しい国や地域の子どもたちへ低価格でワクチンを調達することで EPI のさらなる強化へとつながり，世界における子どもの予防接種率は飛躍的に向上した。

一方で，1歳未満の子どもで必要な予防接種を受けていない子どもは，世界に未だ2300万人いる。現在，ワクチンの供給に関する課題は次の三点に集約される。まず，紛争地，遠隔地，貧困地域の子どもたちなど，政治的，経済的，社会的に周縁化された環境の子どもたちにどうワクチンを届けるかである。二つ目は，ほとんどのワクチンは常に低温で保管しなければならないが，低・中所得国には電気も冷蔵庫もないところで予防接種を実施しなければならないことが多い。そのため，ワクチンを適切な温度で安全に保管，搬送するための「コールド・チェーン（低温輸送・保管システム）」の整備と，ワクチン接種のための人材の訓練などが課題となる。三つ目は，ワクチンの価格の問題である。推奨ワクチンの数が増える中，新たに加わったワクチンの価格が高いため子ども一人当たりのワクチンの価格は大幅に増大した。

2　新型コロナ感染症ワクチン供給をめぐる動き

現在，世界全体で64.3％は新型コロナワクチンを1回接種が完了している。しかし，高所得国では71.7％，低所得国では15.1％と大きな格差がある（2022年3月23日現在）。ワクチンの調達量は，成人一人当たりオーストリア7.35回分，オーストラリア5.68回分，スペイン5.33回分のワクチンが確保されているが，南スーダン0.01回分，コンゴ民主共和国0.01回分しか確保できていない（2021年10月現在）。

このように資金力がある国とそうでない国との間に生じる供給格差に対して，WHO は2020年4月，ワクチン供給の国際的枠組みとして **ACT アクセラレー**

ターを立ち上げた。その中心がワクチン調達と供給を担う COVAX である。COVAX は，90を超える低・中所得国に公平に分配することを目指している。しかし，当初計画の2021年7月末までに12億本供給する目標は，資金不足により1億8000万本に留まっている。これは，ワクチン開発が急ピッチで進む中，アメリカをはじめ高所得国が自国のワクチン確保のため，COVAX の枠組み外で個別に製薬会社と交渉し，豊富な資金力をもってワクチンを買い占めたことが最大の原因である。このような流れは，ワクチンナショナリズムといわれる。また，供給，接種の遅れに対して人々の不満が高まった EU が，域内からのワクチン輸出に制限をかけたことや，低・中所得国へ供給するアストラゼネカワクチンの製造を担うインドにおける感染の爆発的流行も影響した。

このような状況の中，2020年10月，インドと南アフリカによって WTO 知的財産に関する協定（**TRIPS 協定**）をパンデミックが収束するまで一時的に免除することが提案された。この提案が承認されると，新型コロナウイルス対応の必要なワクチンを含む医薬品の他，多様な物資のイノベーションと増産に全加盟国の政府とメーカーが相互に協力して対応することが可能となり，低・中所得国も含めた公正なアクセスを拡大することができる。この提案には賛成が広がっているが，EU，イギリスなど高所得国は反対の立場である。当初反対していた米国は，2021年5月賛成に転じ，日本は中立の立場を保持している（2021年10月現在）。なお，反対の立場からは，「特許はワクチンや医薬品を開発するために多額の資金を投入する製薬会社側へのインセンティブである」ことが主張されるが，新型コロナワクチン開発には多額な公的資金がつぎ込まれており，企業にはワクチンのより公平な分配，供給に対して責任があることも指摘されている。また，高所得国の**ワクチン外交**と呼ばれる政治的動きも，COVAX などの国際協調の試みを低迷させる原因の一つとなっている。

❸ 皆が安全になるまで誰も安全ではない：ワクチンは世界の公共財

資源を有する国や地域のワクチン接種率が高くなったとしても，接種したくてもできない人や地域がある限り感染流行は続き，地球規模のパンデミックを抑えることはできない。このことは，SDGs にあるユニバーサル・ヘルス・カバレージの「誰も取り残さない」の理念とも通じる。また，ワクチン以外の予防手段，治療，検査・サーベイランス体制などすべての対策が整備されて初めてワクチンもその効果を発揮できる。資源の乏しい国や地域では水の確保や衛生環境整備，栄養状態改善を含めたいわゆるプライマリ・ヘルスケアの基本に立ち返り，保健衛生状況を改善する大局的な視点が，感染症に強い持続可能な社会を創る上で欠かせない。

（松山章子）

▷6 ACT-A WATCH, JCIC, No. 3. Sep. 2021.

▷7 **TRIPS 協定**
世界貿易機関（WTO）で定められた知的財産権の貿易の側面に関する協定。

▷8 モデルナには57億5000万米ドル，ファイザーとビオンテックには25億米ドルの公的資金が投入されたが，モデルナ製ワクチンの97％，ファイザーとビオンテック製の85％は高所得国向けに販売・調達（OX-FAM. "Shot at Recovery" 2021年）。

▷9 **ワクチン外交**
中国は東南アジア，アフリカ，ヨーロッパの一部まで「一帯一路」構想で鍵を握る国々を中心に自国製のワクチンを提供し，ロシア，アメリカ，日本も相次いで政治的な背景から他国へワクチンを提供。

（問い）

①コロナワクチンへは膨大な資金が投入されている一方，コロナ禍で取り残されている健康問題（メンタルヘルス，顧みられない熱帯病＝NTDs，マラリア，結核，HIV など）がある。これらについて現在どういう状況になっているだろうか。

②ワクチン供給の格差，不公正の問題の解決にはどのような取組みが必要だろうか。

（参考文献）

詫摩佳代『人類と病』中公新書，2020年。

開発と公正なアクセスのための国際協調枠組み。

Ⅷ　健康・感染症と開発

 感染症対策と国際援助協力

 安全保障としての感染症対策

　国家によるグローバルヘルスへの関与は，従来は各国の保健省を通じた関与が一般的であったが，近年では外務省や国際協力・開発庁を通じて，特定の国のあるいは世界全体の保健システムの向上を目指した関与が増えている。またその際，自国の政治的影響力の拡大や何らかの政治的目的が付随している場合が多い。このような形態を「**保健外交**」と呼ぶ。日本でも戦後，主に厚生省・厚生労働省を通じた保健協力への関与が続けられてきたが，近年では外務省や国際協力機構（JICA）を通じた二国間・多国間支援が増えている。

　変化の背景としては，第一に保健問題が公衆衛生上の課題から安全保障上の課題として位置づけ直されたことによる。1970年代から今日に至るまで30以上の新興ウイルス感染症が新たに発見されており，世界中どこでも常にパンデミックの危険性に晒されている。一日に大量の航空機が大陸間を飛び回る現在では，一旦どこかで感染症の大流行が始まれば，その影響は世界大であり，たとえ感染を免れたとしても，安全保障，経済，産業など多局面でその影響を免れ得ない。中でも近年，人類社会に特に大きなインパクトを与えてきたのがエイズである。エイズの流行は感染症を公衆衛生上の課題から，安全保障の課題に位置づけ直す契機となった。各国で若者を中心に感染が拡大することは，その国の軍隊や国連平和維持活動（PKO），ひいては国家／国際安全保障にダメージを与えうるとの認識が高まったためである。2000年7月の安保理決議では，国連のすべてのPKO活動においてHIV予防プログラムを実施することが承認された。2014年に西アフリカで流行したエボラ出血熱に関しても，国連安保理は「国際平和と安全にとっての脅威」と認め，緊急対応ミッションの設立へと至った。このような観点から，先進国首脳会議（サミット）などのハイレベルでも保健協力が議題となる機会が増えた。

　保健外交が活性化してきた第二の背景は，国際的影響力を高めたり，自らの構想を実現する上で，保健問題が重要な手段と位置づけられてきたためである。2017年には中国とWHOの間に，一帯一路構想のもと公衆衛生上の緊急事態への対応や中国製の医薬品活用に関する協定が締結された。2017年8月には一帯一路ハイレベル保健会合を開催，感染症の予防や公衆衛生上の緊急事態への対処，保健政策やワクチンの研究開発に関して連携していくことが確認された。

▷1　保健外交

保健外交は2000年の国連ミレニアム開発目標設定後に急速に加速した。2003年のサーズの流行をきっかけとして，2005年には国際保健規則（IHR）が改定され，2007年にはオスロ閣僚宣言を通じて，7カ国の保健大臣がグローバルヘルスを外交政策に結びつけた。改定後の国際保健規則は，2014年のエボラ出血熱の流行，2019年のコンゴ民主共和国でのエボラ出血熱の流行，そして結局，翌年の新型コロナウイルス・パンデミクで試練に晒されることとなった。こうした文脈の中で，保健外交に関しては，様々な定義がある。保健分野のグローバルガバナンスのシステム（体系，仕組み）だという定義もあれば，国際保健規則のような国家間の条約や，あるいは国連の専門機関，Gavi，ゲイツ財団やその他非国家アクターとの公認の国際的なパートナーシップを含む枠組みと定義するものもある。感染症に関していえば，主に途上国の対応能力の強化を目指し，先進国による公式・非公式の関与が増えているという特徴がある。例えば日米欧，とりわけアメリカはアフリカを対象に，

② 先進国の保健外交

　感染症への備えと対応には，ウイルスの検知や対応のためのスキルなど一定程度の技術が必要となるため，先進国からの財政的・技術的支援が不可欠である。そのような観点から最近では，先進国による，感染症対応に焦点を当てた二国間・多国間支援が増えている。

　アメリカは戦後の感染症対策を率いてきた。1950年代に始まった WHO のマラリア根絶事業は，アメリカのイニシアティブによるものだったし，天然痘やポリオの根絶事業にも，アメリカは財政的・技術的に深く関与した。近年では，エイズ対応にもアメリカは積極的に関与してきた。2003年初め，当時のジョージ・W・ブッシュ大統領は来たる5年間の国際的なエイズ対策の資金として150億ドルを支出すると発表し，米国内で超党派の支持を集めて PEPFAR（大統領エイズ救済緊急計画）が成立した。その後の5年間で当初の150億ドルを優に上回る額が国際的なエイズ対策に投入され，計画が終了する2007年5月には活動をその後も継続することを決定，また来たる5年用の活動資金として，2003年に用意された資金の二倍に当たる300億ドルが計上された。アメリカの関与の背景には，エイズの蔓延が国内的・国際的にアメリカの安全保障に影響を及ぼしうるという認識もあった。

　一方のフランスは，WHO 本部があるジュネーブとの近接性もあり，WHO リヨンオフィスを設立し，アジアやアフリカ諸国の感染症対応能力の強化に関与している。具体的には，パンデミックを想定したシミュレーション訓練を展開，2016年にガーナとコートジボワールで実施した訓練を他国でも実施している。また，オフィスは既存の対応能力を査定できる評価ツールと，強化のためのガイダンスを開発し，インド，ガンビア，レバノン，トーゴで2016〜07年に試験運用，順次他国にも拡大されてきた。このほか，携帯電話のショートメッセージサービスを利用した感染症情報の収集と分配に関するアプリを開発，トーゴで試験運用されてきた。その際には，リヨンにある INSERM（フランス国立衛生医学研究所）や世界各地のパスツール研究所ネットワークが活用されている。このように，近年の援助協力の一つの特徴として，官による支援に限らず，研究所のような民との連携など，多様な形態が増えている。

　保健分野の援助協力には，資金のみならず，技術や物資など多様な形態が求められる。その際，製薬会社のような営利組織と財団，非営利の財団や研究機関と政府といった多様なアクターがそれぞれの長所を生かして関与を深めることが求められる。途上国の顧みられない病気の医薬品開発に関しても，グローバルヘルス技術振興基金（GHIT）という日本発の国際的な官民パートナーシップが重要な役割を担っている。イノベイティブな取組みの必要性が今後，ますます高まると思われる。　　　　　　　　　　　　　　　　（詫摩佳代）

エボラ出血熱流行の後，グローバルヘルス・セキュリティという観点から保健外交を推し進めてきた。新型コロナをめぐるワクチン外交もその延長線上に位置づけられる。新型コロナワクチンに関して，先進国から途上国に対する保健外交が活発に繰り広げられてきた。その際，米中対立を反映して，必要な場所へワクチンを届けるというより，ワクチン提供を通じて政治的な影響力伸長を狙うケースも少なくない。中国は主に一帯一路への参加国に重点的にワクチン外交を展開している。対するアメリカはクアッド諸国（日米豪印戦略対話）とともに，主にアジア太平洋諸国に対して積極的にワクチン外交を展開している。このような中，最も接種率が低いサブサハラアフリカへの支援が遅れているという現状もある。安全保障という観点から感染症関連の援助協力は今後も勢いが衰えることはないと思われるが，先進国の政治的思惑と，本当に支援を必要としている地域のバランスをとっていくことが課題である。

（問い）

国益と感染症対策のバランスを考えた時，援助として求められるものは何だろうか。

（参考文献）

詫摩佳代「先進国の保健外交」城山英明編『グローバル保健ガバナンス』東信堂，2020年。

北岡伸一・細谷雄一編『新しい地政学』東洋経済新報社，2020年。

Ⅷ 健康・感染症と開発

 4 保健医療とコミュニティ

1 プライマリ・ヘルスケア

健康は人間の基本的権利・ニーズであり，誰でもどこでも必要な保健医療サービスへのアクセスが確保されなくてはならない。しかし，途上国の貧しい農村部などでは，医療施設・機材や薬剤がなかったり，医師や看護師がいなかったりして，基本的サービスが十分に提供されていなかった。その解決策として，コミュニティが参画することにより基本的保健医療サービスを確保しようとする活動が，広く行われてきた。▷1

プライマリ・ヘルスケア（primary health care: PHC）は，資金，人材，管理運営能力の不足している途上国において，基本的保健医療サービスへのアクセスを確保していくための有効な手段の一つである。下痢症，呼吸器感染症，妊娠出産合併症など，予防や早期治療が可能な原因により，途上国の女性や子どもたちが命を落としている。命を救うには，予防接種，下痢症患者への経口補液，妊婦健診，家族計画，栄養指導，健康教育など，専門医がいなくても，病院がなくても，資金が乏しくてもできる，基本的保健活動が有効と考えられた。

PHC の概念は，1978年以来さまざまに解釈されてきたため，WHO と UNICEF は2018年に次のように再定義した。「PHC は，人々のニーズに焦点を当て，健康増進・疾病の予防・治療・リハビリテーション・緩和ケアという一連の流れのできるだけ早い時期に，できるだけ日常的な環境下で，可能な限り最高水準のサービスを公平に提供することをめざす，社会全体による健康改善のためのアプローチである」。PHC の具体的活動としては，①健康教育・健康増進活動，②食糧確保・栄養，③安全な飲料水・基本的環境衛生，④母子保健・家族計画，⑤主要感染症の予防接種，⑥地域に定着・流行する疾病対策，⑦簡単な疾病・外傷の治療，⑧必須医薬品の供給の8項目が挙げられた。▷3

途上国の各地に，PHC 活動の拠点となる末端施設として保健センターが設置され，短期間の教育を受けた准医師・准看護師などが配属された。さらに僻地には，地域住民の中から養成されたヘルスワーカーのみの保健ポストが設置された。地域住民コミティーが保健センター運営に参加し，これにより，健康に対する意識が高まるとともに，政府の保健医療システムが十分機能していなくても持続可能であると期待された。このようにして，PHC は，途上国の

▷1 ディビッド・ワーナー（1934–）は，医師がいない地域でどのように疾病に対処するかを記した *Where there is no doctor* の著者で，NPO「Health-Wrights」の共同設立者兼代表である。長年にわたり，メキシコなど途上国農村地域での保健活動に従事してきた。

▷2 WHO と UNICEF は，1978年，旧ソビエト連邦のアルマ・アタ（現カザフスタンのアルマティ）で世界会議を開催して，2000年までにすべての人に健康をもたらすこと（Health for all by the year 2000）を宣言（アルマ・アタ宣言），その方策として，プライマリ・ヘルスケアを提案した。

▷3 必須医薬品とは，大多数の人々が健康を保つために必要不可欠であり，必要十分な量が，適切な投与形態で，適正な価格で提供されるべき医薬品のことである。WHO の必須医薬品モデルリストには，約500品目が収載されている。

人々の健康改善に大きく貢献した。しかし，住民参加が不十分で活動を持続できなくなったり，保健センターの診療能力が不足していて住民から信頼されず利用されなくなったりすることもあった。

② コミュニティ・ベースド・リハビリテーション

　地域に根ざしたリハビリテーション（community-based rehabilitation: CBR）とは，すべての障害者・障害児のリハビリテーション，機会均等化および社会統合に向けた地域社会開発における戦略の一つであり，当事者，家族，コミュニティ，保健医療・教育など社会サービス提供者が協力して実施するものである。1980年代から，地域社会にある既存の資源を活用して，途上国の農村に住む障害者のエンパワーメントと生活向上を目指して取り組まれてきた。CBRの概念の背景には，これまで地域社会から疎外されていた障害者を，健常者も含めたコミュニティの一員として包摂（インクルージョン）していく考え方があり，障害者の自己決定権を尊重するものである。

③ ソーシャル・キャピタルと保健医療

　PHC，CBRとも，ソーシャル・キャピタル（social capital：社会関係資本）を活用した保健医療活動である。本人，家族・友人，地域コミュニティ，学校や職場，NGOや企業などは，保健医療活動に活用できるソーシャル・キャピタルである。地域コミュニティのネットワークが機能していて，サービス提供者と利用者や地域コミュニティの人々の間に信頼関係があり，それぞれが役割を自覚して分担し，関係者間の調整や情報交換がなされていることが必要である。

　保健医療活動を実施することにより，コミュニティを活性化する場合もある。PHCを導入する時，コミュニティが必ずしもソーシャル・キャピタルとして十分に機能していなくても，適切なリーダーシップと外部からのサポートがあれば，健康改善を糸口としてコミュニティ内ネットワークを強化し再構築していくことができるであろう。保健センター運営への住民参画や，住民から選ばれたヘルスワーカーによる各家庭をつなぐ活動によって，地域保健活動を通して地域コミュニティが再建されていくことが期待される。また，紛争によって地域コミュニティが崩壊し，人々が相互に不信感をもち希望を喪失しているような地域で，和解と平和構築を進めるには，抽象的な平和教育より，保健医療という具体的な実務教育を通じて，命の大切さ，相互信頼の重要性という価値観を再生できる可能性がある。保健医療は共通の利益，ニーズであり，対話の糸口となり，地域コミュニティ再建と，相互信頼と人間中心の価値観再生をはかれる。例えば，内戦後のカンボジアで，旧ポルポト派衛生兵と村のヘルスワーカーが，一緒に研修を受けることにより相互理解が進んだという事例もある。

（青山温子）

▷4　ソーシャル・キャピタル（社会関係資本）とは信頼，社会規範，ネットワークといった人々の協調行動の活発化により社会の効率性を高めることができる，社会組織に特徴的な資本のことで，物的資本，人的資本と並ぶ概念である。Ⅵ-1も参照。

（問い）

プライマリ・ヘルスケアにより，途上国の貧しい農村部に，基本的保健サービスを広く公平に提供することができた。しかし，見方を変えると，都市部富裕層が受けられる専門的医療サービスは受けられず，不平等は解消されないばかりか，むしろ格差が拡大したともいえる。プライマリ・ヘルスケアを進めることの，意義と課題について考えてみよう。

（参考文献）

日本国際保健医療学会編『国際保健医療学（第3版）』杏林書院，2013年。
Werner, D., et al., *Where there is no doctor : a village health care handbook* (*16th updated*), Hesperian Health Guides, 2020.
WHO/ILO/UNESCO/IDDC, *Community-based rehabilitation: CBR guidelines,* WHO, 2010.
Ui, S., et al., "Building peace through participatory health training: A case from Cambodia," *Global Public Health* 2（3）：281-293, 2007.

Ⅷ　健康・感染症と開発

 保健医療とジェンダー

① ジェンダーと健康

　人々が健康を損なう時，病原体などの直接的要因に加えて，間接的要因としての栄養状態や環境衛生などが関わり，さらに遠隔的要因として社会・文化的要因が作用している。ジェンダーは，重要な社会・文化的要因の一つである。

　ジェンダーに基づく社会的役割や文化的規範によって，さまざまな健康問題が生じている。例えば，換気の悪い台所で薪を燃やして調理するのが女性の役割であれば女性に呼吸器の問題が生じるであろうし，女性の喫煙が文化的に容認されなければ喫煙が原因となる疾患は男性に多くなるであろう。女性が家庭内で従属的地位にあって十分に食事がとれず栄養状態が悪くなったり，夫が避妊に協力せず妊娠出産を繰り返して健康を害したりすることも，途上国では起こっている。女性は夫の許可がないと病院に行けない，あるいは女性の医療従事者がいないと受診できないといった社会規範があれば，女性の保健医療サービスへのアクセスの妨げとなる。また，ジェンダー要因は，女性本人のみならず子どもや家族の健康にも影響する。母親が教育を受けていないと子どもの栄養不良が多くなり死亡率も上昇することは広く知られている。女性は食物や飲料水を準備したり，家族の世話をしたりする役割を果たすことが多いため，女性の知識水準は家族の健康に直接影響するのである。

　ジェンダーによる格差は，同一の社会階層や集団の中にも認められる。貧困者，教育水準の低い人たち，障害者，少数民族など，マイノリティあるいは社会的弱者とされる人たちは，そうでない人たちに比べて健康状態がよくないことが知られているが，その中でも，女性は男性より一層困難な状況におかれ二重の負担を強いられている。途上国では，女性は男性より貧困者が多く教育水準が低いことが多いため，疾病負担もより大きいと考えられる。

② リプロダクティブ・ヘルス／ライツ

　リプロダクティブ・ヘルス（reproductive health；性と生殖に関する健康）とは，性と生殖に関して，身体的・精神的・社会的に完全に良好な状態と定義され，リプロダクティブ・ライツ（reproductive rights；性と生殖に関する権利）と並べて，リプロダクティブ・ヘルス／ライツと称されている。より幅広いセクシュアル・ヘルス（sexual health；性の健康）とあわせて用いられることもある。具

▷ 1　1994年のカイロ国際人口開発会議（ICPD）において，参加179ヵ国が合意して採択した「カイロ会議行動計画（ICPD Programme of Action）」によって，リプロダクティブ・ヘルス／ライツの概念が国際的に認知された。それ以後，国際社会では，人口問題を国家政策として論じることはなくなり，個人特に女性の健康と人権の視点が重視されるようになった。

▷ 2　マーガレット・サンガー（1879-1966）は，家族計画と女性のリプロダクティブ・ライツに関する，米国の活動家である。避妊が非合法だった時代に，何度も逮捕勾留されながら，産児制限の必要性を訴え，1960年米国での経口避妊薬認可に至らしめた。活動の背景には，11回出産した母親が50歳で死亡したことや，看護師として頻回の妊娠に苦しむ貧しい女性たちをケアした経験があった。1923

体的な課題としては，家族計画，妊娠・出産，危険な妊娠中絶，不妊・生殖医療，性感染症，乳癌・子宮癌，女性性器切除などの有害行為，女性に対する暴力など，広範に及んでいる。生殖年齢の女性ばかりではなく，思春期，更年期，あるいは男性など，性別，年齢を問わずすべての人たちが対象となる。

MDGsの15年間で，世界の妊産婦死亡は推定年間60万人から30万人に半減したが，主にサブサハラアフリカ諸国では目標を達成できず，SDGsに引き継がれた。妊産婦死亡を防ぐには，妊娠中に予測できなかったのに出産が始まってから状態が急激に悪化した時にも対応できるよう，産科緊急医療体制を整備することが必要で，費用もかかり容易ではなかった。また，伝統的社会の男性指導者たちが，外国の援助関係者が直接女性たちを対象とする活動に反対する場合もあった。妊産婦死亡の原因で最も多いのは出血であり，もともと貧血の女性が多いこともその一因である。貧血の原因としては，食生活の問題のほか，間隔をあけずに妊娠出産を繰り返すため栄養状態が回復できないことが挙げられる。

妊産婦死亡を防ぐのに，家族計画[12]は有用な対策の一つである。望まない妊娠を避けられれば，妊娠合併症の絶対数が減り，妊産婦死亡数が減少すると期待できる。特に産科緊急医療体制が十分整備されていない地域では，避妊が女性の命を救う効果は大きい。避妊という言葉に文化的抵抗がある場合は，出産間隔をあける（birth spacing）ことを勧めており，2年以上の間隔をあけることによって母親は健康・栄養状態を回復でき，子どもの世話も十分できるようになって，妊産婦死亡や乳児死亡を予防できる。また，避妊や人工妊娠中絶が制限されている地域では，危険な妊娠中絶のために多くの女性たちが命を落としている。

妊娠出産にまつわる伝統的慣習は，どの社会・文化でも認められる。それらは，必ずしも健康に問題を起こすわけではないものの，誤った慣習が弊害をもたらす場合もある。例えば，女性は産後40日間家庭外に出てはならない，出産後3日間母乳を与えてはいけない，といった慣習は，母子の健康を損なってしまう。また，文化的社会的に産科診療は女性が携わることになっている国や地域があり，女性の医師，看護師，助産師を，地方にも配属する必要がある。

③ ジェンダー・ベースド・バイオレンス

ジェンダー・ベースド・バイオレンス（gender-based violence）とは，ジェンダーに基づく身体的・精神的・性的暴力のことであり，ドメスティック・バイオレンス（domestic violence: DV; 家庭内暴力）もその一つである。被害者となるのは圧倒的に女性が多いため，女性に対する暴力と称されることも多い。また，紛争や災害による避難民・被災者の中でも，女性はより困難な状況におかれることが多く，女性に対する暴力も頻発している。　　　　　（青山温子）

年に開設したクリニックは，後に全米家族計画連盟となった。

加藤シヅエ（1897-2001）は，家族計画に関する日本の活動家で，戦後初の女性国会議員の一人である。前夫の赴任地で，炭鉱で働く女性たちの悲惨な生活を知った。前夫とともに渡米中にマーガレット・サンガーと出会い，1922年に日本に招待して講演会などを開催した。1934年に，産児制限相談所を設立した。戦後1947年に，人工妊娠中絶と不妊手術を合法化する法案を共同提出した。1954年に日本家族計画連盟結成，政界引退後の1974年に会長就任，1988年国連人口賞受賞，1995年ジョイセフ（JOICFP；家族計画国際協力財団）会長となった。

（問い）

女性の行動に関する社会規範や妊娠出産に関しては，その国や地域の固有の文化が大きく反映される。女性の人権や健康を守る活動が，文化的に容認できないと反対された場合，どうするべきか考えてみよう。

（参考文献）

青山温子・原ひろ子・喜多悦子『開発と健康』有斐閣出版，2001年。

The World Bank, *Engendering development through gender equality in rights, resources, and voice*, The World Bank, 2001.

The World Bank, *World development report 2012 : Gender equality and development*, The World Bank, 2011.

Ⅷ　健康・感染症と開発

 6 健康と社会的包摂

① 社会的包摂（ソーシャル・インクルージョン）と健康格差

　インクルージョン（inclusion；包摂）とは，ある集団内に含まれる，年齢，性別，民族などの異なる多種多様な人たちが，互いの違いや個性を受け入れて共存共栄することを表す。共生社会とは，誰もが互いの人格・個性・多様なあり方を尊重して支え合い認め合える社会のことである。米国では，1950〜60年代に，人種差別による人権問題や雇用機会不均等等を解決しようとする中で，多様性を尊重する考え方が導入され，1980年代には，障害者の社会参加を進める戦略として，障害児教育におけるインクルージョンの理念が普及した。

　これらの考え方の背景には，マイノリティ（minority；少数派）あるいは社会的弱者と称される，社会や組織の主流から外された人たちの存在があった。マイノリティは，所得水準，職業，居住地，民族，性別，年齢，疾病，障害，性的指向などによって区分され，差別されてきた。マイノリティの人たちと主流の人たちの間には，健康格差（health inequity）が認められる。健康格差とは，健康状態や保健医療に使える資金・人材が，集団ごとに体系的に異なっていることをいう。低所得国では高所得国に比べ，小児や妊産婦の死亡率がより高く疾病負担がより大きい。同じ国内でも，所得水準，教育水準，職業，居住地，民族，性別などによって，大きな健康格差が認められる。健康格差の根本的原因は，社会の中での不平等な富の分配や権力・意思決定権の不公平にあり，個人の努力だけでは変えられない。健康格差を縮小するには，マイノリティに焦点を当てた介入を進める必要がある。

② 感染症と社会的包摂

　感染症に対する有効な治療法がなかった時代には，結核，ハンセン病などに罹患したことにより，社会的に疎外されてしまうことがあった。また，疾病に罹患したため貧困に陥ったり，社会的に不利な立場にあるため疾病に罹患しやすくなったりすることもある。例えば，現代の日本でも，ホームレスの人たちに未治療の結核患者は少なくないし，就労を続けるため結核感染を隠し受診しようとしない外国人労働者もいる。ハンセン病は，古来，洋の東西を問わず世界各地で差別の対象となってきた。日本では，治療法が確立した以後も強制隔離政策がとられ，ようやく1996年に差別の根拠となった法律が廃止された。

▷1　HIV（ヒト免疫不全ウイルス）の主な感染経路は，性感染，母児感染，注射針や血液製剤などである。感染後10年程度は無症候であるが，その後，免疫不全状態が進行し，エイズ（AIDS；後天性免疫不全症候群）を発症する。多剤併用抗レトロウイルス療法（ART）が行われるようになって，必ずしも死に至る疾患ではなくなった。

▷2　性的マイノリティを表すLGBTIまたはLGBTQとは，lesbian（女性同性愛者），gay（男性同性愛者），bisexual（両性愛者），transgender（性自認が身体的性別と異なる人），intersex（性分化疾患），queer（特定の枠に属さない人）のことである。差別や暴力の対象となり，教育や就業が妨げられ，経済的に困窮することも多い。

▷3　パンデミックとは，複数の大陸に渡って広範囲に疾病が流行している状態のことである。疾病発生が，ある集団・地域内で急激に増加した状態をエピデミックまたはアウトブレイク（流行），ある集団・地域に現局している状態をエンデミック（常在）と呼ぶ。

HIV／エイズ[4]は，1980年代後半から世界的に流行し始め，治療法がなく死に至る病気として恐れられた。感染が拡大したアフリカなどの途上国では，働き盛りの年齢の人たちの命を奪って生産力が低下し，両親を失った孤児が増加して，社会的・経済的な問題となった。流行当初，欧米の男性同性愛者や注射針を回し打ちする麻薬中毒者に多く発症したため，公序良俗に反する行為をする人たちの病気とみなされ，偏見や差別が根強く存在した。そのため，HIV／エイズ対策は，単なる性感染症対策以上に差別と闘うといった側面が強くなり，社会的・政治的意義をもつようになり，治療法の開発も急速に進んだ。HIV／エイズは，性的マイノリティ[2]の権利を求める活動を拡大させる要因となり，2000年代以降，性的マイノリティのインクルージョンが進んだ。途上国に対する国際的支援も進んで，治療薬は次第に普及してきている。

③ 健康危機と社会的包摂

健康危機とは，人々の生命および健康に，広範かつ重大な危害が生じる，または生じる恐れがある緊急の事態のことで，地震・台風などの大規模災害，原子力発電所事故などの大規模事故，感染症の大規模発生[3]，テロリズム，薬害などが含まれる。日本での健康危機の代表的事例として，1960～70年代の公害，1980年代の薬害，1995年の阪神・淡路大震災および地下鉄サリン事件，2002～2003年のSARS（重症急性呼吸器症候群），2009年の新型インフルエンザ，2011年の東日本大震災と福島第一原発事故[4]，2020年以降の新型コロナウイルス感染症などが挙げられる。

健康危機管理とは，人々の生命および健康の安全を脅かすこのような事態に対応することであり，国連・WHOなど国際的レベルから，国，都道府県，市町村などの各レベルに，健康危機管理体制が必要とされる。具体的には，①情報収集・状況把握，②健康被害の発生予防・拡大防止，③罹患者・被害者の治療と医療の確保およびメンタルケア，④迅速な情報提供，⑤原因究明のための調査，⑥関係機関との調整などが行われる。

健康危機管理にはインクルージョンの視点が必要とされ，マイノリティあるいは社会的弱者に配慮した対応が求められる。例えば，日本での災害時には，目や耳の不自由な人や日本語のわからない外国人にも理解できるように情報提供すること，避難所は女性の着替えやトイレ，身の安全などを考慮して設営すること，高齢者や障害者の避難が遅れたり孤立したりすることのないよう，平時から支援体制を整えておくことなどが挙げられる。海外においても，災害や紛争による避難民の多くは女性や子どもであり，支援が行き届くよう配慮する必要がある。例えば，支援物資や食料を男性の代表者のみに配布すると，男性戸主のいない家族や少数民族などに行き渡らないことがあり注意を要する。

（青山温子）

▷4 カルロ・ウルバニ（1956-2003）はSARS（重症急性呼吸器症候群）を初めて新しい感染症と認定し国際社会に報告した，WHOベトナム事務所公衆衛生専門家のイタリア人医師である。2003年2月，ベトナム来訪中の中国系米国人が重篤な呼吸器症状で入院，病院の依頼で調査にあたり，政府に対策を提言した。その患者から多くの医療従事者がSARSに感染し，ウルバニ医師も同年3月46歳で亡くなった。

（問い）

学校や職場で，一定人数をマイノリティの人たちに割り当てる制度（クオータ制）が，多くの国で実施されている。それに対し，主流の人たちは能力があっても不採用になり逆に差別されていると感じ，マイノリティの人たちはマイノリティという理由だけで採用され能力が正当に評価されていないと感じることがある。クオータ制の意義と課題について考えてみよう。

（参考文献）

日本国際保健医療学会編『実践グローバルヘルス』杏林書院，2022年。
The World Bank, *Inclusion matters : The foundation for shared prosperity*, The World Bank, 2013.
WHO/The World Bank, *World report on disability 2011*, WHO, 2011.

第 3 部

開発実践におけるアクターと評価

guidance

　第3部は、「開発実践におけるアクターと評価」をテーマに据え、豊かさ、貧しさといった課題に誰がどのように取り組み、どのような困難や課題に直面しながら、新たな工夫やアイデアを生み出しているのか、について考える。具体的には、国際機関、地域機関、二国間援助機関、NGO、民間企業、住民組織等、様々なアクターがどのような発想で開発課題を捉え、アプローチしているのかを紹介しながら、それぞれの特徴や課題を明らかにする。日本においては、政府開発援助の指針ともなってきた ODA 大綱が2013年に開発協力大綱に変更され、開発の定義がより広義となり、政府関係機関や NGO だけでなく、民間企業や自治体などを含み、より広い協力体制をとることが謳われるようになった。従来の国連の枠組みや政府間交渉の限界なども指摘されて久しい。ODA が各途上国の予算のごく一部であることに鑑みれば、より幅広い経済活動や市民による草の根の運動や活動に対しても理解を深め、どのように国際社会全体として豊かさ、貧しさという開発課題にともに向き合っていけるのかを考察することは今後ますます重要になってくるだろう。

　第3部第XII章では開発効果の検証を扱う。開発は規範を含む学問であることは序章でも触れたが、誰が、どのように、何をもって、より良い状況になったのかをどう判断するか、に関して取り扱う方法論は、独断や単なる理想論に固執することを避ける上で重要な観点である。データや方法論に関して、どのような観点から、何のために何をあぶりだすのか、についても開発学の中で幅広い議論がなされてきた。また、何がどのような意味で効果的であるのか、なぜそういえるのか、という観点も重要な問いである。第XII章では、こうした問題意識に立ち、量的調査法と質的調査法の代表的な例をいくつか取り上げ、開発効果の捉え方の違いや方法論の特徴を概説する。

Ⅸ　国際機関と開発

 # 国連大学と開発

① 国連大学の概要

　1969年にウ・タント元国連事務総長は「真に国際的な性格を有し，国連憲章が定める平和と進歩のための諸目的に合致した国際連合大学」の設立を提案し，1973年に国連大学憲章が採択された。日本政府からの東京の本部施設提供および国連大学基金設立の申し出を受け，国際連合大学（以下，国連大学）は，1975年に活動を開始した。現在は，世界12カ国に14の研究所を有する世界規模の組織に発展し，職員は約740名，年間予算は5600万米ドルとなっている。

　大学憲章は，国連大学は「研究，大学院レベルの研修および知識の普及に携わる，学者・研究者の国際的共同体」であり，「人類の存続，発展および福祉に関わる緊急かつ世界的な課題」の研究を行う機関であると定義している。創立当初は，世界の飢餓，自然資源の管理・利用・適切な分配，人間と社会の三分野に活動の重点を置き，1980年代には，世界経済の新たな指針，持続可能でグローバルな生命維持システム，科学技術の進歩などに焦点を当てた。現在は，平和と安全保障，社会変動と経済開発，環境と気候とエネルギーに焦点が当てられている。

② 国連大学の45年の歴史

　国連大学は設立以来45年間にわたり，政策に関する重要な課題に答えを出すことに重点を置き，国際的なシンクタンクとして国連システムの中でも独立した機関として認められてきた。その特徴は，エビデンスに基づく研究結果や提言を多国間政策プロセスに反映していることである。また，世界各国の研究者や実務者，特にグローバルサウスの専門家が積極的に国連システムの政策立案者と協働できるようなサポート体制も構築してきた。

　また国連大学は，持続可能な開発や人間の福祉の新たな評価方法を構築してきた。1980年代に国連大学世界開発経済研究所（UNU-WIDER）が実施したグローバルサウス諸国での事例研究は，当時の画一的な構造調整計画に異議を唱え，世界規模でのパラダイムシフトを加速させたとされる[1]。同研究所の「飢餓と公共活動」事業では，開発の指標をGDPなどの経済的観点に加え，潜在能力アプローチや人間開発アプローチを採り入れるという流れを作り出し，この手法は世界の開発経済学コミュニティやその他の開発分野にも広く浸透していった。

▷1　報告書では，国際通貨基金（IMF）と世界銀行に対して80年代のマクロ経済危機への的確な対応を提言している。Ⅰ-4 も参照。

▷2　本研究結果から2％の世帯が世界の富の半分を所有していることが明らかになった。

▷3　2010年11月末から12月カンクン（メキシコ）にて，国連気候変動枠組条約第16回締約国会議（COP16），京都議定書第6回締約国会合（CMP6）が開催された。カンクン合意では，先進国・途上国両方の削減目標・行動が同じ枠組みの中に位置づけられ，日本の目指す「全ての主要国が参加する公平かつ実効性ある枠組み」の基盤となった。

▷4　2021年から2030年を「国連生態系回復の10年」とすることが，2019年3月の国連総会で定められた。社会ニーズに応えるために生態系の生産性と能力を改善することを目的としている。

3 国連大学の近年の取組み

2002年に国連大学副学長が，事務総長報告書『国連の強化——さらなる変革のためのアジェンダ』の筆頭著者を務めたことを皮切りに，各研究所のMDGs および SDGs への貢献が顕著となった。

2004年に開始した UNU-WIDER の事業「グローバルな視点からの個人資産」は，世界の家計資産の分布について初めて推定値を出し，2008年には世界所得格差データベースが創設された。また，環境移民が科学的・政治的アジェンダとして認識されていなかった2000年代初旬に，国連大学環境・人間の安全保障研究所（UNU-EHS）が実施したインド洋での地震・津波，およびハリケーン・カトリーナによる被災と移住に関する研究は，2010年のカンクン適応枠組み第14条 f 項に移住と避難に関する記載を盛り込むきっかけとなった。同研究所は，マルチハザードリスクに関する評価方法が欠如していることを指摘し，世界リスク指標を共同開発し，2011〜16年には世界171カ国の自然災害リスクを『世界リスク報告書』で発表した。国連大学地域統合比較研究所（UNU-CRIS）は，2005年より欧州連合（EU）が出資する複数の大型コンソーシアム事業「地域における知識融合システム」を主導し，EU の外交政策に影響をもたらした。また，2007年より国連大学政策主導型電子ガバナンスに関するオペレーティング・ユニット（UNU-EGOV）が開催している「国際電子ガバナンス理論と実践会議」は，デジタルガバナンス分野での世界的な取組みとなった。

アジア太平洋地域では，国連大学サステイナビリティ高等研究所（UNU-IAS）が，世界の生物多様性アジェンダを推進している。2010年に名古屋市で開催された COP10 では，人間社会と自然環境との融合を促進する提唱を行い，「国連生物多様性の10年」に貢献する研究シリーズを毎年発刊している。現在は「国連生態系回復の10年」の国連大学フォーカルポイントとしてポスト2020年生物多様性枠組の策定に向け活動を実施している。また，2005年より持続可能な開発のための教育（ESD）の推進においてユネスコとも連携している。

北米地域では，国連大学政策研究センター（UNU-CPR）が，2018年の政策報告書で国連常駐調整官システムと紛争予防におけるその役割を明確化し，現在，常駐調整官研修の評価基準となっている。また，国連大学水・環境・保健研究所（UNU-INWEH）は，淡水化と濃縮塩水の生産に関する評価を主導し，これにより，経済と環境に優しい方法で処理・利用していく必要性を示した。

また国連大学は，大学院学位プログラムと多様な研修の機会を提供している。2020年には，修士課程には235名，博士課程には89名が在籍し，このうち38％が途上国出身者，57％が女性であった。また，同年に147の専門研修を主催し，8900名が参加した。新型コロナウイルス感染症の影響で多くの研修が中止となる中で，75件のセッションはオンラインで実施された。　　　　（山口しのぶ）

▷5　2019年には，世界では淡水化された水よりも濃縮塩水の生産量の方が多いことが初めて明らかとなった。

（問い）

2030年までに持続可能でよりよい世界を目指す国際目標である SDGs を達成するには分野間の壁を取り除いた融合的な取組みが必要不可欠である。異なる分野の協働を促進するために学術界が貢献できることとして何が挙げられるか。また，政策立案担当者，実務者と専門家の連携を促進するためには何が必要とされるだろうか。

（参考文献）

Dreze, J. and Sen, A., *Hunger and Public Action*, World Institute for Development Economics Research, 1989.

UNU-WIDER, *Personal Assets from a Global Perspective*, 2008.

Nishi, M., Subraminian, S. M., Gupta, H., et al., *Fostering Transformative Change for Sustainability in the Context of Socio-Ecological Production Landscpaes and Seascapes (SEPLS)*, Springer Nature, Singapore, 2001.

『国連大学第 1 中期展望（1982-1987年）』，『国連大学第 2 中期展望（1990-1995年）』，『国連大学第 3 中期展望（1996-2001年）』，『国連大学戦略計画（2000年，2002年，2011-2014年，2015-2019年）』，『国連大学戦略指針（2005-2008年，2007-2010年）』。

IX　国際機関と開発

 国際開発金融機関と開発：IMF と世界銀行

1　ブレトンウッズ体制と戦後復興

　第二次世界大戦末期の1944年 7 月，米国ニューハンプシャー州ブレトンウッズで開かれた連合国44カ国により，米ドルを基軸通貨とした通貨安定と戦後の経済復興を目的として設立することに合意されたのが後にブレトンウッズ機関（体制）と称される「国際通貨基金（IMF）」と「国際復興開発銀行（IBRD）[1]」である。IBRD は1946年 6 月に業務を開始し，1960年 9 月に発足する「国際開発協会（IDA）」と合わせて世界銀行（世銀）と呼ばれる。また，民間企業向けの融資を行う「国際金融公社（IFC）」（1956年 7 月発足），融資への保証を行う「多国間投資保証機関（MIGA）」（1988年 4 月発足），途上国と投資家の紛争仲裁を行う「投資紛争解決国際センター（ICSID）」（1966年10月発足）を含めた五機関を「世界銀行グループ」と総称している（図 1）。

　世銀は当初欧州の戦後復興を支援する意図で設立されたが，東西冷戦の激化とともに，米国がマーシャル・プラン[2]を行ったこともあり，融資の中心は欧州以外の加盟国に向けられた。開発融資で共産主義陣営を封じ込める自由主義陣営の先兵の役割を果たし，日本と旧西ドイツが1952年に揃って加盟したのも冷戦時代を象徴する出来事であった。

　日本は1953年から1966年にかけて31件，総額 8 億6300万ドルの世銀融資を受け，当時世銀にとって最大の貸付国になっていた。主な世銀借款プロジェクトとして，愛知用水，黒部ダム（水力発電），東名・名神高速道路，首都高速道路，東海道新幹線などがあり，1964年には池田勇人内閣の下 IMF 8 条国に移行し[3]，OECD にも加盟して名実ともに先進国入りするまで戦後復興・高度経済成長を支えた。

2　ワシントン・コンセンサスの興亡

　西欧諸国や日本が戦後復興を果たし，国際貿易が活発化したことや1960年代にベトナム戦争で米国経済が深刻な打撃を受けたことなどにより，それまでの固定為替相場制度（金・ドル本位制）が維持できなくなった。1971年に米国は金と米ドルの交換を停止し，変動為替相場制に移行したことはブレトンウッズ体制の崩壊を象徴する出来事であった。

　IMF・世銀が再び注目を浴びるのは，1980年代後半にメキシコなど中南米諸

▷ 1　発足当初，IBRD の授権資本（91億ドル）の出資者は米国（31.75億ドル），英国（13億ドル），ソ連（12億ドル），中国（台湾）（ 6 億ドル），フランス（4.5億ドル），インド（ 4 億ドル）等であったが，ソ連，ポーランド等東欧諸国の参加は見送られた。ポーランド，ハンガリーは1986年，ロシアおよび旧ソ連内の共和国は1992年に加盟した。

▷ 2　マーシャル・プラン　欧州復興計画（ERP）（通称マーシャル・プラン）は西ヨーロッパ16カ国に対して供与された復興計画であり，欧州経済協力機構（OEEC）（のちの経済協力開発機構〔OECD〕）が受け皿機関として設立された。IX-4 も参照。

▷ 3　池田勇人（1989-1965）首相は大蔵官僚出身で，「所得倍増計画」の提唱者として知られる。国際収支の悪化を理由に為替制限を行うことができない IMF 8 条国に移行し，OECD 加盟を認められたことで，日本は援助を受ける国から供与する国になった。

国，サハラ以南アフリカ諸国，さらにはポーランドなど一部の東欧諸国で累積債務問題が顕著になった時に，債務のリスケジュールや構造調整プログラム（SAP）への追加融資を行う条件（コンディショナリティ）として債務国が自助努力（財政支出の削減，国営企業の民営化，規制緩和，貿易の自由化等）を課した時である。IMF・世銀のコンディショナリティはワシントン・コンセンサスと呼ばれ，1990年代半ば頃まで多くの国で経済発展のモデルとなった。しかし，1997年に発生したアジア通貨危機では，IMF勧告に従ったインドネシア，韓国などで失業・貧困の急増が社会問題化した。**スティグリッツ**上級世銀副総裁は在任中（1997～2000年）からワシントン・コンセンサスを激しく批判し，以降，世銀は貧困削減を重視する援助政策に大きく舵を切った。

世界銀行グループ
- IBRD（国際復興開発銀行）
- IDA（国際開発協会）
- IFC（国際金融公社）
- MIGA（多国間投資保証機関）
- ICSID（投資紛争解決国際センター）

図1　世界銀行グループ

③ 開発エスタブリッシュメントに対する異議申し立ての動き

ワシントン・コンセンサスの崩壊を契機に貧困削減を中心とする成果主義の国際開発目標を設定すべきとの論調が高まり，ミレニアム開発目標（MDGs）（2000～15年）ないし持続可能な開発目標（SDGs）（2015～30年）として結実した。一方，2004年には世銀でコンディショナリティ付き融資が開発政策融資（DPL）として復活した。SALと異なり財政規律や経済自由化より貧困削減や福祉政策への財政支援に重点が置かれるようになった。

世銀が貧困と分配，ジェンダーや人権への配慮などリベラルな政策課題にシフトする中で，道路や発電等のインフラ投資型融資は相対的に少なくなっていった。その間隙をつくかのように，中国主導によるアジアインフラ投資銀行（AIIB）が2015年に発足し，米国・日本主導のアジア開発銀行（ADB）の加盟国を上回り，インフラ投資を実施するようになった。

AIIBが1950年代以降の開発モデルに回帰する一方で，反米主義を掲げる中南米や欧州左翼系の論客を中心に資本主義自体に異を唱える論調（新マルクス主義）が一定の支持を得るようになった。彼らは，IMF・世銀ないし国連開発計画（UNDP）等の開発エスタブリッシュメントが主導するSDGs体制を真っ向から否定し，「脱成長」を提唱している。2020年に世界中を恐怖に陥れたコロナ禍は，国家主導の私権制限を是とする世論を拡大させ，IMF・世銀が発足時から堅持していた自由主義の基盤は根底から揺さぶられている。

（大門（佐藤）毅）

▷4　SAPを融資する構造調整融資（SAL）は2004年以降，開発政策借款（DPL）へと衣替えして今日に至る。

▷5　⇨Ⅰ-3

▷6　**スティグリッツ**（Joseph E. Stiglitz, 1943-）リベラルな立場から過度な市場主義を批判し，2001年にノーベル経済学賞を受賞。世銀の貧困削減アプローチについては Ⅰ-5 も参照。

▷7　例えば，レギュラシオン学派や連帯経済，古くは従属理論や近年の新マルクス主義，さらには中国を念頭においた国家資本主義が挙げられる。開発独裁については，Ⅴ-2 も参照。

（問い）

ワシントン・コンセンサスが崩壊し中国モデルの優位性を念頭においた開発パラダイムとしての「北京コンセンサス」が浸透しているといわれる。その制度的背景と開発金融機関の果たしうる役割について考えてみよう。

（参考文献）

浅沼信爾・小浜裕久『ODAの終焉』勁草書房，1997年。
イースタリー，W.（小浜裕久・冨田陽子・織井啓介訳）『エコノミスト南の貧困と戦う』東洋経済新報社，2003年。
太田康夫・有馬良行『戦後復興秘録』日本経済新聞出版社，2012年。

IX　国際機関と開発

3　地域開発銀行と開発

1　地域開発銀行とは

　第二次世界大戦後の国際金融システムの枠組みの中で，世界銀行がグローバルな活動を行うのに対して，中南米・カリブやアフリカなど特定の地域の途上国の貧困削減や経済・社会開発を支援する国際金融機関が地域開発銀行だ。米州開発銀行（IDB），アフリカ開発銀行（AfDB），アジア開発銀行（ADB）の地域開発銀行三行は，1950年代から60年代にかけて相次いで設立され，融資や贈与（グラント）など金融の提供を基本業務としつつ，開発プロジェクトの形成

▷1　1991年のソ連邦崩壊を機に，中・東欧諸国における市場指向型経済への移行や民間企業活動を支援することを目的に，1991年3月に欧州復興開発銀行（EBRD）が設立された。現在までに，中央アジア，モンゴル，トルコ，地中海南東岸諸国も支援対象国に加わっており，市場経済化・民営化促進のための民間部門に対する投融資等が提供されている。

▷2　ADB と AIIB の加盟国を見ると，ADB は68（うちアジア・太平洋域内の加盟国49），AIIB は，105（うち域内加盟国数51）となっている。AIIB の域内加盟国にはサウジアラビアなど中東諸国が含まれている。ADB などの地域開発銀行がもっぱら域内の途上国を支援対象としているのに対して，AIIB ではエジプトなど域外の途上国への融資も，アジア地域の発展に資するプロジェクトに限定して実施している。なお，ADB の二大出資国であるアメリカと日本は，AIIB には未だ加盟していない。

表1　地域開発銀行三行の概要

（金額単位：億ドル）

機関名（本部所在地）		発足年	業務の概要	加盟国数	資本金
米州開発銀行（IDB）グループ（本部 米国・ワシントン）	IDB	1959	中所得国向け融資，低所得国向け譲許的条件での融資・贈与（グラント）	48	1768（授権資本）
	多数国間投資基金（IDB Lab）	1993	中小零細企業向け譲許的条件での融資・贈与（グラント）	39	18（拠出総額）
	米州投資公社（IDB Invest）	1986	民間企業向け投融資・保証	47	22（出資金額）
アフリカ開発銀行（AfDB）グループ（本部 コートジボワール・アビジャン）	AfDB	1964	中所得国向け融資・途上国で活動する民間企業向け投融資・保証	81	2210（授権資本）
	アフリカ開発基金	1972	低所得国向け譲許的条件での融資・贈与（グラント）	29および AfDB	485（出資総額）
アジア開発銀行（ADB）（本部 フィリピン・マニラ）	ADB（通常資本財源）	1966	中所得国向け融資，低所得国向け譲許的条件での融資，民間企業向け投融資・保証	68	1471（授権資本）
	アジア開発基金	1974	低所得国向け贈与（グラント）		338（拠出総額）
（参考）アジア・インフラ投資銀行（AIIB）（本部 中国・北京）	AIIB	2015	インフラ開発のための中低所得国向けおよびインフラファンドへの融資。域外途上国向け融資も一定の限度内で実施	105	1000（授権資本）

注：加盟国数および資本金額は，原則として2020年末時点。
出所：「国際開発金融機関を通じた日本の開発支援」2021年版（財務省）および各機関の年次報告書。

表2　地域開発銀行三行の重点業務分野

地域開発銀行	戦略名	重点業務分野
IDB グループ	「Vision 2025」	従来の「米州開発銀行機関戦略」（第2版）に基づき，直近の経済社会課題を踏まえ，新たな機会として策定。①グローバルサプライチェーン再構築のための地域協力の促進，②デジタル化の推進，③中小企業支援，④気候変動への対応，⑤ジェンダー平等と多様性への配慮，を挙げている。
AfDB グループ	「High 5s（ハイ・ファイブズ）」	長期戦略「At the Center of Africa's Transformation」に立脚した2025年までの五つの最優先分野：①発電所や送配電設備の建設・改善などを行うアフリカの電化，②物流および灌漑設備の改善などによる食糧増産，③特に中小零細企業に配慮した工業化，④国境をまたぐ道路の新設やリハビリによる地域統合，⑤上下水道へのアクセスの改善，教育サービスへのアクセスの改善，職業訓練の機会提供などによる生活の質の向上。
ADB	「ストラテジー2030」	2030年までの重点業務分野：①貧困への対応と不平等の是正，②気候変動への対応，強靱性の構築，環境の持続性の向上，③農村開発と食糧安全保障の促進，④地域協力・統合の推進，⑤ジェンダーの平等の推進，⑥より暮らしやすい都市づくり，⑦ガバナンスと組織・制度面での能力強化
（参考）AIIB	「Infrastructure for Tomorrow」	インフラ開発支援を通じて，アジア地域の経済・社会の持続的な発展を促進，との目標のもとでの2030年までの長期戦略。五つのメガトレンド（都市化の進展，人口動態の変化，気候変動，デジタル技術の発展，地域貿易とバリューチェーンの進展）を踏まえ，四つの柱：①グリーンなインフラ，②連結性と地域協力，③技術を適用したインフラ，④民間資本の活用，を設定

出所：各機関の年次報告書など。

や実施のための技術協力，先進事例や教訓を踏まえた政策アドバイスなどのナレッジ・サービス（知的貢献），民間セクターやNGOの資金や専門性の活用支援などを行うことで，担当地域の途上国が直面する開発課題の解決に総合的に貢献している[1]（表1）。IDB，AfDB，ADBは，「開発」銀行として貧困撲滅を根本的な目的と位置づけ，SDGsなどのグローバルな開発目標を羅針盤としつつ，地域や国の開発ニーズに対応した戦略を策定して業務を行っている（表2）。支援対象国の多くが比較的高い所得水準にあるIDBでは，サプライチェーン再構築のための地域協力の促進，デジタル化の推進などを対処すべき課題としている一方，AfDBが「ハイ・ファイブズ」で定める業務の優先目標は，貧困がなおも深刻な多くのアフリカ諸国の実情を反映したものとなっている。ADBは，これまでのアジア太平洋諸国の急速な経済発展の中で生じた格差の是正や都市問題への対応，気候変動・自然災害に対する強靭性の構築，ジェンダー間の平等推進などを重点分野と位置づけている。なお，2015年に中国主導で設立されたアジアインフラ投資銀行（AIIB）は，その目的がアジア地域のインフラ開発支援に特化している点が特徴である[2]。

② 支援国の発展状況に応じた融資条件と財源

地域開発銀行が資金を提供する際の条件では，支援対象国の所得水準や債務返済能力が配慮される[3]。比較的所得水準の高い国が多いIDBではマーケットベースに準じた条件で融資を行う支援国が多い一方，AfDBでは多くの国に対して返済条件が緩やかな譲許的な条件での融資や贈与による支援を行っている。ただし，近年，地域開発銀行が積極的に取り組んでいる民間セクター向け融資では，マーケットベースに準じた融資条件が適用される。

地域開発銀行の主な財源には，加盟各国からの出資金と自ら債券を発行して調達する資金がある。さらにAfDBとADBには，加盟国からの拠出金を財源とする開発基金があり，譲許的な条件で融資（AfDB）や贈与（AfDB，ADB）の財源としている。いずれの地域開発銀行も国際的に高い格付けを得ていることから，債券発行によって巨額の資金を有利な条件で調達できるのである[4]。

③ 地域開発銀行と地域協力

内陸国が貿易港をもつ近隣国と連携して輸送網を整備したり，複数の国を流れる河川の水資源管理を関係国が協調して行うなど，域内の国々が地域協力プログラムを策定して開発を行うことで，参加国の発展が促進されるケースも多い。地域協力への支援は，地域開発銀行の得意分野の一つで，融資や先進事例の紹介，関係国間の利害調整など多面的な役割を果たしている。ADBのメコン河流域圏（GMS）経済協力プログラム支援やAfDBによる東部・南部アフリカの電力分野での地域協力支援などの例がある。　　　　　　（玉置知已）

▷3　地域開発銀行は，資本市場から調達した資金をその調達条件（マーケットベース）に準じた条件で融資するが，低所得国や債務返済能力が低いと判断される支援国に対しては，金利や返済期間など返済条件が極めて緩やかな融資（譲許的な条件での融資）を提供する。さらに返済義務のない贈与（グラント）の形で資金を提供する場合もある。IDBの譲許的な条件の例では，米ドル建て融資で，金利0.25％/年（固定），40年後の一括返済となっている。

▷4　地域開発銀行はドルやユーロなどの国際通貨で大型債券を発行するほか，インド・ルピーやメキシコ・ペソなど途上国通貨での債券を多く発行していること，ESG（環境，社会，ガバナンス）債券の発行を活発に行っていることも特徴である。

（問い）

地域開発銀行が域内の地域協力を支援することには，どのようなメリットがあるだろうか。特に発展の遅れた小国が地域協力に参加するケースを想定して考えてみよう。

（参考文献）

財務省『国際開発金融機関を通じた日本の開発支援（2021年版）』。IDB，AfDB，ADB，EBRD，AIIBの年次報告書および各機関のHP。

IX　国際機関と開発

 OECD ─ DAC と開発

▷ 1　マーシャル・プラン
マーシャル・プランは，当時の米国の国務長官であるマーシャルの名前をとったもので，1946年から1952年にかけて，当時の金額で総額500億ドル規模の無償援助を中心とする（有償も一部含む）援助プログラムのことである。無償援助の多くは，米国の戦後の余剰生産能力（工場設備やトラックなど）を無償供与した部分が多いといった指摘もあるが，欧州の戦後復興に大きな貢献をしたといわれており，今日でも援助の成功例として挙げられることが多い（ステイル 2020）。

▷ 2　OECD はその意思決定方式に特徴がある。様々な委員会で共通指針や方針をうちだすが，その決定に際しては加盟各国メンバーの全員一致が原則とされており，各国メンバーが納得する合意に至るまで，何回かの会合をへて議論が尽くされ，合意に至る説得と理解を重視したプロセスをとる。こうした方式を「コンフロンテーション方式」ともいい，またこうしたプロセスの中で合意にむけた圧力を「ピアプレッシャー」という。こうした合意形成の方法では，あくまでも議論の大勢に抵抗するメンバーがいた場合は合意の形成が困難になるリスクがあるが，OECD 加盟国

1　OECD の組織と役割

　OECD（経済協力開発機構）は，1960年12月に調印された OECD 条約に基づき，1961年 9 月に発足した国際機関である。OECD の前身は，欧州経済の復興を目指した欧州経済協力機構（OEEC）であり，OEEC は，第二次世界大戦後の欧州復興を援助するための「**マーシャル・プラン**[1]」の執行機関であり，西欧各国の経済状況を調査し，各国への支援金額や内容を加盟各国で議論しながら決定し配分する機能を果たした。

　OECD はマーシャル・プラン終了後にその役割を終えた OEEC を改組したもので，引き続き西欧各国と米国の協議機関として重要な役割を果たし，やがて国際経済問題全般について協議する西側主要先進国の主要なフォーラムとなっていった。OECD は主要な先進国の多くが加盟国になっているが，その加盟にあたっては「市場経済」と「民主主義」という共通の社会原則・規範が前提とされ，その意味で基本的価値を共有する比較的同質的なグループでもある。そのため，加盟国数が比較的少数（原加盟国20カ国，2021年末時点で38カ国）であることと相まって，「先進国クラブ」という呼び方が長らくされてきた。経済・社会の幅広い分野において多岐にわたる活動を行っており，特に，①経済政策・分析，②規制制度・構造改革，③貿易・投資，④環境・持続可能な開発，⑤ガバナンス（統治），⑥非加盟国協力などの分野において，活発な活動を行い，「世界標準」を醸成する役割を果たしている[2]。近年は，資金の国際移動に関する規制の枠組み規制・ルールの策定にも力を入れている。毎年開催される OECD の閣僚会合での合意は，世界銀行 /IMF 総会での合意にも引き継がれることが通常であり，さらには，G7/8や G20 での議論の基礎となってきた。

2　DAC が果たしてきた役割

　OECD はその発足（OEEC からの改組）に先立って，すでに「開発援助グループ（DAG）」を有しており，1960年 7 月，OECD 閣僚決議により DAC の前身である開発援助グループ（Development Assistance Group: DAG）の機能，性格およびメンバーシップを継承した DAG の設置が決定され，1961年の OECD 設立に合わせて，DAG を DAC（開発援助委員会）に改称した。日本は1964年 4 月に OECD に加盟するが，それに先立って61年に改称された DAC の原加盟

国ともなっている。2021年時点で合計30メンバーで構成されており，EUを除く29カ国はいずれもOECD加盟国である。

DACはその発足以来，加盟国の開発途上国への支援拡大と援助の効率化などのための開発支援に関わるガイドラインづくりを行うとともに，主要援助供与国の間で共通の援助指針形成の努力と加盟国による遵守を働きかけてきた。1960～70年代には，ODAの対GNP比0.7%目標の設定，グラント・エレメントや贈与比率の改善，援助のアンタイド化の推進などを押し進めた。1990年代には，例えば1990年に「1990年代の開発協力」報告書を提示し，市場経済の拡大と幅広い民衆の開発過程への参加（「参加型開発」）に基づく持続的な経済成長を提言した。また1996年5月に「21世紀に向けて――国際協力を通じた貢献」と題する提言書（いわゆる「DAC新開発戦略」）を作成した。そこでは，発展途上国の自助努力（オーナーシップ）を支援する先進援助国・国際機関の間の協調（パートナーシップ）が重視され，また，単に国家（政府）間の協調だけではなく，開発に関連するあらゆるレベルの政府機関，民間，NGOを包摂的に含んだ形のパートナーシップが重視された。こうしたDACの政策提言は，その後の国際援助協調の潮流形成に大きな影響を与えたとされる。

③ 21世紀におけるDACの国際援助協調の努力と影響力

DACは2000年以降，2003年には「ローマ調和化宣言」を採択し，2004年には「マラケシュ開発結果マネジメント円卓会議」を開催，2005年5月には「パリ援助効果宣言（第2回援助効果向上ハイレベルフォーラム）」を開催するなど，国際援助コミュニティの間での協調体制を強化することによって援助効果を高めるべく，様々な努力を推進してきた。近年は，援助プロジェクト評価手法，技術協力の効率化，ジェンダーや環境配慮，参加型開発やガバナンス，平和構築や紛争予防などに関するガイドラインづくり，さらには，包摂的かつ持続的な経済成長，貧困撲滅，途上国の人々の生活水準の改善等に向けて議論を取りまとめ，主要援助供与国の間で共通の援助指針形成の努力を行ってきた。

このように，OECD―DACは世界経済の中核を担う国々の集合体として，国際経済（国際開発）の標準づくりに大きな役割を果たしてきた。しかし，近年，OECD諸国の世界経済に占める比重は低下し，BRICSなど新興経済圏の台頭によって，OECDでの合意事項や議論が，世界経済の標準となる影響力は低下してきたように見える。DACについても，途上国や市民社会との連携を強化することによって，欧米を中心とした「伝統的ドナー」が主導してきた影響力を引き続き維持しているという見方がある一方，新興国，とりわけ中国の援助ドナーとしての急速な台頭によって，これまでDACが主導してきた国際開発援助協調の枠組みは変容しつつあるとの指摘もある。　　　（稲田十一）

の同質性と共有する基本的な価値観がこうした合意形成プロセスを可能にしているといえる（村田 2000）。

▷3　中国は対外援助を南の国が同じ南の国を支援する「南南協力」として位置づけ，OECDのDAC諸国の援助とは一線を画してきた。他方，中国が国際開発において果たす役割の拡大に対応して，OECDは中国との関係強化にも努めている。例えば，2014年7月に中国はOECD開発センターに加盟し，11月にはOECDとの協力覚書を締結した。また，DACと中国は2009年にChina-DAC Study Groupという対話の場を設置したが，中国のシンクタンク（中国国際扶貧中心）の参加による情報共有・意見交換に留まっている。X-3　XIII-4も参照。

問い

OECD―DACが国際開発分野で果たしてきた役割は何か。中国など新興国の台頭など，OECD―DACの世界経済に占める比率が低下する中で，OECD―DACには今後どのような役割が期待されるか。また，DACは中国を正式メンバーとして取り込むべき，あるいはそれが可能だろうか。

参考文献

村田良平『OECD（経済協力開発機構）』中公新書，2000年。
ベン・ステイル（小坂恵理訳）『マーシャル・プラン』みすず書房，2020年。
ステファン・ハルパー（園田茂人・加茂具樹訳）『北京コンセンサス』岩波書店，2011年。

Ⅸ　国際機関と開発

 国際緊急支援と開発

①　国際緊急支援とは

　国際緊急支援は，大規模自然災害や大干ばつなどの天変地異による被害への対応として必要とされる。新型コロナウイルス感染症の国際的な蔓延に対しても，国際緊急支援が求められた。紛争や政情不安によって難民や国内避難民が発生し，彼らに支援を届ける必要が生じる場合もある。紛争直後の人心が不安定な段階で，人々の衣食住や生計を支援する取組みも国際緊急支援に含まれる。

　国際緊急支援は，貧困削減を目的とする一般的な開発援助とは異なったニーズと支援期間をもつ。被支援国政府の自立や援助の果実の持続性といった開発援助の原則は適用されない。人命救助や被害の拡大を防ぐことが優先されるからである。

▷1　人道主義
援助を必要とする人々に対して，分け隔てなく援助を届ける，という考え方。

　国際緊急支援の多くは，**人道主義**[1]に基づいて提供されるため，緊急人道支援と呼ばれることも多い。開発援助は，被支援国政府との二人三脚で，中長期的な関与を前提に取り組まれる。他方，緊急支援は，非常事態発生直後の応急処置であり，その関与は短い。台風，洪水，津波といった自然災害の被災地に対して，テント，浄水器，医薬品，食料品などを届ける。必要に応じて，医師，看護師，レスキュー隊員が派遣される。

②　継ぎ目（ギャップ）のない援助

▷2　⇨ Ⅵ-7

　ところが，紛争に伴い発生した難民や国内避難民[2]に対して提供される国際緊急支援では，自然災害の場合とは異なる課題が生じている。紛争は長期化しやすい。緊急事態へ対処するための短期的な支援では，不十分な場合が多い。難民キャンプは，帰還が可能になるまで難民の命を繋ぎ止めておく非常時の場から，子どもたちへの教育や成人向けの職業訓練を提供する場となった。

　ここに，緊急支援と開発援助の間に生じる継ぎ目（ギャップ）の問題が浮き彫りになる。本来であれば，難民流出の根本原因である紛争を解決し，その後に開発援助の出番となる。和平合意が結ばれ，選挙によって新しい政権が誕生する。場合によっては新憲法が制定され，新たな国づくりが始まる。そこに開発援助機関が，新政府を支える形で援助を提供してきた。

▷3　Bannon, Ian and Paul Collier, eds., *Natural Resources and Violent Conflicts : Options and Actions,* World Bank, 2003.

　ところが，内戦が和平合意によって終結しても5年以内に紛争が再発するリスクは4割を超えるという研究結果が示され[3]，従来のやり方は見直される。そ

の過程で，開発援助の新しい活用法が議論された。平和を定着させるために，紛争直後の社会に対して平和構築支援を提供することが重要だと論じられた。紛争直後は人心が安定しない。人々が速やかに平和の恩恵を実感しなければ，不満が高まる。開発援助を「平和の配当」と位置づける考え方が主流化していく。フィリピンのミンダナオ和平では，その考え方が日本政府によって実行に移された。

　これまで短期的な国際緊急支援を担ってきた組織は，より長期間の関与が求められるようになった。同時に，開発援助機関は早期介入が期待され，開発援助の強みやノウハウを生かした支援を届けるようになる。また，難民の受入国での滞在期間が長くなるにつれ，開発援助機関が難民受入国と協力して，難民支援や受入コミュニティ支援を提供するようになった。

　ギャップの課題は，時間的な隙間だけではない。緊急支援組織と開発援助機関の間に存在する支援の目的や方法の違いも含まれる。ギャップを埋めるために，両者の調整や連携の重要性も主張された。この課題は，国際的な援助潮流の一つを形成する。日本においては，国連難民高等弁務官として難民支援の最前線にいた緒方貞子が，国際協力機構（JICA）の理事長に就任したことで，両者の連携が注目を集めた。アフガニスタンやミンダナオでの復興支援，シリア難民を受け入れる周辺国支援などが，その成果だといえよう。

３　開発として何ができるか

　平和構築支援や復興開発支援という枠組みの中で，開発援助の新しい活用法が生み出されていく。難民や国内避難民が帰還した時に，彼らが生活を立て直すための支援が提供された。場合によっては，反目する住民間の和解が必要になった。民族間での殺戮があったボスニアでは，開発援助の一環で，民族和解を目指す取組みも試みられた。元兵士の**武装解除，動員解除，社会復帰**の文脈で，開発援助機関が元兵士に対して職業訓練などの代替生計手段を提供していく。紛争終結後の治安維持は，開発援助の前提条件である。したがって，警察や司法当局を支援する**治安部門改革**が，国連開発計画や欧州連合など，従来は開発援助を担ってきた組織によって受け持たれるようになった。

　開発援助は，平和の配当を和平合意の呼び水として位置づけることを可能とする。和平合意後には，間髪入れず，平和の恩恵を人々に示すことができる。しかし，開発援助を用いて根本原因を除去しようとすれば，権力闘争や政治的な和解といった被支援国の国内構造にまで踏み込まなくてはならない。開発援助の特徴は，非政治的な技術支援にあった。どこまで一国の内政に干渉すべきなのか，議論が割れる。ギャップを埋めるだけではなく，元を絶つために開発援助をいかに活用していくのか。難しい課題である。被支援国の紛争に対するレジリエンス（resilience）を高める支援が試みられている。　　　　（上杉勇司）

▷4　武装解除，動員解除，社会復帰
Disarmament, Demobilization and Reintegration：DDR. ジェンダーの観点からの課題は Ⅵ-5 参照。

▷5　治安部門改革
Security Sector Reform：SSR.

（問い）

①緊急支援と開発援助の継ぎ目をなくすために，開発援助機関が取り組んできた平和構築支援の課題は何か。
②開発援助の特徴である非政治的な技術支援を用いることは，紛争予防や平和構築において，どのような課題に直面することになるのか。

（参考文献）

野林健・納家政嗣共編『聞き書　緒方貞子回顧録』岩波現代文庫，2020年。
伊勢﨑賢治『武装解除』講談社現代新書，2004年。
上杉勇司ほか編『平和構築における治安部門改革』国際書院，2012年。
落合直之『フィリピン・ミンダナオ平和構築と開発』佐伯印刷，2019年。

IX　国際機関と開発

6　ユネスコと開発

1　人類の進歩をめぐる議論

　戦後直後から展開された**ユネスコ（国連教育科学文化機関）**[注1]による活動の歴史を振り返り，野口昇（1996）は1990年代までを五つの時代区分に分けている。つまり，①揺籃期から基礎固め，②日本加盟以降1960年代まで，③1960年以後1970年前半まで，④1970年代後半から1980年後半まで，⑤1980年後半から現在（1990年代半ば），の五区分である。

　第一期の揺籃期には，著名な生物学者である**J. ハクスレー**[注2]が初代事務局長（1946-48）となり，「科学的世界ヒューマニズム」を提唱した「ユネスコ：その目的と哲学」という論文をもって第1回ユネスコ総会に臨んだ。しかし，準備委員会はこの概念を受け入れず，事務局長といえども「ハクスレー一個人の考え」として上記の論文は配布されることになった。ユネスコは発足当初から一枚岩のようには容易にまとまらない国際機関であることを露呈したわけであるが，その後も人類の進歩をめぐる概念については様々な見解の渦中に置かれ続けることになる。本節で扱う開発も例外ではない。

　ユネスコの事業で開発という概念が前面的に台頭するのは，野口の分類によれば，第三期の1960年代であり，「大きな分岐点」とみなすことができる。というのも，1960年の第11回ユネスコ総会には，アフリカの新興独立諸国が加盟し，それまでにないほどに開発のニーズが高まりを見せ，国連がその翌年から1960年代を第一次「国連開発の10年」とすることを決議するに至るからである。

　その後，「豊かさ」を希求する国際社会は貧困問題の解決に向けて邁進し，ユネスコも学校教育の普及のみならず，成人識字教育の推進を通して教育が途上国の人々や社会の開発に寄与するという前提のもとに様々な事業が展開されていった。[注3]

2　ESD（持続可能な開発のための教育）という新たな課題

　人間社会の豊かさを実現するべく国連は「国連開発の10年」を継続していく一方で，特に1970年代以後は開発の負の側面も指摘されるようになった。環境に関する問題は各国で深刻化し，1970年代当初は劣化する自然環境への対応として環境教育が重視され，ユネスコも政府間会合などを定期的に開催するに至る。[注4]

▷1　ユネスコ（United Nations Educational, Scientific and Cultural Organization: UNESCO）
教育・科学・文化・コミュニケーションを専門的に扱う国連機関。「国連教育科学文化機関」と訳される。「戦争は人の心の中で生れるものであるから，人の心の中に平和のとりでを築く」ことの重要性がその憲章（前文）にも明記されており，教育を通して差別や偏見，暴力を世界から無くすことを目標として掲げ，戦後，国際理解教育やESD（持続可能な開発のための教育）を国際的に主導してきた。

▷2　ハクスレー（Julian Huxley, 1887-1975）
ダーウィンの擁護者として著名な生物学者であるトーマス・ハクスレーの孫に当たる。ヒューマニズムを標榜する国際機関の思想的な支柱として独自のヒューマニズムを主張するが，優劣を決定づけるような進化論としても解釈され，ユネスコのすべての加盟国には受け入れられなかった。

▷3　一例であるが，1960年代後半の「実験的世界識字事業(Experimental World Literacy Programme)」や1990年代の「万人のための教育（Education for All）」等の事業が挙げられる。こ

さらに，上記の五つの時代区分でいうなら，六番目の区分として位置づけられるであろう1990年代後半からは「持続可能な開発」という概念が国際会議でも頻繁に使用されるようになり，ユネスコも新たな教育事業に着手した。その典型的な事業が「国連持続可能な開発のための教育（ESD）の10年（2005-2014年）」である。もともとは1992年の地球サミット（国連環境開発会議）で国際的な共通課題として審議されたESDであるが，その10年後に南アフリカで開催されたヨハネスブルグ・サミット（持続可能な開発に関する世界首脳会議）での日本政府の提案を契機に「国連ESDの10年（2005-2014年）」が国連総会で採択され，ユネスコを主導機関としてESDは推進されていくことになる。さらにアクションを起こしていこうという機運が高まり，2015年からの5年間，ESDに関するグローバル・アクション・プログラム（GAP）が実施され，現在では2019年末の国連総会で決議された「持続可能な開発のための教育：SDGs達成に向けて（略称「ESD for 2030」）」という国際的な枠組みにおいてESDはSDGsを実現するための教育として位置づけられている。

③　「持続可能な開発」を再考する時代へ

　ESD for 2030で注目されるのは，1960年代以後に推進されてきた開発がその役目を終えたかのごとく批判的にすら捉えられていることである。ESD for 2030に関する国際枠組みを詳述した公式文書（参考文献中の英文）の第5.5項において「ESDの活動は……開発もしくは持続可能な開発そのものに対して批判的に問いていくことにその存在意義が見出せる」と明記されていることは，ユネスコの開発に対する新たな指向性として指摘されてよい。上記の開発に対する批判的な見方は，SDGsの17目標の相互関連性をラディカルに捉える思考が教育においても重要であるという文脈で述べられているが，過度なグローバル化に対して警鐘を鳴らしていた文意として捉えることもできる。というのも，実際にこの国際的な枠組みが公表された直後に，行き過ぎた開発が原因だとされる新型ウイルスの感染爆発（パンデミック）により世界中で多くの犠牲者を出し，人間による開発のあり方自体が問い直されるようになったからである。

　以上のように，ユネスコによる開発へのスタンスは時代の潮流の中で常に変容してきたことがわかる。第一に，発展途上国援助の社会開発という文脈において主に知識・技能の発展に力を入れた第一フェーズ，第二に第一フェーズの反省から「ジェンダーと開発」等の標語のもとにマイノリティの人々の当事者性の強調へ移行する第二フェーズ，第三に環境問題への意識が高まる中，「持続可能な開発」が強調された第三フェーズ，最後に「開発」もしくは「持続可能な開発」自体を相対化するに至った第四フェーズである。今後も開発に対する捉え方がポスト・コロナの社会情勢においてどのように変遷していくのかが注目される。

　　　　　　　　　　　　　　　　　　　　　　　　　　　（永田佳之）

れらは学校教育の普及のみならず，学校教育を十分に受けられなかった成人の非識字率の向上にも貢献した。▷4　また，開発の弊害として，女性や先住民などのマイノリティへの差別，開発の結果生じた経済格差なども問題視され，ユネスコもマイノリティの人々の権利に配慮した教育事業に乗り出した時代でもあった。

（問い）

戦後の発足当初は，教育を通して平和や非暴力の重要性を伝えてきたユネスコも，環境問題が顕在化するようになった1970年代以後になると，その劣化を食い止めるために環境教育やESDを推進するに至った。皮肉にも，学校の普及などを通して教育開発が進めば進むほど，環境破壊が進み，気候変動（地球温暖化）も深刻化するという見方がある。なぜ教育が普及しても，環境破壊は食い止められず，むしろ悪化する一方なのだろうか。

（参考文献）

永田佳之「'ESD for 2030'を読み解く」日本ESD学会編『ESD研究』Vol. 3 2020年，5-17頁。
野口昇『ユネスコ50年の歩みと展望』シングルカット，1996年。
UNESCO, 'Education for Sustainable Development: Towards achieving the SDGs（ESD for 2030）: A draft framework for the implementation of Education for Sustainable Development beyond 2019（Annex 206 EX/6. II: Executive Board 206th Session),' 2019.

IX　国際機関と開発

7　国際機関への主要国の影響

1　開発に関わる国際機関と意思決定の方法の多様性

　開発に関係する課題は多岐にわたるため，開発に関わる国際機関は様々である。SDGs を全会一致で採択した国連総会や，紛争や平和についての第一義的な議論を行う国連安全保障理事会や，開発の諸課題を担う国連の様々な計画や基金がある。これらには，緊急食糧援助を行う世界食糧計画（WFP）や難民支援を行う国連難民高等弁務官事務所（UNHCR），国連児童基金（UNICEF）等がある。また国連開発計画（UNDP）は開発協力協調の中心として，途上国の計画に沿い，各国際機関や海外の政府援助が専門分野を活かし重複しないよう，途上国とドナー間の調整を行う。さらに，国連と連携する**専門機関**である世界銀行や国際通貨基金（IMF）も，開発の中心的な国際機関である。

　このように多くの国際機関が貧困削減，平和構築，緊急援助，ジェンダー平等などの課題に取り組んでおり，国際機関の意思決定の方法も様々である。国連総会ではナウル共和国のような人口約 1 万人の島国も，米国や中国も，国連分担金の多少にかかわらず一国一票で同じである。国連安全保障理事会では，5 カ国の常任理事国が**拒否権**をもっている。IMF や世界銀行は，重要な意思決定に際して，多く拠出金を出資した国ほど多く投票権をもてる加重表決制と呼ばれる仕組みをとる。IMF には米国が一番多く拠出し，投票力は一国で最大の約16％程度を占める。この拠出金の割合を変更するためには，IMF の総会で85％以上の賛成が必要である。つまり，米国が同意しない限りこの拠出金の分担割合が変更できない。それと比べて金融支援を受ける側の途上国の投票権の割合は低い。例えばウガンダの投票権は0.1％しかない。金融支援に必要な資金を安定的に集めるためには出資国が多く票決力をもつ加重表決制が有効である一方，金融支援を受ける側の意見は反映されにくい問題がある。

2　IMF や世界銀行への主要国の影響

　IMF や世界銀行が途上国に対して行う金融支援や開発プロジェクトに対して大国がどう影響を与えるかについては，国際政治学者が統計分析を用いて多く研究してきた。例えば，国連での投票行動が米国と似ている国は，似ていない国と比べると IMF からの資金援助がより受けやすく，しかも多額の融資を受ける傾向がある。IMF の本部はワシントン DC の米国議会や大統領府から

▷ 2　⇨ IX-2

▷ 1　**専門機関**
国連とは独立して設置された国際機関であるが，国連と連携している。

▷ 3　**拒否権**
国連安全保障理事会常任理事国の五大国が一国でも拒否すれば安全保障理事会で決議できない。なお，安全保障理事会で投票により決議するには，常任理事国 5 カ国を含む 9 カ国の賛成が必要である。

▷ 4　ランダル・ストーンは，IMF の今後の政策の方向性等の一般的な事柄について議論を行う際には，理事会で他国の理事とも合意の上決めることが多く，米国一国が大きく影響を与えることはないが，自国の利害が大きく関係する国への IMF の融資プログラムに対しては米国が影響を与えると論じた。Stone, Randall W., *Controlling Institutions : International Organizations and the Global Economy*, Cambridge University Press, 2011.

わずか数ブロックのところにある。その地の利を生かし，米国のIMF代表理事は，米国が特に利害関係のある国への融資案件については，IMFスタッフを呼びつけ，融資プログラムの金額や融資にあたっての条件の内容について，正式な理事会の前に，他の先進主要国のIMF理事たちも同席する前でスタッフに説明させ，圧力をかけて自国の利益を反映するよう誘導する。こうして，米国はIMFの政策の方向性など一般的な理事会の議論に対しては大きな影響力を行使しないが，自国の銀行が多く貸し付けているなど，利害関係が絡む国への融資に関しては，インフォーマルな影響力を行使するとストーンは指摘した。

　このような大国の国際機関への影響は，世界銀行に関する研究でも指摘されている。マリックとストーンは，世界銀行への出資金が第一位，第二位である米国と日本の多国籍企業は，世界銀行のプロジェクトにおいて，世界銀行が行う「独立」プロジェクト評価で，実際のプロジェクトが得るべき評価よりも，過分に良い評価を得る傾向があると示した。そのため，本来なら世界銀行から実際の評価に応じてしか支払われないはずのプロジェクト資金が，計画通りに支払われる傾向があると論じた。[45]このように，世界銀行の現場でも，自国の多国籍企業に対するプロジェクトに対し，主要国が間接的に影響力を発揮していることが示された。

③　国連安全保障理事会と政府開発援助

　また，国連の安全保障理事会の非常任理事国となった国々に対しては，主要国からの援助の増加があるという例を示す。国連の安全保障理事会は5カ国の拒否権をもつ常任理事国と，10カ国の地域ごとに2年で改選される非常任理事国から成る。非常任理事国になった国は，安全保障理事会の意思決定に影響力をもつ。そのため，常任理事国になりたい日本やドイツは，非常任理事国になった国に対し，ODAを増額する傾向にある。[46]米国も重要な紛争が起きた年には同様にODAを増額する。また主要国のみでなく，UNHCRやUNICEFやWFPといった国際機関自体も，アフリカ地域の非常任理事国になった国に対し，援助を増額する傾向があることも明らかにされた。

　このように，主要国が国際機関に様々な影響を与えていることが研究で明らかにされている。その一方，OECD開発援助委員会（DAC）に参加する先進国[47]は，自国の援助に関するデータを公開する仕組みを作り，自国のODAの情報を提供している。中国やインドなどの新興国はこうした国際開発協力に関する自国の資金の流れに関する情報を公開していない。そのため，新興国が国際機関にどのように影響を及ぼしているかの分析は，研究者らが限られたデータをもとに行っているのが現状で，先進国ほど明確に行えていない現状にある。

（大森佐和）

▷5　こうした傾向は，米国と日本の多国籍企業が請け負うプロジェクトのみで見られ，イギリスやドイツやフランスの多国籍企業では見られなかった。Malik, Rabia and Randall W. Stone, "Corporate Influence in World Bank Lending," *The Journal of Politics* 80（1）: 103-118, 2018.

▷6　Vreeland, James Raymond and Axel Dreher, *The Political Economy of the United Nations Security Council : Money and Influence,* Cambridge University Press, 2014.

▷7　⇨ IX-4

（問い）
①国際機関による国際協力プロジェクトが，大国による影響を受けることは，国際開発協力にとってどのような影響があると思うか。
②IMFや世界銀行は一国一票制にすべきか，それとも加重表決制を維持すべきか。それはなぜか。

（参考文献）
松本悟・大芝亮編著『NGOから見た世界銀行』ミネルヴァ書房，2013年。

Ⅹ　日本の国際開発協力と比較

日本の ODA の種類と特徴

▷1　ただし DAC 統計によって把握可能なドナーの中での順位である。
▷2　ただし各省庁独自で実施する ODA 事業もある。
▷3　2019年度の実績では149カ国に供与された。
▷4　アジアの ODA 受益国全体の受取額に占める日本の構成比は42.1％，二位ドイツが15.7％となる。
▷5　農業や工業といった産業分野から，電力や道路といった経済インフラ，教育や保健医療といった社会分野，法整備支援やメディア支援といったガバナンス分野までの幅がある。
▷6　ただし2010年には韓国が新たに加盟した。
▷7　アンタイド化，評価体制の確立など，時間をかけて制度を成熟させてきた。
▷8　⇨ Ⅹ-2
▷9　二位のフランスでも22.8％に過ぎない。なお，経済インフラが他の分野に比べて突出しているように見えたとしても，日本の援助がインフラのみに偏重していると解釈するのは早計である。そもそもインフラは単価が大きいため，案件数が少なかったとしても金額ベースでは規模が大きくなる傾向がある。なお，援助配分割合が相対的に小さく見える分野（例えば教育など）であっても，他のドナーと比較すると，絶対的な規模は実は日本の方が大

 多面的に展開する総合的ドナーとしての日本

　目下，日本の ODA 供与額（2020年度）は，162.7億ドル（贈与相当額に換算したもの）に達し，二国間ドナーとしては世界第四位の規模を誇る[1]。国民総所得に占める ODA 供与額の割合（ODA/GNI 比率）は0.31％と，DAC ドナー平均（0.32％）にほぼ等しい。2008年の国際協力機構（JICA）と国際協力銀行（JBIC）の合併により，旧 JICA の「技術協力」，旧 JBIC の「有償資金協力（円借款）」，外務省主管の「無償資金協力」の大部分が新生 JICA に統合され，2012年には「海外投融資」が再開されたことで，あらゆる援助の方式を一つの援助機関で一元的に繰り出すことを可能とする ODA 実施体制が生まれた[2]。これだけの規模の資金と多様なツールを組み合わせて途上国開発を推し進めるオプションをもつ援助機関を保有する二国間ドナーは，世界的にも希有である。そのため，援助対象としては世界中のほぼすべての途上国・地域をカバーし[3]，アジア域内においては圧倒的なトップドナーの地位を占める[4]。分野としても社会分野，インフラ，産業，ガバナンスと，あらゆるセクターを網羅している[5]。

2 DAC ドナーと新興国ドナーのハイブリッド・ドナー

　他のドナーと比べて，日本の ODA には顕著な特徴がある。DAC ドナーでありながらも，アジアの新興国ドナーとも共通点をもつ点である。まず，日本は1960年以来，アジア唯一の DAG 原加盟国として[6]，ODA レジームの一翼を担ってきた。DAC が規定する ODA の国際標準を満たすように援助の手続や仕組の改善を重ね[7]，また DAC ドナーの間で共有される開発目標（貧困削減など）やアジェンダ（援助効果向上など）を受け入れてきた。「開発協力大綱」でも明記されているような自由，民主主義，基本的人権といった普遍的価値を重視する姿勢は，DAC の主流を占める伝統的な欧米ドナーと共有されている[8]。

　一方，他の DAC ドナーと比べて明らかに異質な特徴として，経済インフラ分野の重視と，ローン（円借款）というツールの重用が挙げられる。実際，セクター別配分額（2019年度）を比較すると，二国間援助の総額の半分以上（52.1％）が運輸や電力等の大規模インフラに割り当てられているのは，DAC ドナーの中で日本のみである[9]。事業単価の高い経済インフラをファイナンスすることは，グラント（贈与）では限界があるため，必然的にローンが活用される。

経済インフラを重視するのは，国の開発のエンジン部分である企業活動，ひいては産業の発展に不可欠な基盤だからである。産業が育成されてこそ雇用が生まれ，人々の所得が増大し，国全体の所得水準も向上する。こうした経済成長のプロセスを経て，人々の生活の質の向上や貧困削減に不可欠な社会基盤，さらなる生産基盤の整備のための原資が蓄積されてゆく。こうした循環が生み出されてはじめて，援助に依存する必要のない経済的自立が可能となるわけだが，その最初のステップである経済インフラを自前で整備する公的資金が不足しているならば，ローンで梃子入れしてその後の自立発展の呼び水にしようというのが日本の考える開発支援のストーリーであり，これは「自助努力支援」として定式化されている。^{▷10}

このアプローチは，中国やインドをはじめとした新興国ドナーと共通性がある。それもそのはず，アジアの新興国ドナーは，このインフラ整備を基軸とした日本の援助を受け入れ，その帰結として新興国となった今，ローンを用いたインフラ開発による経済成長というシナリオを自らの成功経験として内部化しているのである。新興国ドナーと日本との類似性は偶然の一致ではなく，自らの受け入れ経験をドナーとして再生産したものとして捉えられよう。^{▷11}

③ DACドナーとも新興国ドナーとも異なる日本的な作風

DACドナーとも新興国ドナーともどちらつかずの日本であるが，どちらでもない固有の特徴も見られる。第一は，双方向の「対話」を重視する姿勢である。目指すべき開発目標やそこに至る手段について，DACドナーのように一律に適用しようとするのでもなく，南南協力の伝統をもつ新興国ドナーのように全く干渉しないというのでもなく，対話を繰り返しながら相手国の実情に合わせてオーダーメイドで対応する特性がある。一方的に決めつけることなく，「すり合わせる」という姿勢は，現場レベルから政策レベルまであらゆる場面に浸透しており，途上国のカウンターパートに対して常に「同じ目線」で接することが是とされてきた。第二に，「実態」を重視する姿勢である。形式よりもリアリティを重視する全般的な傾向は，平均化されたトレンドよりも個別具体的な「現場」を，抽象化されたモデルよりも社会経済の「実態」把握を，財政支援よりも「プロジェクト型」支援を，と形を変えて随所に顕れる。第三に，^{▷12}「長期」にコミットメントする覚悟である。相手国との関係を一過性のものと捉えず，とことん付き合う気の長さは，計画から建設，維持管理に長い時間を要する巨大インフラを得意としていること，また返済完了まで30～40年かかるローンを用いていることと無縁ではなかろう。第四に，軍事支援とのリンクがないことである。専守防衛に徹する安全保障政策の必然の結果であるが，開発援助と矛盾しうる武器輸出をせず，「政策の一貫性」を堅持してきたことは特筆に値する。

（小林誉明）

きいという場合もしばしば見られる。

▷10　欧米への急速なキャッチアップを目指し，戦後復興を経て先進国の仲間入りを果たすまでの日本自身の軌跡そのものである。日本は途上国から先進国になった唯一のOECD原加盟国であるが，その援助の作風は，「援助される側」としての自らの経験に根ざすと考えられる。

▷11　⇒ X-3

▷12　JICAが多くの国に現地事務所やフィールドオフィスをもってきたこと，また各セクターの専門家を現地に継続的に張り付けてきた効能といえよう。

（問い）

2015年に改定された「開発協力大綱」において「国益の確保に貢献する」ことがODAの目的であると明記された。ODAと国益の関係を考えてみよう。例えば，日本政府は近年，「質の高いインフラ」を供与することをODAの重点政策に掲げているが，この政策が生まれた背景には何があるのだろうか。途上国は質の高いインフラを本当に求めているのだろうか。

（参考文献）

石川滋『国際開発政策研究』東洋経済新報社，2006年。

下村恭民『日本型開発協力の形成』東京大学出版会，2020年。

山田順一『インフラ協力の歩み』東京大学出版会，2021年。

佐藤仁『開発協力のつくられ方』東京大学出版会，2021年。

X　日本の国際開発協力と比較

他のDAC加盟国のODAの特徴

① ODA供与国としての一体性

　南北問題が顕在化しはじめた1961年，「南」の途上国への援助を促進すべくOECD（経済協力開発機構）の下に設立された国際組織がDAC（開発援助委員会）である。DACは，あるべき援助の要件として，①公的機関によって供与され，②譲許性が高く（贈与もしくは長期低利子の貸与），③途上国の経済開発および福祉の向上を主目的とする，の三点を設定し，この基準を満たす援助を「Official Development Assistance: ODA（政府開発援助）」として定義した。一定規模のODAを継続的に提供する能力があるドナーのみがDACに加盟できる。こうして，各ドナーによって供与される援助は，ODAの基準の範囲に標準化され，「DACドナー」という均質なグループが生成されることになる。加盟国相互間での定期的な「ピア・レビュー」や，各ドナーがODAの詳細データをDACにレポートする「債権国報告システム（CRS）」の整備が，同質性を強固なものにしている。DACは，同水準のODAが安定的に供給されることを可能とする「国際レジーム」としての機能を果たしているといえる。

　とりわけ，MDGs（ミレニアム開発目標）が設定された2000年の前後には，共通のゴールとして「貧困削減」が掲げられると同時に，援助の効果を高めるべく，援助受入れ国の制度への歩み寄り（alignment）やドナー間の援助手続や様式の調和化（harmonization）が促進された。奇しくも，新興国が経済的に台頭してきたのがこの時期であるが，DACの外にあってDACの枠組みに縛られる必要がないがゆえに個性の強い援助をそれぞれが繰り出す新興国ドナー（non-DAC donorsとも呼ばれる）の活動が目立つほどに，DACドナーの画一性が際立つことになった。その画一性を構成する共通の特性を以下見てみよう。

② 非対称性・サプライドリブン・片務性・制度化

　第一に，DACドナーの多く（特に原加盟国）は，南北問題が顕在化しはじめた1960年代の時点から，国の発展に不可欠な資源を「もたざる国」の問題を援助を通じた資源移転によって解決しようとする「もてる国」であった。経済発展に成功した先達者という立場から後進を先導する役割を自認するため，目指すべき開発のゴールやそこに至る道筋が教条的に設定されてきたが，それらはどの国にも有効な万能の処方箋であり，国ごとの個別の事情や文脈をふまえる

▷1　その前身としてのDAG（開発援助グループ）は1960年に結成。⇨ [IX-4]

▷2　「アンタイド性」や「政策の一貫性」など，ODAに求められる事実上の要件が徐々に付加されていった。

▷3　2022年現在のメンバーは29カ国およびEUとなる。

▷4　サウジアラビア，UAE，カタールといった湾岸ドナー，バルト三国，イスラエル，トルコ，ロシア，台湾など，DAC非加盟ながら情報提供に参画しているドナーは25カ国・地域にのぼる。

▷5　ローマ，パリ，アクラ，釜山などにおける，数次にわたる「援助効果向上に関するDACハイレベルフォーラム」を通じて進められた。

▷6　不足を埋めるために援助を拠出し続けるアプローチは早晩に限界を迎え，1980年代にはDACドナーは共通して「援助疲れ」に陥った。

▷7　例えば，「市場経済化」，「ガバナンス向上」を通じた「貧困削減」，「持続可能な開発」など，時代ごとのトレンドがある。

▷8　近年，途上国の「オーナーシップ」に基づくドナーとの「パートナーシッ

ことなく一律に適用されるべき普遍的枠組みとして提示されてきた。援助受入国が提案を受け入れない場合は，望むべく方向に教え導くためのインセンティブとして，援助を交換条件（コンディショナリティ）を付加することも厭わない。[8]

第二に，DAC ドナーの多くは，援助（ODA）を受ける側としての直近の経験をもたない[9]。よって，主権国家が外国から援助を受け入れることが，いかなる精神的負担や取引費用を伴う決断なのかを身をもって理解できない。自国が経済的な離陸を達成した時代（産業革命など）は遙か昔のため，開発過程で招来される社会変動に伴う痛みの記憶も薄い。そのため，DAC ドナーが想定する開発のあり方は，現時点における自国の基準から見て「こうあるべき」という規範から導出され，現在の途上国が直面している実態とはかけ離れた理念的なものとなり，「サプライドリブン」な援助になりがちと批判もなされる。

第三に，DAC ドナーは，所得水準で見れば「高所得国」であり，多くは先進国の象徴ともいうべき OECD 加盟国でもある。それゆえ途上国と比べれば経済的余裕はあるが，とはいえ自国内にも解決すべき課題山積のはずである。にもかかわらず，相対的に困っている国への対外援助への拠出については，国民からの一定の支持が獲得できている。よって，援助にあからさまな見返りを求める必要もなく，援助の様式としては片務性の高い「贈与」が主流となる。[10]

第四に，DAC ドナー（特に原加盟国）は，ドナーとしての長年の実績をもつベテランであり，いわゆる「伝統ドナー（traditional donors）」である。DAC レジームによる ODA の国際標準化の後押しもあり，各 DAC ドナー国の ODA 実施体制や手続は高度に制度化されている。複数機関に分散していた援助機能は一元化され，環境アセスメントやモニタリング，事前・事後の評価の仕組みが整備され，情報公開制度も発達している。援助をより効果的，効率的に改善しようという動きが常に内部から起こり続ける点は特筆に値する。

③ 欧米諸国を基軸としたメンバー構成

DAC ドナーの主軸は，DAC 発足時以来の原加盟国だが，その実質は，日本を例外として（2010年以降は韓国も），いわゆる欧米諸国（Western donors）である。そのうち，規模の点でアメリカは別格であり，保健医療や教育を重点分野とするが，民主化支援への注力が際立つ。ノルウェーやスウェーデンといった北欧諸国（Nordic donors）は，規模こそ小さいものの，国民総所得に占める ODA 支出額（ODA/GNI 比率）は世界最高水準を維持しており，社会福祉やジェンダー分野を得意とする。規模においてこの中間に位置するのが，イギリス，フランス，ドイツの 3 カ国である。こうしたウェスタンのドナーと明確に区別されるのは，EU 加盟を踏まえて2013年に新規参入した東欧諸国である。かつて社会主義陣営に属し，伝統的な DAC ドナーによる市場経済化支援の受け手であった東欧諸国は，文字通り「新興の」ドナーである。　　（小林誉明）

プ」の重要性が打ち出されているが，それすらもドナーの描く枠組みの範囲に過ぎないとも捉えられる。

▷9　ただし，大戦後の復興支援や災害時の緊急援助はこの限りではない。

▷10　片務性の起源は，DAC ドナー国の多くで共有されているキリスト教の「施し（charity）」として，さらには「もてる者の義務（noblesse oblige）」や「白人の責務（white man's burden）」としてなど，多様な観点から解釈が可能である。

▷11　スロベニア，チェコ，スロバキア，ポーランド。X-3 も参照。

問い

「援助依存」をはじめとして開発協力には多数の問題点が指摘されてきたが，それは DAC ドナー（日本も含む）の ODA への批判そのものでもあった。「援助よりも民間ベースの投資を」といった主張は根強い。では，新興国ドナーというオルタナティブが登場したことで，開発協力に内在する問題点は克服されたのであろうか。

参考文献

小林誉明「ガバナンスを通じた貧困削減」の現実的妥当性」『国際開発研究』23（1）：59-72，2014年。
ダンビサ・モヨ（小浜裕久訳）『援助じゃアフリカは発展しない』東洋経済新報社，2010年。
世界銀行（小浜裕久・富田陽子訳）『有効な援助』東洋経済新報社，1998年。
浅沼信爾・小浜裕久『ODA の終焉』勁草書房，2017年。

Ⅹ　日本の国際開発協力と比較

 # 新興国ドナーの開発協力の特徴

> 1　「新興国（emerging economies）」とは，近年急速に経済的台頭を遂げた国々であり，G20からG7を除いた13カ国，とりわけブラジル，ロシア，インド，中国の4カ国（BRICs）が脚光を集めている。
> 2　南南協力の伝統に基づいた協力関係は，実態としては古くからあったが，2000年代以降の中国の世界展開が，新興国ドナーの存在を突如「見える化」させる契機となった。
> 3　援助の断片化を招来する，ガバナンスを悪化させる，等の批判が根強い。
> 4　援助の「スピード」や「コスト」や「柔軟性」において，新興国ドナーがDACドナーより長じていることが明らかになった。DACドナーが見逃したりしてきた，援助の受け手の側が重要視する「価値」を再考する契機は，新興国ドナーがもたらしたのである。DACドナーについては Ⅹ-2 参照。Sato, Jin, Hiroaki Shiga, Takaaki Kobayashi and Hisahiro Kondoh, ""Emerging Donors" from a Recipient Perspective: An Institutional Analysis of Foreign Aid in Cambodia," *World Development* 39(12) : 2091-2104, 2011. を参照。
> 5　経済水準の低い国からより高い国へと支援が提

1　DACドナーに代替する選択肢としての存在意義

　新興国ドナー（emerging donors）とは，ドナーとしての機能を備えた新興国のことを指す[1]。しかし，「新興国ドナー」というグループが実在しているわけではない。DACドナーの独壇場だった開発援助のフィールドに，2000年代以降に新規参入者として突如現れはじめた新興国を括るための便宜的な総称に過ぎない[2]。これが，DACというレジームの下でメンバーシップが管理され，共通の規範や手続を共有するグループとしての実態をもつDACドナーとの決定的な違いである。DACのような国際基準に縛られることなく，各国が独自の方針に基づいて各々援助を繰り出す新興国ドナーは，多様性の宝庫である。

　対外援助における公式かつ正統的なドナーを自認してきたDACドナーからは，新興国ドナーによる自由奔放な援助のあり方は，「本来あるべき」援助の姿から乖離した「異質」なものに映る。そのため，DAC的な意味で正しい援助を施した場合と比べて，援助効果が小さい，さらには負の効果をもたらすという批判が展開された[3]。ところが，画一性が高いDACドナーに頼る以外の選択肢をもちえなかった援助受入国側にとっては，新興国ドナーの存在そのものが，DACドナーに代替するオプションの登場を意味し，自ら選びとれるスペースを拡大する効果をもつことがわかってきた[4]。以下では，DACドナーを「基準」とした時に浮かびあがる新興国ドナーに通底する特徴を捉えてみよう。

2　水平的・ディマンドドリブン・互恵性・制度化途上

　第一に，現在の新興国（ロシアと東欧，旧CIS諸国は除く）はかつて東西の冷戦時代に，西側でも東側でもない「南」側つまり「第三世界」に属した国が多い。第三世界諸国の間では1950年代から，国家間の対等な関係を前提とする「連帯」の精神に基づいた「相互扶助」の仕組みが構築・実践されてきた[5]。「南南協力（South-South Cooperation）」と呼ばれるこの取組みは，圧倒的に豊かな国によって，時に上の立場から一方的・教条的・画一的に施される援助を基調とする南北協力へのアンチテーゼであった。よって，自らの行為を「援助」ではなく「協力」と位置づけ，「ドナー」と呼ばれることを固辞し，支援に条件を付けたり，内政干渉をしないことが原則とされる。この南南協力の理念は，かつての第三世界を出自とする新興国ドナーの精神的ベースになっている。

第二に，新興国ドナーは，DAC ドナーからの ODA を受け取る「レシピエント」でもある。他国からの援助の「受け手」としての経験は，「送り手」としてのあり方をも規定しうる。ドナーにされたら嫌なことなどを他人事ではなく実感をもって把握できる立ち位置にいる。新興国ドナーは「実利」を重視する傾向が強いが，受け手側の真のニーズがそこにあることを知っているがゆえであろう。実際，新興国ドナーの「ディマンドドリブン」な支援のあり方は，「かゆいところに手が届く」として支援対象国「政府」から人気がある。

第三に，新興国ドナーは，所得水準から見れば未だ「開発途上国」である。よって，自国内に依然として無数の開発課題を残し，他国を片務的に支援する経済的な余裕はない。国内課題を差し置いて限られたリソースを海外に振り分けることを自国民へ説明する理屈を見つけるのは難しい。よって，「win-win（互恵）」が是とされ，援助にかこつけて自国も何らかの利益を獲得することを躊躇わず，ODA で重視される「譲許性」や「アンタイド性」には拘らない。

第四に，新興国ドナーは，細々と行われてきた南南協力から本格的なドナー化への「過渡期」の特性をもつ。急速な社会変動の只中にあって，援助体制の構築が追いついていない。対外援助の専門機関は未整備で，既存の省庁や輸出入銀行内の一部局などが援助業務を代替し，複数の機関に機能が分散している。アドホックな援助が随時供与されるが，制度化は未熟で，援助業務に必要な調査，審査，調達，評価，研究といった機能が未分化である。

③ 人材育成から世界戦略までの多様なバリエーション

国境を越える公共財を提供するのがドナーの役割だとしたら，その展開範囲として，二国間（線），地域内（面），グローバル（球）のような段階分けができよう。新興国ドナーにおいても，まず二国間での支援が基本となる。国内に人的リソースを保有する得意分野（熱帯医療等）の技術を，呼び寄せ研修や専門家派遣で提供する「技術協力」の形態をとるが，これは南南協力として伝統的に実施されてきたものであり，新興国ドナーの多くはこの段階に留まる。

自国の経済発展を経て援助に使える資源が増し，ドナーとしての規模が拡大すると，自国の近隣諸国をまたぐ「地域公共財」を面で展開する事業に乗り出せる。地域大国と目される国々が，域内の基軸国としてこの役割を果たすパターンが多く，その代表的な手段が自国の国境に接続するインフラの建設である。

面での展開がグローバルに拡大しているのが中国である。「一帯一路」構想は，中国と欧州をつなぐ交易のルートを整備するものだが，広域インフラ整備によって沿線国をつなぐ「グローバルな公共財」が提供されることで，貿易と投資による経済統合を促進するものとして評価できる。インフラ整備にかかる資金供与方法は，譲許的借款と非譲許的借款を渾然一体として活用したものであるが，借入国の債務負担等のリスク増大が懸念されている。　　（小林誉明）

供されることもある。

▷6　抽象度の高い「規範」を重視する DAC ドナーとは好対照をなす。

▷7　ただし，支援対象国の「人々」のニーズとも合致している保証はない。

▷8　環境社会配慮の軽視傾向が指摘される。

▷9　マレーシアやフィリピン，チュニジアなど，比較的小規模なドナーが採用するアプローチである。

▷10　輸出入銀行等のローンを用いて南アジアの道路網を整備するインド，NEDA（周辺国経済開発協力機構）のローンを用いて東南アジアの道路網を整備するタイは，その代表といえる。なお，域内貿易で得た関税の分配という可視化されにくい手段を用いる南アフリカや，周辺国からの難民の受入れとセットで協力を展開することで地域の安定化に寄与しているトルコやイランのようなケースもある。

▷11　債務返済停滞を理由に港の運営権を中国に99年間譲渡したスリランカの例は記憶に新しい。

問い

ドナーとして未熟とされる新興国ドナーは，DAC ドナーを目指すべきなのだろうか。それは，誰にとって望ましいことなのだろう。

参考文献

エマ・モーズリー（佐藤眞理子・加藤佳代訳）『国際開発援助の変貌と新興国の台頭』明石書店，2014年。
下村恭民・大橋英夫・日本国際問題研究所編『中国の対外援助』日本経済評論社，2013年。

X　日本の国際開発協力と比較

 4　援助効果に影響を与えるドナー側と受入国側の要因

 1　援助効果に影響するドナー側の要因

　様々なアプローチによって試行錯誤しながらこれまで途上国に対し膨大な額の国際開発協力がなされてきたにもかかわらず，貧困削減や平和構築などの課題は残り，多くの援助が意図通りの効果を発揮せず，無駄になったとされ，投入ほどは効果が得られないという援助疲れを生んだ。援助効果には，ドナー側と受入国側との両方の要因が影響すると考えられる。

　第一のドナー側の要因としては，途上国の借金の返済能力の可能性を超えて融資することによって，途上国が返済できなくなってしまい，逆に財政危機に陥ってしまう問題がある[1]。ドナー側の第二の問題点としては，ドナーの側の都合により援助額が変動してしまう「援助の変動性（Aid Volatility）」の問題がある。ドナー国のリーダーが替わったり重点政策が変わったりして援助額が急に変動すると，途上国側では将来への投資のための予算をその年の政府予算に振り向けざるをえないなど長期的な国の開発計画に支障がでる。また，世界金融危機後やコロナ禍といったショックでドナー側の財政状況が極めて厳しいなどの理由で，ドナーからの開発協力資金の額が急に減少することが起こりえる。政府間の海外援助だけでなく，途上国やドナー側のNGOでも，こうした時には援助資金が集まりにくく，活動に支障をきたす状況になりかねない。つまり，途上国にとって最も資金援助が必要な時に，開発協力の資金が細るという逆説的な状況に陥る。

　また，ドナー側の第三の問題点として，「援助の断片化（Aid Fragmentation）」の問題がある。OECDや国際機関がドナー間での協調の必要性を強調しているが，多くのドナーがばらばらで協調なしに様々な様式の手続きを要求すると，行政能力が十分でない途上国政府は手続きに追われて時間や費用が無駄になってしまう。NGOもドナーの資金獲得やドナー向け報告用の書類作成などに追われ，プロジェクト実施の質が低下してしまう事態となりうる。例えば，フィリピンの公立病院でインタビュー時に聞いた感想では，技術援助としていくつもの国からトレーニングをスタッフが受けてきたが，現場のニーズに必ずしも合わない，ドナーごとに違う短期間のトレーニングを散発的に受けることとなり，結局定着しておらず，受けた技術援助としてのトレーニングは無駄になってしまっているとのことだった。

▷ 1　例えば1980年代には低所得国の累積債務が問題となり，1990年代に低所得国のための借金帳消しを求めるジュビリー2000というミュージシャンらも参加した大々的な国際的なキャンペーンが起こり，低所得国の累積債務が帳消しになった。そのほか，現在では中国がアフリカ諸国や中南米等に行っている融資がいくつかの国で返済能力を超えているとの指摘がなされている。Hurley, John, Scott Morris, and Gailyn Portelance, "Examining the Debt Implications of the Belt and Road Initiative from a Policy Perspective," *CGD Policy Paper* 121, 2018.

▷ 2　例えば2005年のOECDの「援助効果向上にかかるパリ宣言」でも被援助国のオーナーシップの発揮が5原則の一番目に掲げられ，2011年の「効果的な開発協力のための釜山パートナーシップ」でも効果的な開発協力における第一番目の原則として掲げられた。2020年のDACの高官レベルの共同声明でも強調された。

❷　援助効果に影響する受入国側の要因

　援助効果に影響を与える要因としては，途上国側の要因も挙げられる。先進国ドナーが受入国のニーズを理解しないまま画一的な開発を押し付けてきたという根強い批判があるため，OECD では1990年代後半から，途上国自らが開発優先事項を決め実現可能な計画を立てる主体となる，受入国側の「オーナーシップ」の重要性を強調してきた。押し付けでない援助が必要であることは論を俟たない。その一方，受入国側のオーナーシップを尊重したつもりで，特定の政策効果を期待してドナーが開発援助を行ったとしても，受入国側の意図で当初とは異なる方向へ政策変更し，やっぱり考えが変わりましたと言えば，これも「オーナーシップ」である。結局は当初ドナー側が期待した援助効果は，受入国のコミットメント抜きには得ることはできないといえよう。

　また，改革を行うことをドナーに示す必要がある場合に，受入国側の政府としては，より改革目標を達成したとドナーに見せることが容易な表層的な目標で済ませておいて，本来の改革の目的には大してコミットしないまま，援助を受ける傾向のあることが統計分析を用いた研究で示されている。例えば，受入国の腐敗防止といったガバナンスの改革を目的とする援助では，既存の政府の部署の仕事の仕方を変えるというような達成するのが難しい目標よりも，反腐敗のための新しい部署を設立するなどの達成が容易な目標を選びがちである。既存の制度の改革には立ち入らず，ドナーが満足するよう新しく部署を作って反腐敗に取り組んだことにして既存の制度は温存して済ませてしまうのである。

　第三に，開発協力の政治利用の問題も指摘されている。例えば，フィリピンでは，地方政府は全く無関係な世界銀行と国のプロジェクトなのに，式典のテープカットに市長が出席して自分の手柄と見せかけることで，市長に再選されやすくなることが統計分析で明らかになっている。地元の政治腐敗から一線を画そうとするドナーの意図に反して，政治利用されてしまう。

　第四に，「援助の流用可能性（Aid Fungibility）」の問題がある。援助で資金の増えた受入国が，その増えた予算分を当初と異なる目的（軍事費など）に転用してしまい，結局社会支出は予算以上に増えないなど，意図した援助効果が得られないことを指す。さらに，受入国側の政治状況が変わり軍事クーデターや民主化の後退で政治体制が変動してしまい，ドナー国の ODA 供与の意義が根本的に問われる出来事も起こる。例えば2021年2月のミャンマーの軍事クーデターや，2021年8月のアフガニスタンのタリバンによる制圧は，人権侵害に対する日本政府の姿勢や，平和構築のための国際開発協力の意義そのものが問われる事態となった。どこまでドナーが受入国の政治的リスクや状況を分析・理解した上で開発協力を行っていけるかが重要である。　　　（大森佐和）

▷3　Buntain, Mark T., Bradley C. Parks and Benjamin P. Buch, "Aiming at the Wrong Targets: The Domestic Consequences of International Efforts to Build Institutions," *International Studies Quarterly* 61:471-488, 2017.

▷4　Cruz, Cesi and Christina J. Schneider, "Foreign Aid and Undeserved Credit Claiming," *American Journal of Political Science* 61(2): 396-408, 2017.

（問い）

①援助効果に影響を与える原因としてドナー側の要因と受入国の要因とどちらがより重要と思うか。それはなぜか。

②もしドナーとして開発援助を行うとすれば，援助の効果としてどのようなことを期待するか。それはなぜか。

（参考文献）

Riddell, Roger C., *Does Foreign Aid Really Work?*, Oxford University Press, 2007.

高橋基樹「日本の貧困国援助の比較論的考察」『国際開発研究』18(2)：111-128, 2009年。

松本悟・佐藤仁『国際協力と想像力』日本評論社, 2021年。

X　日本の国際開発協力と比較

5　ODA の事例：みんなの学校プロジェクト

▷1　みんなの学校プロジェクト
2003年にニジェールで始まった国際協力機構（JICA）の技術協力プロジェクト。みんなの学校の課題解決モデルは，ニジェールを含めアフリカ9カ国（ブルキナファソ，セネガル，マリ，コートジボワール，ガーナ，マダガスカル，ジプチ，マラウイ）の計5万5000校で試行あるいは普及されている（2021年10月現在）。

▷2　1990年代の半ば以降，サブサハラアフリカ地域の多くの国では，住民・保護者が学校運営に参画する組織として学校運営委員会が導入された。

1　みんなの学校の課題解決モデル

　みんなの学校プロジェクト^{▷1}（以下，みんなの学校）は，住民・保護者と教員等の学校関係者の協働による教育改善を実現するモデル（みんなの学校の課題解決モデル）を開発・普及し，サブサハラアフリカ地域の教育開発に貢献してきた。

　みんなの学校の課題解決モデルには，学校運営改善モデル（基礎モデル）と発展モデルがある。学校運営改善モデル（基礎モデル）では，住民・保護者の参加による学校運営を通じ，住民・保護者と教員等の学校関係者による，教育改善のための協働活動を実現した。発展モデルは，基礎モデルにより実現される住民・保護者と教員等の学校関係者との協働により，子どもたちの読み書き・算数の改善や女子就学の促進等の特定の課題解決の活動が行われる。

2　学校運営改善モデル（基礎モデル）の仕組み

　多くのアフリカ諸国では，住民・保護者と教員等の学校関係者の代表から構成される学校運営委員会^{▷2}が導入されたが，機能していなかった。学校運営委員会が機能しない主な原因は，①教育改善へのリーダーシップの欠如，②住民・保護者，学校関係者間のコミュニケーションの欠如，③教育行政等の外部からの働きかけや支援の欠如であった。これらの原因に対し，①民主選挙による学校運営委員会の設立，②住民集会における子どもの教育課題に関する情報共有と討議を通した学校活動計画の策定と実施，③学校活動計画の住民と行政官による定期的モニタリングとの実施という解決策（学校運営改善モデル）を導入し，アクターの協働による学校運営改善および教育改善を実現した（**図1**）。

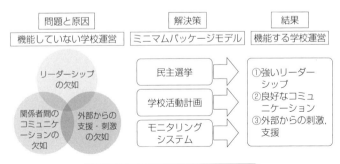

図1　学校運営改善モデル（基礎モデル）

③ 発展モデルの仕組みの例：学力改善モデル

　教育開発の課題は様々であるが，代表的な課題として子どもたちの読み書き計算等の基礎学力の改善がある。低学力の原因として，①学習時間の不足，②劣悪な学習環境や学習教材の不足，③教員による教え方の質の低さがある。それらの原因に対し，①課外補習活動の計画策定・実施にかかる研修，②効果的な副教材の提供，③学習支援手法にかかる研修という解決策を導入した（**図2**）。この導入により，副教材を用いた補習活動が実施され，子どもたちの読み書き計算などの基礎学力が改善された。

　学力改善に向けた学校運営委員会の活動プロセスは以下の六段階から構成される。①民主選挙により設立された学校運営委員会のもと，教員が生徒に対し読み書き計算のアセスメントを行う。その結果，②大半の生徒の読み書き計算の学習に問題のあることが明らかとなる。③学校運営委員会がこのアセスメント結果を要約し，保護者・住民，教員と住民集会で適切に共有する。④住民総会では参加者の間で生徒の学力改善への共通認識が醸成される。この共通認識を通して，⑤学習時間，学習環境・教材，学習の質の観点から抽出された補習活動が，教員，住民により計画され，実施される。さらに，⑥補習活動の質を高めるため，教員等に対する研修が行われ，これらのプロセスを通じ，子どもたちの学力が改善される。

④ みんなの学校の課題解決モデルによる教育開発へのインパクト

　学校運営改善モデル（基礎モデル）は，ニジェール等で普及され，学校活動計画の実施により，基礎教育へのアクセスの向上や教育環境の改善が図られてきている。また，発展モデルのうち学力改善モデルについては，ニジェールのインパクト評価において子どもの学習改善への効果が確認されている。途上国における教育開発課題の規模は大きく深刻であり，現場での着実な成果をあげる，みんなの学校の課題解決モデルへのニーズは今後一層高まると予想される。

（原　雅裕）

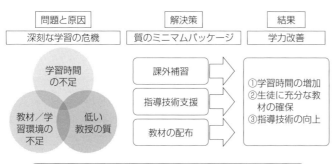

図2　発展モデル1：質のミニマムパッケージ（学力改善モデル）

▷3　インパクト評価は，開発プロジェクトによる効果を厳密に測定する手法。例として以下が挙げられる。Maruyama, Takao and Takashi Kurosaki, "Do remedial activity using math workbook improve learning? Empirical evidence from scaled-up intervention in Niger," *World Development*, Vol. 148, 105659, 2021.

（問い）

①何がみんなの学校プロジェクトの効果をもたらしたと思うか。それはなぜか。②学校運営委員会の機能が向上するとは，具体的にどのような要素が挙げられるか。また学校運営委員会の機能が向上することが，その他の教育課題についても有効なアプローチだろうか。

（参考文献）

原雅裕『西アフリカの教育を変えた日本発の技術協力』ダイヤモンド社，2011年。

Hara, Masahiro, Takao Maruyama, Akiko Kageyama, and Nobuhiro Kunieda, "Quality Learning through Community-wide Collaboration: A Methodology to Overcome the "Learning Crisis" in Niger," M. Nishimura ed., *Community participation with schools in developing countries: Towards equitable and inclusive basic education for all*, Routledge, 2020.

X 日本の国際開発協力と比較

ODA に関わる専門家の視座：コンサルタント

開発コンサルタントとは

ODA に従事するコンサルタントは，一般に「開発コンサルタント」と呼ばれている。国際開発協力に関連して専門的な知見からコンサルティングサービスを提供する個人や団体の総称である。具体的には，開発コンサルティング企業，シンクタンク，公益法人，大学等の団体，フリーランスの専門家が含まれる。日本の ODA の担い手としては，開発コンサルティング企業がその代表的なものである。

コンサルタントは英国発祥であり，その起源は建設事業の調査，設計，監理を担当するエンジニアリング業務にあるといわれている。欧米では古くから職能として認知されていたが，日本でコンサルティング企業が本格的に組織されたのは第二次世界大戦後になってからである。当初は，戦後復興や戦後賠償に関連して国内外で実施された建設事業を手掛けてきた。具体的には，運輸交通，電力，治水等に関わる調査，設計，入札管理，施工監理等のエンジニアリング業務を請負ってきた。これらの技術分野を職能とすることから，国内においては一般に「建設コンサルタント」と呼ばれる。古くから植民地経営を技術的に支えていた欧米系のコンサルタントと比較し，日本のコンサルタントは海外進出には遅れをとっていたが，戦後賠償による事業やその後の ODA 事業の拡大に伴い，海外での仕事を拡大していった。[1]

② 開発コンサルタントの役割

日本の ODA の中心がインフラ分野であることから，開発コンサルタントの大部分を占めるのは，開発コンサルティング企業であり，そこに所属している技術者が，インフラ事業の調査，設計，入札管理，施工監理等に関わるサービスを提供することが，その役割の中心である。例えば，ODA で橋を建設するに際して，事業主である国際協力機構（JICA）（クライアント）と契約し，調査時点ではその実現可能性（フィージビリティ）や社会環境配慮等に関わる調査を実施し，報告書を作成し，クライアントや先方政府の意向も踏まえて，適切な橋の設計を行い，橋の建設を行う建設業者を調達するための入札書類を作成し，公正な入札の実施を通じて契約した工事業者が実施する建設工事が適切なものかを監理するということが典型的な業務である。[2] この際，コンサルタントは専

▷1 日本の開発コンサルティング企業の近年の海外売上は年間1000億円規模になっている。しかし，世界市場（ODA 市場だけではなく民間市場を含む）における各国企業の国籍別海外売上（総額723億ドル，2019年）において，欧米加の企業が全体の75.3%占める中で，日本企業のシェアはわずか1.3%であり，ODA 事業がその大部分を占めている。

▷2 無償資金協力で建設工事を行う場合の例。実際には，調査時点では JICA がクライアントであるが，設計・実施段階では現地政府がクライアントとなる。

門技術を有するプロフェッショナルとして中立的な立場で，クライアントや工事業者との間に立ち，現場で起こる様々な問題に関して専門的見地から助言を行う。このような「中立性」，「専門性」という立場と役割は，インフラ建設事業にかかわらず，すべてのコンサルタント業務に共通するものであり，途上国の課題に対峙し，何がクライアントのニーズに合致し，同時に現地社会や人々にとっても良いことなのかということを考え，提言することが開発コンサルタントの役割といえる。開発コンサルタントにとっての顧客とは，対価を支払うクライアント（JICA等）だけでなく，先方政府，そしてそこに暮らす人々も含まれる。開発課題を病気に喩えるなら，開発コンサルタントはその病気に対峙する「開発のお医者さん」である。そして，開発の主役はあくまでも現地で課題に立ち向かう人々であり，開発コンサルタントの立ち位置はいわば黒子である。

③ インフラ中心から多様な分野へ

今日，日本のODAの多様化に伴い，日本の開発コンサルタントが提供するサービス領域もインフラのみならず，環境，社会開発，人間開発，平和構築等，多岐にわたっている。SDGsのすべてのゴールを網羅しているともいえる。

分野の多様化に伴い，新しい分野に対応するコンサルティング企業や大学等のODA事業への新規参入のみならず，インフラ事業を中核としてきた既存のコンサルティング企業でも新しい分野に対応するための専門家を確保したり，部署を新設したりする動きも見られる。

例えば，平和構築の分野においては，日本が同分野に力を入れ始めた2000年代は，紛争終結後の復興支援における学校や道路等の復旧工事が中心であったが，近年は，長年の紛争により機能不全となった政府の公共サービスの改善のための行政官の育成や制度作り，住民参加や社会包摂を意識した官民の連携強化等，多岐に亘る分野に活躍の場が拡がっている。専門家もかつては道路や建築等のエンジニアが主役で，参加型開発，環境社会配慮，ジェンダー等の非エンジニアリング系専門家は脇役であったが，近年は，紛争予防，ガバナンス，社会包摂，法制度，ファンドレイジングなどの分野の専門家が中核となって実施されるODA事業も出てきた。[3]

また，近年，IT・デジタル技術の進展は開発コンサルティングの領域に新たな風を吹き込んでいる。ビッグデータを用いた交通解析やスマートシティへの取組み，行政サービスのデジタル化等，途上国においてもニーズが高まっており，異業種からのODA事業への新規参入も見られる。

開発コンサルタントは，「中立性」と「専門性」をベースに，発展途上国の開発課題に解決策を提言する職能であり，時代の変化に合わせ，人々や社会が必要とするサービスを提供すべく，日々進化を遂げている。 （関口正也）

▷3 JICAの技術協力プロジェクトである「パレスチナ難民キャンプ改善プロジェクト」では，参加と包摂を重視した難民キャンプの改善計画を作ることを支援しているが，開発コンサルタントはカウンターパートである現地政府職員に対して，参加型手法や戦略計画づくりの手法を指導している。難民キャンプでの実際の活動は，カウンターパートが技術指導を通じて得たスキルを活用して実施し，開発コンサルタントはその様子を見守り，必要に応じて助言することが仕事である。同様に，コートジボワールの紛争影響地域で実施されている「大アビジャン圏社会的統合促進のためのコミュニティ強化プロジェクト」では，カウンターパートである地方行政職員の能力強化を通じて，政府と住民の対話，住民間の対話を促進し，相互理解と信頼の回復を支援している。これらは，人づくり，制度づくりに開発コンサルタントが取り組んでいる事例といえる。

（問い）

あなたが開発コンサルタントであったら，発展途上国が抱えるどのような課題の解決に取り組みたいか考えてみよう。

（参考文献）

海外コンサルティング企業協会『ECFA VISION 2030』海外コンサルティング企業協会，2021年。
『国際開発ジャーナル』（月刊誌）。

X　日本の国際開発協力と比較

7 ODA とボランティア

① 国家主導型の国際ボランティア事業

　「ODA とボランティア」といって思い浮かぶのは，日本の青年海外協力隊（協力隊）であろう。それは外務省所管で国際協力機構（JICA）が実施する国民参加型の ODA である。本節ではこれを「国家主導型」事業と呼ぼう。

　さて，読者はボランティア活動を国家が行うことに違和感を覚えないだろうか。自発性，無償性，公共性を要件とするボランティア活動と，権力を背景に強制や指導を行動様式とし，計画性を重視する国家の公共活動とは，性質が異なるからである。なぜ協力隊は国家主導型なのか。その特徴は何か。協力隊はボランティア活動と呼べるのか。本節はこれらの問題を考察する。

　まず概要を見ておく。協力隊は1965年の創設以来，2022年3月末現在で4万5000人を超える日本人を世界92カ国に派遣してきた。事業目的は，①途上国の経済・社会の発展，復興への寄与，②友好親善・相互理解の深化，③国際的視野の涵養（人材育成）とボランティア経験の社会還元（社会貢献）である。海外では JOCV の名で親しまれている。現在は JICA 海外協力隊のうち20～45歳の日本国民が協力隊と呼ばれ，隊員は約70日間の訓練（語学や異文化理解など）を経て，原則2年間派遣される。分野はコミュニティ，農林水産，工業，観光，教育，文化，スポーツ，保健，医療，福祉など多岐にわたる。応募者は，現地の受入機関からの要請に応じて，希望する職種を三つまで併願できる。

② 青年海外協力隊の創設

　協力隊が国家主導型として創設された歴史を1960年代に遡って見ていこう。第一に，米国が平和部隊に倣ってボランティア事業を行うよう各国に働きかけてきた。日本では外務省が対応を検討したが，その時は，日本の青年にボランティアは無理だという理由で技術者を派遣しただけだった。第二に，農村では社会変化を背景に青年団体のあり方が問われていた一方，都市では青年による犯罪やテロが懸念されていた。そこで解決策として注目され，青年に海外雄飛の夢を与えるものとして期待されたのが国際ボランティア事業だった。

　この構想を強力に推進したのは青年団体の指導者や与党自民党の若手代議士であり，自民党や政府の内部で複数の事業案が検討された。その過程で，派遣すべきは青年の技術者かボランティアか，実施機関をどこにするか，という争

▷1　JICA は協力隊のほかにも「シニア海外協力隊」「日系社会青年海外協力隊」等を派遣しており，まとめて「JICA 海外協力隊」と呼んでいるが，本節はその中核である協力隊に焦点を当てている。

▷2　国家主導型事業は米国平和部隊（U. S. Peace Corps）や韓国の WFK（World Friends Korea）など各国で行われている。特にケネディ大統領が1961年に設立した米国平和部隊は協力隊など各国の国際ボランティア事業に影響を与えた。

▷3　JOCV
Japan Overseas Cooperation Volunteers の略称。なお，2016年には「アジアのノーベル賞」と呼ばれるラモン・マグサイサイ賞を受賞した。

▷4　青年団体の指導者であった末次一郎と寒河江善秋は協力隊の生みの親として知られている。また，自民党で事業を推進したのは宇野宗佑，海部俊樹（ともに後の首相），坂田道太（後の衆議院議長）らの若手代議士であった。

点が浮上した。青年団体や自民党は新団体の下でのボランティア派遣を望んだが，外務省はOTCA（JICAの前身）による技術者派遣を主張した。最終的に政治的妥協が成立し，協力隊は，技術協力に人材育成と国際交流が加味されてOTCAの事業として発足した。国家主導型となったのは以上の歴史による。

発足後の協力隊は規模や制度の面で発展していった。累計派遣数は1990年に1万人を突破，50周年を迎えた2015年には4万人を超えた。派遣地域はアフリカ，アジア，中南米など全世界に及ぶ。制度面では，訓練所が1968年に整備され，現在は長野県と福島県の二カ所で派遣前訓練が行われている。また，全国OB会が帰国隊員の社会復帰対策として1969年に組織され，現在は青年海外協力協会（JOCA）として活動している。最近は2016年の改革により事業目的から人材育成が外され，活動経験を活かした社会貢献が重視されるようになった。

③ 国家主導型の特徴とボランティアとしての協力隊

国家主導型である協力隊の特徴は，JICAが実施し，外務省が所管する体制，いわば「JICA・外務省レジーム」にある。このレジームは三つの要素で構成されており，第一は援助機関による実施である。協力隊事業はJICAの本部，88の在外事務所・支所等，15の国内拠点に支えられており，技術協力案件と関連づけられることもある。これにより隊員の受入れや派遣地・業務の選定において現地の政府や受入機関との連携が可能になるほか，隊員の抱える様々な問題にも対応できる。第二は外交政策への埋め込みである。かつては事業に反対していた外務省も今では協力隊を日本のソフトパワーを高める手段として捉え，活動を支援している。第三に自民党，地方自治体・公立学校，JOCAによる支援である。伝統的に自民党は協力隊の良き理解者であり，自治体や学校は隊員募集に協力し，JOCAは募集，訓練，帰国後の支援を業務としている。これほどの支援体制は，NGOのボランティア事業では期待できず，国家主導型の長所といってよい。実際，協力隊は多くの開発成果を挙げている。[5]

しかし，そうであればなおのこと冒頭で指摘した違和感が気になる。協力隊はボランティアの要件を満たすのか。公共性は明らかなので，自発性と無償性を考察したい。まず，ある意識調査によれば，隊員が協力隊に参加した理由は，「人のため」「途上国のため」「キャリアアップ」など積極的な動機であった。[6]隊員は自発性を満たすといえよう。次に，隊員には渡航費，生活費など必要経費が支払われており，経済的には無償と言い切れない面がある。ただ，本来ボランティアとは人間的成長や多様な学びといった金銭では表せない「お返し」を含むものであり，その意味では無償の行為ではない。隊員の多くが「教えるよりも教えられた」と証言するように，彼らは貴重な経験や新たな価値観を通して精神的な報酬を得ている。やはり協力隊もボランティア活動なのである。

（岡部恭宜）

▷5　具体的な事例については岡部編著（2018）の第2，4～6章を参照。

▷6　この意識調査は2011～13年度に実施され，隊員は選択肢から三つの動機を選んだ。回答の一位は「人のため」（40.9％），二位は「途上国の社会のため」（34.6％）という利他的な動機であったが，四位「キャリアアップ」（30.7％），五位「自分を変える」（24.4％）など利己的な動機もあった（岡部編 2018：第7章）。

問い
①あなたは協力隊の経験談を聞いたことがあるだろうか。その時，何が印象に残ったか。
②協力隊は技術専門家に比べて知識や経験が少なく，専門性が弱いといわれているが，どのようにして途上国のために貢献しているのだろうか。JICAのHPにある様々な活動事例（https://www.jica.go.jp/volunteer/index.html）から何がいえるだろうか。

参考文献
岡部恭宜編著『青年海外協力隊は何をもたらしたか』ミネルヴァ書房，2018年。
猪瀬浩平『ボランティアってなんだっけ？』岩波ブックレット，2020年。

X　日本の国際開発協力と比較

 ## ODA におけるジェンダー主流化の課題

1　ジェンダー主流化の背景

　ジェンダー主流化とは，ジェンダー平等の実現や，エンパワーメントの促進を実現していくために，あらゆる分野とレベルにおいて，ジェンダー視点に立ち，ニーズの把握や影響を評価していくプロセスである。開発プロジェクトは，企画の立案の段階からジェンダー分析を行い，実施，影響調査に至るすべての段階において，ジェンダー視点に立ち取り組むことが求められる[1]。このジェンダー主流化という概念は，1995年に開催された第4回世界女性会議（北京会議）で採択された「行動綱領」で明確に言及されている。そして，各国にその取組み強化が求められたという経緯がある[2]。この概念は，開発に関わる多くの機関に受け入れられ，政策文書に登場する回数が増えたが，ジェンダー主流化の役割を中心的に担う**ナショナル・マシーナリー**[3]等が，国の予算削減や行政改革の影響を受け実質的に解体されている問題が指摘されている。また，「全員で取り組む」ジェンダー主流化というやり方が非効果的であり，責任の所在が不明確という意見も出されている[4]。

2　現状を知る手がかりとしてのジェンダー平等政策マーカー

　理念を掲げるだけではなく，実際の開発協力においてジェンダー主流化の理念がどの程度反映されているのかを知ることは重要である。その手がかりとなるのが，「ジェンダー平等政策マーカー（Gender Equality Policy Marker）」である。これは OECD ― DAC が，ジェンダー平等を支援するための援助をどの程度実施しているのかを判断するために用いている。そして，この指標はドナー国のジェンダー主流化と無関係ではない。ドナー国でジェンダー主流化が促進されていれば，開発援助におけるジェンダー平等に対するコミットメントも高まると認識しているからである。

　DAC 加盟国は DAC への年次報告の一部として，これらの情報を報告することが求められる。その際にプロジェクトの分類が行われる。Principal（「主目的」とする）とは，ジェンダー平等が活動の主目的であることを意味している。Significant（「統合」とする）は，ジェンダー平等が活動の主目的ではないが，重要かつ副次的／間接的な目的として認知される活動を示している。Not targeted（「その他」とする）とは，ジェンダー・マーカーに照らしてスクリー

▷1　例えば，立案するプロジェクトが，ジェンダー格差を拡大していないか，特定のグループに負の影響を与えていないか，実施するプロセスで排除やジェンダー差別的な状況はないか，ジェンダー視点に立った影響調査が行われているかを確認していくことが求められる。加えて，ジェンダー平等のための活動に必要な予算措置が行われているのか，そしてプロジェクトに関わる組織のあり方や意思決定プロセスがジェンダー差別的ではないかという点も確認する必要がある。

▷2　1995年に策定された第4回世界女性会議の行動綱領では，ジェンダー視点がすべての段階で導入されることに言及し，プロジェクトの実施に対し明確な決定がされる前に，ジェンダー分析をしっかりと行うことが強調されている。

ニングされたが，ジェンダー平等につながるような活動が認知されなかったことを意味している。ただ，この分類は，自己申告に大きく依存する手法であり，実際にジェンダー平等につながる活動かは不透明であるという指摘なども出されている。また，DAC はドナーに対して，「主目的」が「統合」より優るということではなく，双方のアプローチを組み合わせることを提案している。

3 日本の ODA とジェンダー主流化

しかし，現状は厳しいようである。OECD ─ DAC は，2016～17年の開発援助に関し，DAC 加盟国が実施する援助の多くでジェンダー平等にコミットしていないと指摘する。では日本はどうだろうか。2014年に実施された OECD ─ DAC ピアレビューで，ジェンダー平等を目的とした援助量の少なさが指摘されている（「主目的」297件，「統合」2768件）。最新の情報を見ると，2015年以降ジェンダー平等や女性のエンパワーメントに関連する拠出全体には全般的に増加が見られた（2018年「統合」1万837件）。ただ，主目的は増加傾向にはなく（2018年「主目的」161件），OECD 全体の平均と比較してもその割合はかなり限定的である。さらに，上述のピアレビューで，日本政府はジェンダー主流化を推進する体制の弱さを指摘された。日本政府は約100の在外公館にジェンダー関連政策の事務局役割を担うジェンダー・フォーカル・ポイントを設置しているが，担当者として任命された人材の知識不足が課題として認識されている。

「主目的」として，どのような案件が行われているのか具体的に見ていきたい。日本の ODA 実施機関である国際協力機構（JICA）の資料を参照すると，「ジェンダー平等政策・制度支援案件」と「女性を主な裨益対象とする案件」の二つを，DAC 分類の「主目的」に位置づけている。JICA ジェンダー案件実績（2019年）を見ると，「救急産科ケアリファラルシステム強化プロジェクト」「母子栄養サービス強化プロジェクト」「モンセラード州保健サービス改善・監理支援能力強化プロジェクト」「母子保健サービス強化プロジェクト」などが挙げられる。2019年の技術協力プロジェクトに特化すると，このように保健分野での貢献が大きいようである。

日本政府は，「主目的」とした案件の少なさや，実施体制の弱さが指摘されるが，OECD ─ DAC の考え方で重要なのは，ドナー国でジェンダー主流化が促進されていれば，開発援助におけるジェンダー平等へのコミットメントも高まる可能性があるという点である。つまり，ジェンダー不平等の放置や知識の不足が阻害要因といえる。案件数を増やす努力も重要であるが，社会全般での知識と意識の共有が，ジェンダー主流化の促進には有効であろう。

（高松香奈）

▷3 ナショナル・マシーナリー
国内本部機構であり，ジェンダー平等を目的に，すべての政策分野においてジェンダー視点を用い，政府全体でジェンダー主流化を促進する役割を担う組織である。北京行動綱領の重要分野の一つである「女性の地位向上のための制度的な仕組み」でも言及されている。様々な会議で，その強化が求められている。

▷4 ティーセンは，ジェンダー主流化が「全員の責任」とされるならば，それは誰の責任でもないことと同義であり，ジェンダー平等に関する政策や実践が行われるとは限らないと指摘する（Tiessen 2007）。

（問い）
ジェンダー主流化を阻害する要因と促進する要因を挙げてみよう。

（参考文献）
Rai, S., *Mainstreaming Gender, Democratizing The State ? : Institutional Mechanisms for the Advancement of Women*, Manchester University Press, 2008.
Tiessen, R., *Everywhere/Nowhere : Gender Mainstreaming in Development Agencies*, Kumarian Press, 2007.
村松安子『「ジェンダーと開発」論の形成と展開』未来社，2005年。

Ⅹ　日本の国際開発協力と比較

 ODA におけるジェンダー主流化の事例：カナダとスウェーデンの ODA

1 ジェンダー平等政策マーカー

2019年のジェンダー平等政策マーカーを参照すると，OCED―DAC 加盟国の中でも，ジェンダー平等に向けた取組み度合いには，かなりの違いがあることがわかる。審査された案件の中で，どの程度ジェンダー平等を「主目的」（principal），もしくは「統合」（significant）としているのかを考察すると，カナダ，アイスランド，アイルランド，オランダ，スウェーデンなどは，70％以上（カナダやアイスランドは90％）の案件がこれらに該当している。また，「主目的」だけに焦点を当てると，積極的に取り組んでいる国として，カナダ（25.4％）やスウェーデン（21％）が挙げられる。

Ⅹ-8 でも言及したが，ODA を供与するドナー国において，ジェンダー主流化が推進されていれば，ジェンダー平等に対するコミットメントも高まると理解されている。ドナー国の社会や政治，経済活動等におけるジェンダー平等の実現や理解は，ジェンダー主流化に影響を与え，ジェンダー主流化の推進度が政策に影響を与える。では，カナダとスウェーデンはどのような政策環境にあるのだろうか。この二国間について，より詳細に考察を行っていきたい。

2 カナダとスウェーデンの ODA 政策

カナダの ODA を考察すると，各年で増減は見られるが2015年以降にジェンダー平等に向けた取組みが増加傾向を示す。2019年では「主目的」とした案件の割合が大きいが，これを時系列に見ると2017年からその割合が増え，そして2019年に倍増していることがわかる。

カナダのトルドー政権は，2017年にフェミニスト国際援助政策（FIAP）を策定した。FIAP は，貧困撲滅と平和の実現，インクルーシブでより豊かな世界を構築することを目標に掲げた政策である。そしてその目標達成のため，ジェンダー平等と女性と女児のエンパワーメントを推進している。より詳細には，FIAP では二国間 ODA の15％をジェンダー平等と女性と女児のエンパワーメントに割り当てることを約束している。また，脆弱国家や紛争の影響を受けている国への積極的支援についても言及がされている。これらの政策枠組みが実際にどの程度，ODA の内容に影響を与えたのかを明確にすることは困難であるが，ジェンダー平等を「主目的」とする ODA の急増は，カナダ政府が

▷1　2019年のデータを参照すると，ODA 事業すべてを審査対象としている国と，特定の分野（例えば二国間援助）だけを審査している国が混在している。

▷2　フェミニスト国際援助政策（Feminist International Assistance Policy: FIAP）は，外交政策と援助政策においてジェンダー平等と女性や少女のエンパワーメントを掲げるものである。またトルドー政権は，GBV（ジェンダーに基づく暴力）に対応すべく，殺害や行方不明となっている先住民女性や少女の国家調査などを立ち上げた。しかし，その対応が不十分であるという批判も出されている。

▷3　南スーダンで実施されている案件は，性とジェンダーに基づく暴力（SGBV）の発生率の高さを問題視し，女性や少女のエンパワーメント促進や司法へのアクセスの推進などが取り組まれている。

▷4　分野としては，カナダと同様に社会インフラ・

FIAP を導入した時期と符合している。さらに強調すべきは，同政権は国内の政策においても，フェミニズムを政策の中核に位置づけ，この考え方は閣僚の構成などにも反映されている。外交政策や援助政策が独立的にジェンダー平等を目指すのではなく，国内政策と整合性をもつ形でフェミニスト外交政策があるということである。

カナダ政府によるジェンダー平等 ODA の受入国としては，南スーダン，マリ，バングラデシュが挙げられる。また，分野を見てみると，ジェンダー関連の案件は社会インフラ・サービス分野に傾注している[▷3]。

スウェーデンは，ジェンダー平等を目的とする ODA 実施に増減が見られる。だが一つの特徴として，過去10年間にわたり安定的に，ジェンダー平等を主目的とする案件が実施されていることが挙げられる。一過性のものではなく，ジェンダー平等への政策指向性が，社会や政治の中で定着していることが窺える。スウェーデンのジェンダー平等 ODA の受入国（2019年）は，ザンビアが最大で，ウガンダ，モザンビークがそれに続いている[▷4]。

実はスウェーデンはカナダに先行して2014年に「フェミニスト外交政策」を策定している[▷5]。この政策は，ジェンダー差別や従属構造の変革を目的とするものであり，そのために女性と女児の権利，代表制の確保，そして資源へのアクセスの強化を行うものである。スウェーデンは，2014年以前も，援助政策をはじめ国内外でジェンダー平等を促進する中心的な存在であった。従来からの積極的な取組みがある中で，改めて2014年に政策が策定された背景には，ジェンダー平等の達成なくして持続可能な平和や開発の実現は不可能という政治的な「強い決意」が反映されている。このように，カナダやスウェーデンは，ODA を通じたジェンダー平等の実現へ大きな貢献を行っている。そして，その貢献を下支えするものとして，政策の整備が見られた。

③ ODA 政策のジェンダー主流化

以上から，積極的に ODA 政策のジェンダー主流化を推進していく上では，単に ODA 予算の増額や ODA 関係者の意識の変革だけが必要なわけではないとわかる。より根本的にドナー国の社会および政治経済環境がジェンダー平等を指向するものとなっているのか，そしてそれを支える政策的枠組みが存在するのかという点が重要になるといえよう。

カナダとスウェーデンの取組みは，日本の ODA 政策のジェンダー主流化を推進する上で，有益な事例になるのではないだろうか。ODA 実施団体や関係者の意識や取組だけに頼るのではなく，ジェンダー平等への政治的コミットメントの強化とそれを支える政策枠組み，そしてジェンダー平等の推進について ODA 政策との整合性をもった国内政策の実施が鍵である。　　（高松香奈）

サービス分野に傾注している。ザンビアに対しては，セクシュアル・リプロダクティブ・ヘルス／ライツの案件が実施されている。

▷5　スウェーデン政府は，2014年にフェミニスト外交政策を示したが，そこではあらゆる差別とジェンダー不平等を解消することを示している。スウェーデン政府が作成したフェミニスト外交政策のハンドブックによると，三つの R（Rights／Representation／Resource）を確保することを目指している。Rights は人権の保障，Representation は代表や意思決定への参加，そして Resource とは，ジェンダー平等や機会の均等を推進するための資源の配分などを意味している。

（問い）

また，フェミニスト外交政策は通常の外交政策と何が異なるか。そして，ODA政策にどのようなインパクトをもつだろうか。

（参考文献）

Parashar, S., Tickner, J. A., and True, J., *Revisiting gendered states : Feminist imaginings of the state in international relations*, Oxford University Press, 2018.
Bashevkin, S., *Women as Foreign Policy Leaders : National Security and Gender Politics in Superpower America*, Oxford University Press, 2018.
信田理奈『ジェンダー平等の国際的潮流』三恵社，2015年。

XI　コミュニティ開発

 社会関係資本と開発

▷1　詳細は以下を参照。*The Legatum Prosperity Index 2021*. https://li.com/reports/2021-legatum-prosperity-index/

▷2　類似した用語に経済学者の宇沢弘文（1928-2014）が提起した「社会的共通資本」がある。これは豊かな経済生活や魅力ある社会の持続的な維持を可能とするための社会的装置を意味している。具体的には自然環境，社会的インフラストラクチャー，そして制度資本（教育，医療など）を挙げており，「社会関係資本」とはその意味内容を異にしている点に留意したい（宇沢弘文『社会的共通資本』岩波新書，2000年）。

▷3　**パットナム**（Robert D. Putnam, 1941-）
米国の政治学者。米国政治学会元会長。現在はハーバード大学ケネディスクール名誉教授。外交交渉は国内合意が得られる場合に成功するとした「二層ゲーム理論」で知られる。また，*Making Democracy Work*（1993, 邦訳『哲学する民主主義』NTT 出版，2001年）や*Bowling Alone*（2000, 邦訳『孤独なボウリング』柏書房，2006年）は，社会関係資本に関する今日的な議論の嚆矢とされている。

▷4　⇨ I-5

▷5　例えば，世界銀行で

1　社会関係資本とは何か

　英国シンクタンクのレガタム研究所（Legatum Institute）は毎年「レガタム繁栄指数」を発表しているが，各国の繁栄の程度を「社会の包摂度」，「経済の自由度」，そして「国民の活力度」の三つの領域に関する12の指標で計測している。最新の2021年版の報告書では，日本は調査対象国167カ国中19位となっており，特に「治安」や「教育」や「健康」に関する指標ではほぼ世界10位以内に位置している。しかし，12指標の中で世界143位と判定された指標が「社会関係資本」である。日本はこの評価が極端に低いために総合順位を落としているが，日本の評価を落としている社会関係資本とは何であろうか。

　これは英語の social capital の訳語であり，直訳すれば「社会資本」となる。しかし，日本語で「社会資本」といえば，それは道路や橋梁，空港や港湾，送電網や上下水道など，生活や経済の基盤（インフラストラクチャー）となっている社会基盤を一般的に意味する。こうしたいわゆる「社会インフラ」と区別するために，この英語には「社会的資本」や「人間関係資本」という訳語が当てられたり，「ソーシャル・キャピタル」と片仮名で表記されたりすることも多いが，ここでは「社会関係資本」という訳語で統一することとする。

　さて，この概念がここ四半世紀の間，国内外の特に社会科学の分野で注目されるようになったのは，**パットナム**の業績によるところが大きい。パットナムは，イタリアで1970年代に実施された地方制度改革後の州政府の行政実績（制度的パフォーマンス）について比較調査を実施。その結果，北部諸州の方が南部諸州よりも行政制度が「民主的に機能している」ことを立証したが，なぜそのような相違が南北で生じたのかについて，「市民度」の高低，すなわち「市民社会」の成熟度によるものだとした。そして，この市民社会に象徴される社会組織の特徴として，他者に対する「信頼」，互酬性の「規範」，そして市民参加による水平的な「ネットワーク」という三つを指摘して，これらを「社会関係資本」と定義したのである。すなわち，社会関係資本が豊かになれば，人々は他者への信頼感を高め，相互利益に向けて自発的に協力しあうようになり，民主主義が機能するのだという。さらに，パットナムは米国での調査の結果，米国では社会関係資本が衰退しているとして，コミュニティの崩壊を警告するとともに，社会関係資本を再び蓄積していくための指針を提示している。

② 社会関係資本と開発

　パットナムが提起した社会関係資本に対しては，賛否を含めた議論が展開されてきた。例えば，この概念の定義が曖昧であるとの指摘がある一方で，民主主義の成熟の要因を政治制度や経済成長にではなく，信頼や規範やネットワークという人間関係や社会関係に求めた点を評価する立場がある。また，こうした可視化しにくい社会的要因を「資本」という経済用語で説明し，物的資本や人的資本などと対比させた点が評価される一方で，経済学の立場からは，本当に「資本」としての蓄積や計測が可能なのかという疑義も示されてきた。

　このように議論の余地を多く残す中で，1990年代後半以降，社会関係資本という概念が国際開発の分野にも導入されていった。その背景には開発論の転換があったといえよう。当時，工業化による経済成長優先の経済開発論に基づく，いわゆる “ハード（社会インフラ）” 重視の開発プロジェクトが行き詰まりを見せていた。国際機関や各国援助機関も物的資本や人的資本を同様に投入しても，国や地域によってその援助効果に差異が生じる原因を突き止めかねていた。

　また，1990年代には経済開発に代わって，貧困削減に向けた人間開発や社会開発という新たな開発論が提起され，そこでは国家やコミュニティの開発における社会関係の分析が不可欠となった。これらの分析に有効だと考えられたのが，欧米の市民社会や民主主義の成熟度を計測する指標を提示した社会関係資本という概念であった。そして，援助対象国の社会分析だけでなく，開発援助の企画や実施に対しても有効な視点や指標を提供するのではないかとの期待を集めたのである。実際，この時代にはOECDや世界銀行をはじめ，日本の国際協力機構（JICA）などが開発や国際協力と社会関係資本をテーマとした調査研究を開始しているが，JICAはこれを「当該社会・集団内もしくは社会・集団間において，開発目標の達成に向けて必要な何らかの協調行動を起こすことに影響を与える社会的な諸要因」とパットナムよりも広義に定義している。

③ グローバル時代の中の持続可能な開発と社会関係資本

　冒頭で紹介したレガタム繁栄指数では，社会関係資本に関わる指標を①個人と家族の関係，②社会ネットワーク，③他者に対する信頼，④国家や政治家に対する信頼，⑤市民参加・社会参加の五つの要素で構成している。経済・金融のグローバリゼーションが急速に進展し，格差や分断が拡大しかねないこの複雑で不透明な社会状況の中で，国連は「持続可能な開発のための2030アジェンダ」を採択し，17の持続可能な開発目標（SDGs）の達成を公約した。「わたしたちの世界を変革」し，「誰一人取り残さない」社会を実現していく上で，人々の信頼と規範とネットワークから成る社会関係資本という概念を，私たちは再定義し再評価していく必要があるのではないだろうか。　　　　（湯本浩之）

は1993年から社会関係資本に関する議論が始まり，Social Capital Initiative というワーキンググループを1996年に立ち上げて，一連のワーキングペーパーを発表している。2000/2001年版『世界開発報告：貧困との闘い』の中でも第7章で社会関係資本を取り上げている。また，OECD は2001年に *The Well-being of Nations : The Role of Human and Social Capital* と題する報告書を発表し，その中で社会関係資本を「集団内または集団間の協力を促進するもので，規範や価値観や理解が共有されたネットワークである」（41頁）と定義した。

▷6　国際協力事業団『ソーシャル・キャピタルと国際協力──持続する成果を目指して（総論編）』国際協力事業団国際協力総合研修所，2002年，20頁。

（問い）

日本国内でも近年，貧困や格差の問題が深刻な社会問題となっている。そうした中で自分にとって信頼できる他者とは誰か。また，自分はどのようなネットワークを築いているか。信頼関係やネットワークは，貧困や格差などの社会問題の解決につながるだろうか。

（参考文献）

稲葉陽二『ソーシャル・キャピタル入門』中公新書，2011年。
佐藤寛編『援助と社会関係資本』日本貿易振興会アジア経済研究所，2002年。
ロバート・パットナム（柴内康文訳）『われらの子ども』創元社，2017年。

XI　コミュニティ開発

 NGO とコミュニティ開発

① 国連における NGO とコミュニティ開発

　国際開発の歴史において，NGO やコミュニティ開発は当初から注目されてきた。1990年代以降，人間中心の開発（人間開発）や参加型開発が主流化する中で，開発課題，特に貧困問題の当事者である，草の根の民衆やコミュニティ，NGO によるボトムアップアプローチが重視されている。

　NGO の概念が最初に用いられたのは，国連憲章（1945年）の第71条においてであり，「経済社会理事会は，その権限内にある事項に関係のある民間団体（Non-Governmental Organizations）と協議するために，適当な取極を行うことができる」。また，コミュニティ開発については，国連の『コミュニティ開発を通じた社会進歩』（1955年）が嚆矢であり，コミュニティ開発とは「コミュニティの積極的参加とイニシアティブにより，コミュニティ全体の経済的社会的進歩の条件をつくりだすプロセス」とされている。

　SDGs においても，「誰一人取り残さない」包摂的で持続可能な開発の観点から，マルチステークホルダーとしてのコミュニティや NGO の役割は，より一層重要となっている。新型コロナ禍や気候変動といった，国民国家の枠組みを超えた危機に対応する上で，政府だけではない，NGO やコミュニティ等の非国家主体（Non-state Actor）の役割が不可欠となっている。近年では，政府，企業とならぶセクターである市民社会の組織として，市民社会組織（Civil Society Organizations: CSOs）の概念が一般的となってきた。ここには，NGO，草の根のコミュニティ基盤組織（Community Based Organizations: CBOs）や民衆組織（People's Organizations: POs）そして，途上国のコミュニティに欠かせない信仰基盤組織（Faith Based Organizations: FBOs）等も含まれる。

② 人間の安全保障の「最初のフロンティア」としてのコミュニティと，コミュニティ主導の開発（CDD）

　グローバル化の進展によって，国家の枠組みを超えて人々，特に脆弱な貧困層に「恐怖と欠乏」の様々な脅威が直接降りかかっている。「国家による安全保障」の基盤が揺らぐ中で，人間一人ひとりに焦点を当てた「人間の安全保障（human security）」が重視されてきた。ここでは，様々な脅威から人々を守る「保護（protection）」，人々の能力を強化する「エンパワーメント（empower-

▷1　⇨ I-8

▷2　日本では，NGO と並んで，NPO（Non-Profit Organizations）という概念も用いられる。両者の関係として，「NGO は国際分野，NPO は国内分野」，あるいは特定非営利活動法人（NPO 法人）の文脈で「NPO の中で国際的活動を行うものが NGO」といった俗説が散見される。だが，こうした概念区分は，国連憲章第71条によれば「この取極は，国際団体との間に，また，適当な場合には，関係のある国際連合加盟国と協議した後に国内団体との間に行うことができる」と定められていることから，適切とはいえない。

▷3　United Nations, *Social Progress through Community Development*（E/CN. 5/303/Rev. 1, ST/SOA/26）, 1955.

▷4　⇨ I-10

▷5　人間の安全保障委員会（人間の安全保障委員会事務局訳）『安全保障の今日的課題』朝日新聞社，2003年，157頁。I-7 も参照。

ment）」，そして「人間の尊厳（dignity）」が重視される。人間の安全保障においてコミュニティに根差した草の根の取組みは，「危機が起きた時の衝撃を緩和する『最初のフロンティア』」として重要である[45]。

また，世界銀行は，貧困削減戦略（Poverty Reduction Strategy: PRS）において[46]，より持続的な裾野の広い開発の実現のためコミュニティ主導の開発（Community Driven Development: CDD）を提唱している。その眼目は，従来「開発の対象（target）」としてしか捉えられてこなかった民衆を，「開発の主体（actor）」とし，「開発プロセスにおける資産・パートナーとして着目」する点にある。「コミュニティ主導の開発（CCD）とは，意思決定や資源の利用をコミュニティグループに委ねるものである。こうしたグループは，コミュニティのニーズに応じる外部の支援組織やサービス提供組織と協働して活動するものであり，これには民間企業，NGO，中央政府機関等が含まれる。コミュニティ主導の開発（CCD）とは社会サービスやインフラストラクチャーを提供し，経済活動や資源マネジメントを組織化し，貧困層をエンパワーし，ガバナンスを改善し，最貧層の安全を強化するための，一つの方法である」とされる[47]。こうしたコミュニティ主導の開発（CDD）の基底には，社会関係資本（social capital）があり，人々をつなぐ社会制度やネットワークおよび人々の行動様式の基盤となる社会規範として，コミュニティの互恵活動（Mutual Beneficial Community Action: MBCA）を推進する[48]。

③　NGO の発展段階とコミュニティ開発

では，NGO の発展とコミュニティ開発の関係はどのように変化していくのであろうか。D. コールテンは，NGO 発展段階モデルとして次の通り分析している。第一世代の NGO は「救援・福祉（Relief and Welfare）」型であり，基本的人間ニーズ（Basic Human Needs: BHN）の不足に対し，主に個人や家庭を対象にサービスを提供する慈善型の活動を行い，短期的な関与となる。

第二世代は「コミュニティ開発（Community Development）」型である。コミュニティが直面する課題に対し，人々に寄り添い，開発プロジェクトを立ち上げ，人々の参加を促進するものであり，中期的な関与となる。

第三世代は「持続可能なシステムの開発（Sustainable Systems Development）」型で，貧困をもたらす制度的・政策的な課題を解決するため，10〜20年の長期間，コミュニティや国家レベルで，すべてのステークホルダーと協働し，開発主体の活性化のための触媒（catalyst）としての役割を担うものである。

そして第四世代の NGO は「民衆運動（People's Movement）」型である。地球規模課題に取り組み，民衆や NGO による社会変革を通じて，「宇宙船地球号」としての，グローバル市民社会の構築を目指すとされる[49]。　　（野田真里）

▷6　⇨ I-5

▷7　Donginer, P. et al., "Chapter 9 Community Driven Development", *Poverty Reduction Strategy Source Book*, World Bank, 2003.

▷8　⇨ XI-1

▷9　なお，これらの NGO の発展段階は必ずしも相互排他的ではない。例えば，スリランカの NGO，サルボダヤ・シュラマダーナ運動は，「コミュニティ開発」型であると同時に，「民衆運動」型としての特徴を併せもつ⇨ XI-3

（問い）

グローバルな人の移動や都市化，そして予期せぬ危機（新型コロナ禍において人と人との接触が制限される等）によって，人々の孤独・孤立化が進む中で，コミュニティが開発の主体として機能するための課題と方策は何か。また，これに対する NGO の役割は何か。

（参考文献）

恩田守雄『開発社会学』ミネルヴァ書房，2001年。

馬橋憲男・高柳彰夫編著『グローバル問題と NGO・市民社会』明石書店，2007年。

コールテン，D.（渡辺龍也訳）『NGO とボランティアの21世紀』学陽書房，1995年。

野田真里「新型コロナ禍における人間の安全保障と SDGs」『アジア太平洋討究』42：179-191，2021年。

③　NGOとコミュニティ開発の事例：スリランカのサルボダヤ運動

①　途上国の代表的NGO，サルボダヤ・シュラマダーナ運動

　NGOとコミュニティ開発の事例として，半世紀以上にわたって活動する途上国の代表的NGOとして著名な，スリランカのサルボダヤ・シュラマダーナ運動（Sarvodaya Shramadana Movement, 以下，サルボダヤ運動）を取り上げる。サルボダヤ運動は **A. T. アリヤラトネ**[1]が創設した住民主体の参加型開発の運動として，世界的にも高い評価を受けている。その核心は，「すべてのものの目覚めと分かち合い」であり，スリランカの伝統文化である上座部仏教に根差した，内発的発展の理論と実践にあるといえる。[2]

②　「すべてのものの目覚め」サルボダヤとコミュニティの覚醒

　「サルボダヤ」は，インドのマハトマ・ガンディに由来する。サルボダヤとは「サルバ（すべて）」，「ウヤダ（目覚め）」，つまり「すべてのものの目覚め」を意味する。サルボダヤ運動は，農村を中心とするシュラマダーナ・キャンプを通じた村落コミュニティでの協働作業を活動の基盤としている（後述）。だが，「すべてのものの目覚め」はこれに留まらない。人間の人格の覚醒にはじまり，家族の覚醒を通じて，多層的なコミュニティの覚醒，つまり村落・都市コミュニティ，国家コミュニティそして，地球コミュニティの覚醒を志向した運動である。

　また，サルボダヤ運動は，スリランカの伝統文化である仏教に根差しているものの，仏教徒コミュニティのためだけのものではない，「誰一人取り残さない」運動である。アリヤラトネは筆者によるインタビューで，「われわれの運動原理は『最大多数の最大幸福』といった西洋民主主義とは全く異なる。われわれの運動はブッダの『一切の生きとし生けるものは幸福であれ』という教えに基づき，すべての人々が参加し，能力を分かち合うことによって幸福を実現する運動である。何よりもまず，子ども，女性，高齢者，少数民族，他宗教等の社会的弱者・マイノリティに対して配慮せねばならない」，と語っている。

③　「分かち合い」シュラマダーナと村落コミュニティ開発

　村落コミュニティ開発においては，仏教の「四聖諦」（四つの聖なる心理）の教えを農村開発に適用し，住民が主体となって問題解決を図り，覚醒へと導か

▷1　アリヤラトネ（Ahangamage Tudor Aryaratne, 1931-）

（出所：https://www.sarvodaya.org/founder）

サルボダヤ・シュラマダーナ運動の創始者。文学博士（D. Litt）。仏教系の国立ナーランダ・カレッジの教師として奉職中の1958年，学生とともに貧困農村のコミュニティ開発のため「シュラマダーナ・ワークキャンプ」を行い，これを契機にサルボダヤ運動を設立。以来，スリランカはもとより，途上国を代表するNGOのリーダーとして活躍。1969年ラモン・マグサイサイ賞（コミュニティー・リーダーシップ）ほか，受賞多数。

▷2　一般に，上座部仏教は出家を通じた持戒や瞑想等により自己の悟りを目指すとされるが，スリランカにおいては，アナガーリ

れる。まず，住民自身が「苦諦」つまりさびれた村の「苦」をありのままに見つめることから覚醒はスタートする。次に，「集諦」つまり，そうした「苦」をもたらす原因を突き止めることが重要となる。こうした苦しみの原因の自覚と分析から，「滅諦」つまり「苦」をなくし問題を解決する展望が導かれる。

そして，「道諦」つまり問題解決に向けた正しい行いのための，住民参加型開発の実践として，村落コミュニティにおけるシュラマダーナ・キャンプがある。「シュラマ（力）」の「ダーナ（布施）」，つまり，民衆自身がもつ様々な開発リソースや能力を分かち合い，一人ひとりが主体としてコミュニティ開発に参加することが鍵となる。シュラマダーナ・キャンプでは，貯水槽や灌漑用水，井戸の整備，土壌の保護や耕地整備，村の道路建設，学校，トイレ，コミュニティセンターの整備等の活動を行う。こうした協働作業を通じて，「すべてのものの目覚め」の土台となる人間の人格の覚醒を図るとともに，具体的な村落コミュニティの課題を解決していく。

④　NGOとコミュニティ開発におけるサルボダヤ運動の意義

NGOとコミュニティ開発の事例として，サルボダヤ運動は次の点で重要な意義をもつ。第一に，サルボダヤ運動のコミュニティ開発は，村落コミュニティをベースに，国家コミュニティ，そして地球コミュニティに連なる運動を展開している。D.コールテンのNGO発展段階モデルに鑑み，第二世代の「コミュニティ開発」型を基盤に，第三世代の「持続可能なシステムの開発」型，そして第四世代の「民衆運動」型へと連なる開発の思想と実践を行っている。

第二に，NGOと村落コミュニティの関係については，住民へ基本的人間ニーズ（BHN）のサービス提供者に留まらず，人々の覚醒こそがコミュニティや社会を変革する原動力とされる。サルボダヤ運動は貧困削減に向けたコミュニティ主導の開発（CDD）の実践であり，NGOの開発プロジェクトに住民が参加するのではなく，開発の主体は住民であり，NGOはこうした社会変革を促進する触媒（catalyst）であるとされる。

そして，第三に，サルボダヤ運動は，コミュニティ開発の基盤にスリランカの伝統文化である仏教をおく，内発的発展の思想と実践である。開発が外からの押し付けではなく，現地の民衆自身の文化や価値観に根差したものである時，開発は住民自身のものとして持続可能となる。サルボダヤ運動は，コミュニティ開発のNGOであることはもとより，近年新たな開発パートナーとして注目されている宗教をベースとする信仰基盤組織（FBOs）として，仏教に留まらず，多様な文化・宗教に根差した民衆主体のコミュニティ開発にインプリケーションを与えるものといえよう。

（野田真里）

カ・ダルマパーラ師（1864-1933）が提唱した革新的な「プロテスタント仏教」の伝統がある。この場合のプロテストとはイギリス植民地支配に対する抵抗，民族解放であると同時に，旧来の仏教の宗教改革（キリスト教のプロテスタンティズムに倣っている）の二重の意味を有するとされる。

▷3　⇨ XI-2

（問い）

スリランカのNGO，サルボダヤ運動が示す「目覚めと分かち合い」によるコミュニティ開発モデルは，上座部仏教以外の文化（大乗仏教，キリスト教，イスラーム）が根差す社会において，どのように可能か。また，宗教文化に根差さないNGOとコミュニティ開発との比較において，どのような長所・短所が考えられるか。

（参考文献）

アリヤラトネ，A. T.（山下邦明・長井治・林千根訳）『東洋の呼び声』はる書房，1990年。
ジョアンナ・メーシー（中村尚司訳）『サルボダヤ』めこん，1984年。
野田真里「サルボダヤ運動による"目覚め"と分かち合い」西川潤編『アジアの内発的発展』藤原書店，2001年，61-91頁。
野田真里「貧困撲滅の『最初のフロンティア』としてのコミュニティと社会関係資本，信仰基盤組織（FBOs）」『アジア太平洋討究』No. 33，早稲田大学アジア太平洋研究センター，2018年，77-90頁。

XI　コミュニティ開発

ジェンダー平等とコミュニティ開発

1　コミュニティにおけるジェンダー課題

　コミュニティにおけるジェンダー課題は様々である。女性は経済機会へのアクセスが限られること，社会規範が女性に不利に働くこと，結婚・離婚に関わる法律や財産権等，法律の枠組が女性に不利であること等が相互に影響し，コミュニティにおいて不利な立場に置かれることが多い。

　女性は農業や小売等の生産活動に携わりながら，家事や育児，ケア労働など再生産の役割を担い，さらにコミュニティの資源管理のような無償で自発的に行うとみなされる役割も加わり，「三重の役割」[1]に従事している。しかし生産的活動だけが労働として評価され，特に世帯外から収入を世帯に持ち込む活動が世帯への貢献と認識されやすい。女性が従事する再生産活動やコミュニティ管理の活動は，生産的でないため価値のないものとして評価されない。このような性別役割分業はコミュニティで実践されるジェンダー規範によって維持され，ジェンダー不平等な関係を再生産し様々なジェンダー課題の要因となる。

2　女性を対象とした収入創出活動

　1970年代前半から現在まで貧困層女性を対象に収入創出活動が各地で行われている。特にコミュニティにおいて女性がグループを形成し定期的に会合を開き，共同で経済活動を行いマイクロ・クレジットにアクセスする等，女性を対象としたコミュニティ開発として盛んに行われてきた。[2]グループで活動することが女性のエンパワーメントにつながり，コミュニティ内での女性の発言力を高めるという多くの事例がある。一方，女性たちがグループ活動より個人の経済活動を好んだり，外出に制限がありグループ活動が難しかったりという場合もある。共同作業の利益分配や労働分担をめぐりグループ内の人間関係が悪化し，コミュニティ内の関係に影響することもある。開発援助側はグループ活動を重視する傾向があるが，当事者は個人の経済活動を望む場合も多い。

　開発援助は世帯を対象に物資を配布したり，世帯の収入向上を目標としたり，コミュニティ開発において「世帯」を単位として扱う。しかし世帯内の資源が世帯員の各人の意見を反映させて分配されるとは限らない。**DHS（人口保健調査）**[3]によれば，女性が自身の収入用途を決定している場合でも，女性が日常の食料の調達や自身の健康，友人・親戚を訪問するための外出等，自らの生活に

▷1　三重の役割（triple role）

女性は家事・育児・ケア労働という「再生産活動」，自家消費用の農業を含む経済活動である「生産活動」，コミュニティの共同資源の維持管理を無償で行う「コミュニティ活動」の三つの役割を担う一方で，男性は「生産活動」とコミュニティの意思決定を担うことが多く，性別役割分業を反映している。

▷2　XI-6 XI-7 も参照。

▷3　DHS（人口保健調査）

米国国際開発庁等の支援により1984年以来，多くの途上国で実施されている調査。調査結果は下記のHPから無料でダウンロードできる。
https://dhsprogram.com/

▷4　セン（Amartya Sen, 1933-）

インド出身の経済学者。ケイパビリティ・アプローチや人間の安全保障の概念等で著名だが，協力的対立モデルを "Gender and Cooperative Conflicts"（1990）の中で提示したり，南アジアや中国で女児の比率が極端に低い「喪われた女性」の問題を "More Than 100 Million Women Are Missing."（1990）で示したり，

関わる事項を世帯内で意思決定できていない地域もある。女性が収入を得て管理できることが，女性の意思決定力の向上につながるとは限らない。

3　世帯内資源分配と意思決定

世帯内の意思決定は，家長が世帯全体の利益になるように資源分配を決定し，世帯員は世帯全体の厚生を最大化することを目的として行動するという単一家計モデル（unitary model）によって説明されてきた。しかし，このモデルが前提とした世帯員の所得の共有や，世帯内労働力の効率的な配分は多くの研究から否定されるようになった。世帯員が異なる選好をもつため世帯内資源をめぐる争いが生じること，世帯員の力関係により意思決定過程への参加度合いが異なること等，世帯内の不均衡な関係を捉えていないという批判から，世帯内意思決定は世帯員の交渉の結果であるとする集合的モデル（collective model）で説明されるようになった。

当該社会のジェンダー不平等が影響し，世帯内の資源と権力の分配は男性に有利となる。世帯内の交渉力を向上させる要因として，収入・財，年齢，教育，社会ネットワークや拡大家族からの支援，社会規範，婚姻や相続に関する法律，家庭内暴力に対する地域社会の態度などが挙げられている。**アマルティア・セン**は，世帯内のやりとりは「交渉」による「対立」の面だけでなく，「協力」せざるをえない関係性にあるという「協力的対立モデル（cooperative conflict model）」で説明した。「世帯への貢献認識」と，個人の利害をどの程度自己評価し認識しているかという「個人的利害認識」の強さという二つの「認識」が，交渉を有利にすると指摘している。例えば，経済活動に従事し収入を世帯にもたらす夫は，自家消費用の農業や家事育児に時間と労力を費やす妻よりも，世帯に貢献していると夫妻双方から認識されやすく交渉力が高くなる。

4　ジェンダー平等に貢献するコミュニティ開発

コミュニティ開発がジェンダー平等を促進するには，何が必要だろうか。世帯内で意思決定力が低い女性は世帯の同意がなければコミュニティ開発に携われないだろう。しかし，コミュニティで女性の発言機会が増えコミュニティ開発に女性が参加しても，世帯内のジェンダー関係に変化を及ぼすためにはコミュニティにおけるジェンダー規範が変容し，よりジェンダー平等な規範になる必要があろう。

女性の経済力が増したり，コミュニティの意思決定に参加したり，性別役割分業は少しずつ変化しているが，ジェンダー平等を達成するためには，ジェンダー不平等に影響している権力構造や社会規範に働きかける必要がある（**ジェンダー・トランスフォーマティブ**）。　　　　　　　（甲斐田きよみ）

ジェンダー課題も取り上げている。

▷5　ジェンダー・トランスフォーマティブ（Gender transformative）
2000年代から欧米の援助機関で用いられる用語で，女性自身の能力向上だけではなく，ジェンダー不平等を再生産している権力構造を変革することを目的とし，ジェンダー不平等の根底にあるジェンダー規範や力関係を変える取組みを，ジェンダー・トランスフォーマティブ・チェンジまたはアプローチと呼ぶ。例えばジェンダーに基づく差別に関わる社会規範や慣習，文化，法律等の変革が挙げられる。

（問い）
ジェンダー不平等な力関係を支えているジェンダー規範には，どのようなものがあるだろうか。それらの規範をジェンダー平等に向けて変革するためには，何が必要となるか。

（参考文献）
甲斐田きよみ『アフリカにおけるジェンダーと開発』春風社，2020年。
世界銀行『世界開発報告2012 ジェンダー平等と開発』一灯舎，2012年。
マーサ・C.ヌスバウム（池本幸生・田口さつき訳）『女性と人間開発』岩波書店，2005年。

XI　コミュニティ開発

5 ジェンダー平等とコミュニティ開発の事例：ナイジェリア・カノ州におけるJICA技術協力プロジェクト

▷1　女性センター（Women Development Centre：WDC）
1987年に大統領夫人のイニシアティブで開始された「ベターライフプログラム（BLP）」により全国に設立され，1994年には次の大統領夫人が開始した「ファミリーサポートプログラム（FSP）」が引き継いだ。両方ともトップダウンで推進され1998年まで続いた。1999年の民主化以降，WDCは国家プログラムから地方行政区の管轄となった。2001年から2005年にかけて実施された全国WDCの現況調査によれば，カノ州44の地方行政区に51のWDCが存在している。

▷2　女性の生活向上のための女性センター活性化支援プロジェクト
ナイジェリア連邦女性課題省付属の国立女性開発センターを実施機関とし，WDC活性化を通じた女性の生活向上を目指して，2007年1月から2010年1月まで3年間，カノ州をパイロットサイトに実施された。甲斐田きよみ『JICA技術協力プロジェクト　ナイジェリア国　女性の生活向上のための女性センター活性化支援業務完了報告書』2010年。

1　女性センターによるコミュニティ開発

　ナイジェリアでは1980年代に女性を対象とした収入創出活動が始められた。村落部の女性の生活向上を目的とし，保健衛生，識字教育，手工芸品製作，協同組合設立等が全国で実施され，収入創出と識字教育の場としてコミュニティに**女性センター（WDC）**[▷1]が設立された。ナイジェリア北部カノ州P地区では，2004年にWDCが設立された。ナイジェリア北部は住民の多くがイスラームを信仰し，カノ州ではシャリーア（イスラーム法）が人々の生活を規定している。既婚女性は隔離を実践し夫の許可なく外出できないため，女性がWDCで学び自宅外で経済活動に従事することは難しい。WDC講師は同じコミュニティに居住しており，WDC生徒や卒業生の家庭訪問を行い相談相手になったり，コミュニティでWDCに関わっていない家庭も訪問して入学を勧めたり，コミュニティと女性センターをつなぐ要となっていた。またWDC講師が中心となり，生徒・卒業生で組合を作り，頼母子講や材料の共同購入，製品のカノ市内への共同販売をしている。WDC講師たちはコミュニティで信頼を得ており，WDCはP地区における女性のエンパワーメントの促進に貢献してきた。

　国際協力機構（JICA）は2007年より「**女性の生活向上のための女性センター活性化支援プロジェクト**」[▷2]をカノ州6カ所のWDCを対象に実施した。プロジェクトはWDCが提供するサービスの質の向上のため，卒業生に対してミシンなどの機材の貸付けや，WDC講師のスキルアップ研修を実施した。また，夫や宗教的・伝統的リーダーといったコミュニティの人々がWDCに対して「WDCは役に立つところ」という認識をもち，女性がWDCへ通いやすい環境を作り出すため，ラジオ番組を使った啓発やWDCにコミュニティの人々を招待する活動を行った。

2　コミュニティの人々の変化

　WDC生徒は洋裁や編み物の製作販売を自宅で実施し，収入を得て自分に自信をもつようになり，講師や他の生徒と交流し社交的になった。マリアマ（仮名）はWDC洋裁クラスに6カ月間通った。以前は人と接するのが苦手で親戚づきあいに苦労していたが，WDCで人々と交流し社交的になり，服の注文に来るお客さんとの会話を楽しめるようになり，夫の親戚と上手く付き合えるよ

うになった。グループ活動に参加し会計係を務め，将来はグループ代表になりたいという。スマイヤ（仮名）は編み物を6カ月習った。8歳の子どもを抱えて離婚し，実家で両親と暮らすが，敷地内に100人ほどの親戚が住む拡大家族で，親戚の部屋を訪ねては邪魔者扱いされていた。今では経済活動に忙しく，得た収入は子どもの教育と両親のために使う。

　WDC 卒業生の夫たちは，妻が洋裁や編み物の技術を学び収入を得るようになり，妻が家計を助けてくれると認識するようになった。夫一人の収入では家族を養えず，わずかな出費をめぐって夫妻ケンカが絶えなかった。しかし妻が経済的に貢献できるようになり，言い争いが減った。WDC で保健衛生の知識を学び，家の中が清潔になり病気の予防をし，家族が健康になった。このような妻の変化を見て，夫は妻にミシンや材料を買ったり，マーケットから材料を仕入れてきたり，妻の意見を聞くようになったりという例も出てきた。「家事をするのも収入を得るのも夫と妻の二人が責任をもつことだと気づいた」と発言する夫もいた。また，コミュニティの伝統的・宗教的リーダーが WDC の活動を評価し，コミュニティの男性に対して妻や娘を WDC に送るよう推奨するようになり，コミュニティの人々の意識も変化が見られた。

❸　女性センターが世帯内ジェンダー関係に与える影響

　女性も男性も WDC の効果を女性の経済力向上だけとはみなしていない。得た収入を世帯のために使用することで世帯内の関係を良好に保てたり，製品を作ることで自信を得たり，将来の具体的な目標をもてたり，女性に対する周囲からの評価が上がり自身の尊厳を得たりといった変化を生活の向上と捉えている。WDC を媒介に女性が能力を向上させ，コミュニティにジェンダー役割・認識の変容につながる変化を生み出した[3]。このような変化は世帯内のジェンダー関係にも影響する。世帯の意思決定は家長である夫が行うという強いジェンダー規範があるが，妻が自身の意見を夫に伝え，夫が妻の意見を採用して夫の意見として最終決定する例もあった。このような場合，妻はジェンダー規範を守り夫の家長としてのプライドも守りつつ，自身が望む状況を獲得できる。

　WDC によるコミュニティの女性たちの能力向上と収入の創出，夫やコミュニティの有力者を WDC 活動の協力者に変えていく介入が，夫が妻の世帯への貢献に気づき，妻が夫と協議しやすい環境を作る。このような小さな変化の積み重ねによって，少しずつ，ジェンダー役割が変容していることを受容するよう促し，少しずつ，ジェンダー規範を崩していくことが，女性が望む状況の獲得につながる可能性がある。　　　　　　　　　　　　　　（甲斐田きよみ）

▷3　XI-4 参照。

（問い）
ジェンダー不平等な規範のあるコミュニティで，外部からの開発援助機関が「ジェンダー平等を求めるのは女性の権利だ」と主張している。コミュニティの女性の中には女性がより望む状況を得られるよう活動する人も，それを支持する人もいるが，開発援助機関の主張がコミュニティの反感を呼び，自分たちの活動がやりづらくなることを懸念している。コミュニティの女性たちの意見を尊重した援助を行うためには，どのような介入が適切だろうか。

（参考文献）
田中由美子・甲斐田きよみ・高松香奈『はじめてのジェンダーと開発』新水社，2017年。
ジョニー・シーガー（中澤高志・大城直樹・荒又美陽・中川秀一・三浦尚子訳）『女性の世界地図』明石書店，2020年。

XI　コミュニティ開発

 マイクロ・ファイナンス

1　マイクロ・ファイナンスとは

　途上国に暮らす貧困層や低所得層は，定期的な収入や資産がなく，債務不履行に陥るリスクが高く既存のフォーマルな金融機関から借金することが難しい。そのため，高利貸しからの借金や，仲買人からの前借などインフォーマルな手段に頼らざるを得ず，借金の高額な金利に苦しみ，貧困からの脱却が阻害されることがある。マイクロ・ファイナンスとは，これらの既存の金融機関から排除されてきた貧困層・低所得層を対象とした，小規模な金融サービスである。

　1970年代にバングラデシュにおいて貧困削減の一方途としてマイクロ・クレジットと呼ばれる定期的に分割返済を行う無担保の少額信用貸しが行われるようになった。1980年代になるとマイクロ・クレジットの手法を確立したグラミン銀行がその高い返済率とともに注目され[1]，貧困層を支援していた NGO やマイクロ・クレジットを専門に取り扱う機関も多数出現し，開発の手法として国内外に広く普及した[2]。1990年代に入ると，融資のみでなく，顧客のニーズに応じて貯蓄や保険といった金融サービスも提供されるようになり[3]，これらの金融サービスはマイクロ・ファイナンスと呼ばれるようになった。

　これらの金融サービスを提供する機関はマイクロ・ファイナンス機関と呼ばれている。国内外の開発援助などを原資に貧困削減を目的としたプロジェクトとして始まったマイクロ・ファイナンスであったが，次第に金融サービスを提供する機関自体の財政自立や経営の健全性が求められるようになった。

　主なサービス提供者はマイクロ・ファイナンスを専門とする機関，NGO，信用組合などが挙げられるが，専門機関や NGO が銀行に転化する例も現れた[4]。また，その収益性が広く知られだすと，2000年代には商業銀行がマイクロ・ファイナンスに参入する例も見られ，さらに，海外から投資機関の投資対象として多くの民間資金が流入し，マイクロ・ファイナンスの商業化が進んだ。

2　マイクロ・ファイナンスの効果

　マイクロ・クレジットは，商品の仕入れ，製品の原材料や家畜・農業資材の購入などの零細な生産活動に投資されるのみでなく，教育や医療，食料などの費用や家財，電化製品購入など家計で消費されることもある。住宅の建設や増改築の資金に対する需要は高く，住宅ローンを提供する例もある。このように

▷ 1　⇨ XI-7

▷ 2　バングラデシュでは全国津々浦々に普及し，まだ電気も水道も普及していない農村においてもマイクロ・ファイナンスの利用者が集まる場所を示す看板が複数掲げられている光景を目にすることがある。XI-7で紹介されているグラミン銀行に加えて，政府から認可を受けてマイクロ・ファイナンスのサービスを提供する機関は805あり，これらの機関を利用する顧客とグラミン銀行の顧客は合わせて4000万人を超える。加えて非認可で活動する組織も多く，商業銀行も低所得者層向けの融資を提供している。さらに，政府の貧困削減政策においても活用されている（2018年値）。世界のマイクロ・ファイナンス機関の情報を提供する世界銀行 Mix Market には，103カ国から762機関の報告書が寄せられ，約1.2億人が融資を利用していることが開示されている。そのうち女性の利用者が約8割を占める（2017年値）。

▷ 3　XI-7に紹介されているグラミン銀行の融資のサービスを参照。他機関では農業や畜産に特化した融資なども提供されている。

融資は生産活動と暮らしに必要な消費を支える両方の役割を果たしているといえる。貯蓄や保険といった金融サービスは，所得が低く不安定で資産も少ない低所得者層の脆弱な家計を守る手段ともなる。

　さらに，成人識字教室，保健衛生教育，所得創出のための職業訓練や子どもの教育のための奨学金などのサービスを提供する機関も多く見られ，これらの非金融サービスも貧困削減に効果があるといわれている。また，定期的に貯蓄や融資の返済を行うことで，無駄な支出を抑えて計画的に家計を管理するようになることも指摘されている。調査研究からは，世帯の所得や資産，消費などにおける経済的効果が見られるという報告がされている。

　マイクロ・ファイナンスの利用者の大多数が女性であり，経済活動に参加する機会を促し，様々な活動を通じて社会関係を構築することで女性のエンパワーメントを促進するともいわれている。

③ マイクロ・ファイナンスの課題

　これらの効果が注目され，マイクロ・ファイナンスは国際開発の一つの手法として広く世界に普及し，成長を続けた。さらに商業化も進み，より多額の資金が流入し，マイクロ・ファイナンス機関の競争が加速された。2000年代後半には複数の国で急激な融資の拡大により返済率が低下し，財務危機に陥る機関も発生した。また，無理な貸し付けや厳しい取り立てなどが行われる例も報告され，2010年にインドでは多重債務を苦にした自殺が社会問題となり，政府の規制が強化される事態に陥った。さらに，株式公開を行うマイクロ・ファイナンス機関も現れ，出資者や機関が大きな利益を得たことが批判された。

　これらの急成長に伴う商業化による弊害に対して，各国で規制が整備，強化された。また，マイクロ・ファイナンス機関の評価について，財務の持続性や利用者数のみでなく，社会的な役割を問う国際的な評価基準の整備も行われ，顧客のニーズに合うサービス提供，顧客および従業員に対する責任ある対応，財務的業績と社会的業績のバランスなどが評価対象となっている。

　さらに，課題として挙げられているのが，最貧困層の排除である。極貧状態にある場合，少額であっても定期的な貯蓄や融資の返済は困難である。そこで，極貧困層を対象とした特別な融資を提供する機関も現れた。また，近年では，マイクロ・ファイナンスを利用する前段階として，現金や食料給付，職業訓練の実施，事業に必要な機材供与などを行い，生活基盤や所得源を整えるための支援プログラムも実施されている。

　これらの効果や課題を踏まえて，国際開発では金融包摂という概念によって，マイクロ・ファイナンス機関のみでなく各国政府や国際機関，民間事業など多様な事業提供者と最新の技術によって，すべての人へ必要な金融サービスを届けようという動きへと変化している。

（石坂貴美）

保険についても，医療保険や損害保険を提供する例も見られる。損害保険では，融資を受けて投資した商売や畜産などにおける被害が対象となっている。

▷4　さらに，近年では途上国において情報通信事業者が送金サービスを提供している。携帯電話の普及に伴い，多くの貧困層や低所得層がテキスト送信を活用した送金サービスを利用している。
　また，保険会社も低所得者層を対象とした貯蓄性の高い養老保険を販売する例も見られる。

▷5　⇨ IV-4

(問い)
マイクロ・ファイナンスに対して効果と課題が挙げられている。自分が開発現場の担当者として導入するとしたら，両方の側面を踏まえてどのように取組みを進めたらよいか考えてみよう。

(参考文献)
岡本眞理子・吉田秀美・粟野晴子『マイクロファイナンス読本』明石書店，1999年。
ナオコ・フェルダー（森友環莉訳）『入門マイクロファイナンス』ダイヤモンド社，2005年。
世界のマイクロ・ファイナンス機関や社会事業に融資を行うオイコクレジットジャパンのHPにはマイクロ・ファイナンスに関連する有益な情報が多く掲載されている「マイクロファイナンス講座」http://www.oikocredit.jp/library/mf-lec/

XI　コミュニティ開発

7 マイクロ・ファイナンスの事例：グラミン銀行

▷1　バングラデシュ
1971年に独立した南アジアの国。日本の面積の4割程度の国土に1億6000万人を超える人が住む。一人当たりGDPは4871ドル（2020年，購買力平価）。主な産業は衣料・縫製品産業，農業。

▷2　ムハマド・ユヌス
（Muhammad Yunus, 1940-）

（出所：https://ja.wikipedia.org
/wiki/Muhammad_Yunus）

バングラデシュ，チッタゴン生まれ。2006年にノーベル平和賞を受賞。設立から2011年までグラミン銀行総裁として組織を導いた。

▷3　グラミンとは現地の言葉で「農村」を意味する。農村の人々は市街地にある金融機関を利用するには移動に時間とコストがかかる。グラミン銀行では，スタッフが農村に赴きサービスを提供する方法を取り入れた。また，グラミン銀行は極小の土地保有者もしくは土地を持たない者を対象として

1 マイクロ・ファイナンスの先駆者：グラミン銀行の誕生

　マイクロ・ファイナンスが国際開発の手法として広く知れ渡るようになったのは1983年に設立された**バングラデシュ**のグラミン銀行の貢献が大きい。設立者**ムハマド・ユヌス**は，チッタゴン大学経済学部の教員として調査として訪れた農村で高利貸しや仲買人からの借金返済のために貧困から抜け出すことができずにいる人々に出会う。ある女性はかごを作り販売していたが，材料を購入するために仲買人からお金を借り，売り上げから借金が差し引かれると手元にはわずかなお金が残るのみで，一生懸命働いても暮らしはいっこうに豊かにならないというのだ。そこでユヌスは村で借金に苦しむ42世帯に対して27ドルを私費で捻出して融資として提供したところ，ほとんどの世帯が生産活動から得た収入で借金を完済した。この経験から，借金は貧困の一つの要因であること，そして，貧困層であってもきっちり借金を返済することが可能であることに気づいたユヌスは，既存の銀行から融資を受けることができず，高利の借金をせざるを得ない人々へ無担保で少額の融資を提供する信用貸し（マイクロ・クレジット）を始めたのである。自らが保証人となり銀行から農村の人々に融資を行うプロジェクトなどを経て，グラミン銀行を設立した。

2 グラミン銀行のサービスと発展

　グラミン銀行から融資を受けるためには，近所の5人からなるグループのメンバーとなる必要がある。まずグループで管理するグループ基金に毎週貯蓄を行うことが義務づけられ，その後，グループ内で順番に融資を受けることができるようになる。融資を受けたメンバーは分割返済を毎週定期的に行うが，返済が滞ると融資を待つ他のメンバーが融資を受けられなくなるという連帯責任が課されており，無担保であるにもかかわらず高い返済率が保たれている理由の一つとされてきた。また，メンバーのほとんどが女性であり，家父長制が強く社会進出が遅れていた女性が経済活動に参加する機会を提供したことも大きく注目を浴びた。

　グラミン銀行の対象地域は全国農村の93％を超え広く普及し，人々に様々な金融サービスを届けている（**表1**）。マイクロ・クレジットは，定期的に毎週少額の返済を行うベーシック・ローンから，災害や傷病で返済が困難になった

表1　グラミン銀行の活動	
メンバー数（内女性の割合）	9,384,444人（96.8％）
マイクロ・クレジット融資額（累計）	2,406,453（百万 BDT）
マイクロ・クレジット返済額（累計）	2,263,906（百万 BDT）
マイクロ・クレジット融資残高	142,547（百万 BDT）
マイクロ・クレジット返済率	93.19％
住宅融資による住宅建設数（累計）	776,347軒
MEL 融資件数および融資額（累計）	16,227,936件，578,222（百万 BDT）
物乞いメンバー数	83,374人
物乞いメンバーへの融資額（累計）	159.4（百万 BDT）
貯蓄残高	228,938（百万 BDT）
従業員数	18,121人

注：BDT：現地通貨バングラデシュタカ。1円＝0.772BDT（2021年5月31日レート）
出所：グラミン銀行 HP。従業員数は2021年7月値，その他の情報は月間レポート2021年5月を基に作成。

際には返済条件を柔軟に変更できるフレキシブル・ローンに切り替えることができるようになった。また，住宅ローンや教育ローンなども加えられた。さらに，金額の大きい融資を受けることができるマイクロ・エンタープライズ・ローン（MEL）も開始された。さらに，物乞いによって生計を立てている人を対象にグループ加入や定期的な返済期限を課さない融資も行っている。

　貯蓄サービスも多様になり，融資返済まで引き出すことができない強制貯蓄に加えて，引出し可能な特別貯蓄，長期定額預金も利用できるようになった。また，メンバーの死亡を保障する生命保険やメンバーや家族が死亡した際に融資残高の支払いを保障する融資保険も提供されている。

③ グラミン・ファミリーの多様な展開

　金融によって貧困削減を目指してきたグラミン銀行は，教育や保健を通じた取組みも始めた。子どもへ奨学金を提供したり，職業訓練校運営などを行う組織を設立している。また，保健医療サービスを提供する非営利組織を立ち上げて，グラミン銀行メンバーおよび近隣住民が安価で利用できる医療施設を全国に運営し，医療保険も提供している。

　また，ビジネスの力で社会問題の解決を図るソーシャルビジネス[5]による事業も展開している。携帯電話事業，電化の遅れている農村における家庭用ソーラーパネル発電の普及，衣料関連分野など多岐にわたる。さらに，ヨーロッパや日本等の海外企業との合弁会社も設立している。ソーシャルビジネスにおける利益は株主への還元ではなく，働く従業員の福祉や社会問題解決のためのさらなる事業投資に向けられている。

　グラミン銀行を中心としたこれらの営利・非営利の組織は，グラミン・ファミリーと呼ばれている。金融から始まったグラミン銀行の貧困削減への取組みは，ファミリー組織として多岐にわたる分野へと発展している。　（石坂貴美）

金融サービスを提供している。ロゴマークには貧者のための銀行（BANK FOR THE POOR）と明示されている。メンバーになる際には銀行株式の取得が義務づけられており，株式の大半を借手であるメンバーが保有し（政府：25％，メンバー：75％），理事会の13名のうち9名が借り手であるメンバーによって構成されている。

BANK FOR THE POOR
GRAMEEN BANK

▷4　これらの方式は旧グラミン方式と呼ばれている。2002年からは，グラミンⅡという新しい方式が取り入れられ，貯蓄は個人の口座で管理されるようになった。また，グループ連帯責任制は廃止されたが，高い返済率は保持されたままである。

▷5　XII-7 XII-8 参照。

（問い）

グラミン・ファミリーの事例を探し，その取組みがどのように人々の暮らしに影響を与え，社会を変える可能性があるか考察してみよう。

（参考文献）

坪井ひろみ『進化するグラミン銀行』秋田魁新報社，2016年。
坪井ひろみ『グラミン銀行を知っていますか』東洋経済新報社，2006年。
ムハマド・ユヌス／アラン・ジョリ（猪熊弘子訳）『ムハマド・ユヌス自伝』早川書房，1998年。

XI　コミュニティ開発

 先進国における貧困とコミュニティ開発の課題

▷ **1　寄せ場**
日雇い労働市場を中心に形成された地域。釜ヶ崎のほか、東京の山谷、横浜の寿町、名古屋の笹島などが代表例として挙げられる。これらの地域の多くはドヤ街をもち、そこに住まう日雇い労働者は、高度経済成長や都市開発に不可欠の労働力として動員されてきた。

▷ **2**　釜ヶ崎では2008年までに計24回の暴動が起きた。とくに1960年代末から70年代初頭には、学生運動を経験した活動家が流れ入り、労働者と連帯しながら闘争を繰り広げた。こうした暴動や闘争の中で、様々な権利が獲得された。

▷ **3　ジェントリフィケーション**
貧困層やマイノリティの集住地であった都心近くのインナーシティに、新たな開発資本が投下され、より裕福な住人が移り住むことによって、家賃や地代が上昇しもともとの住民が追い払われる過程。

▷ **4**　まちづくりを礼賛する主張の中では、ジェイン・ジェイコブズの『アメリカ大都市の死と生』（山形浩生訳、鹿島出版会、2010年）が参照される場合が多い。だが、近隣の活力を強調した議論が、のちにオスカー・ニューマンらの「防御可能な空間」の主張へと流用され、貧民の排除

①　二重の排除：失業とジェントリフィケーション

　多くの近代都市は、その都心部に収奪や貧困、差別が集中する場所を抱えてきた。**寄せ場**として知られる大阪の釜ヶ崎は、そのような場所の一つである。この地ではドヤ街を中心として、全国各地を出自とする日雇い労働者の集住地域が形成されてきた。また、労働者に対する警察の差別的処遇をきっかけとして起きた1961年の第一次暴動をはじめとして、都市下層労働者の運動や闘争が長年にわたり積み重ねられてきた。だが現在、都市下層労働者の拠点であった釜ヶ崎は、急激な変容に晒されている。その背景には、二重の排除がある。

　第一の排除は、失業である。1990年代以降、釜ヶ崎の日雇い労働市場は縮小し、大量の労働者が労働市場から排除された。その結果、多くの労働者は路上や公園での野宿生活へと追いやられ、「ホームレス問題」として広く認知されるようになった。こうして労働者街としての活力が奪われたところに、第二の排除が襲いかかった。2010年代以降には、釜ヶ崎の地を「観光資源」として商品化しようとする政策プログラムが始動した。橋下徹市長（当時）のかけ声のもと、2012年より「西成特区構想」が始動した。このプログラムの中では、釜ヶ崎を観光地化しようとする志向と、貧困層の社会包摂を実現しようとする志向とがせめぎ合っている。またそのかたわらで、野宿生活者への暴力的な立ち退きや活動家への弾圧が繰り返されてきた。いまや釜ヶ崎は、都市開発の標的とされ、下層労働者街としての伝統が断ち切られようとしている。

　こうした動向は**ジェントリフィケーション**と呼ばれ、1980年代以降の先進国の都市で広く問題化されてきた。日本国内でも、東京・渋谷区の宮下公園の改造は代表的な事例である。渋谷区は、ダイバーシティの推進を掲げながら、公園に生活する野宿生活者を暴力的に立ち退かせた。商品化しうる多様性が推進される一方で、現実の雑多な多様性は排除されたのである。私たちは「多様性とは何か」を根本から問わないわけにいかないだろう。

　ジェントリフィケーションのもう一つの厄介な特徴は、行政の画一的な計画により押しつけられた従来の排除とは異なり、官民協働の枠組みの中、草の根的なまちづくりの成果を取り込みながら作動する点にある。よってこの過程の中で、NPOなどを主体とする政策提案型の市民運動と、ラディカルな変革を追い求め直接行動を原則とする社会運動とは、しばしば鋭く対立する。重要な

のは，そのような対立の中に，コミュニティをめぐる根底的な問いが潜んでいることである。

2　住民とは誰か

　まちづくりという実践は，特に1990年代以降，貧困と向き合う取組みとして注目を集めてきたが，近年では一種の社会風潮となりつつある。だからこそ，次のことを強調する必要がある。第一に，たしかにまちづくりの実践は，すでに現われ出た貧困に向き合う上で様々な可能性をもつ。だが，貧困を生み出す根本の過程を問題化するとなると，「まち」という空間の範囲は明らかに不十分である。というのも現代都市の貧困は，グローバルな範囲で作動する社会・空間的諸関係の帰結として生み出されるからだ。まちづくりへの過度の期待や手放しの礼賛は，向き合うべき現実の課題を「まち」の範囲へと限定させ，後者への認識を閉ざす危険をもたらしかねない。

　第二に，まちづくりの担い手である「住民」とは，いったい誰を指すのか。このことは，決して自明ではなく，争われるべき問いとして浮上する。釜ヶ崎のような寄せ場地域に関して，最も周縁化されがちな住民は，野宿生活者だろう。官民協働の枠組みのもとでは，野宿生活者が包摂の対象とされることはあっても，野宿する権利というラディカルな要求が公認されることは，相当に難しい。それどころか，彼らの土地使用を「不法占拠」とみなし，路上のコミュニティを責め立てては暴力的に解体する趨勢は，強化される傾向にある。こうして野宿生活者からは，「住民」の資格が剥奪されてしまうのだ。

3　スクウォットの権利

　したがって「住民」という言葉を絶えず問題化しつつ，コミュニティの概念を複数化することは，目下緊急の課題といえるだろう。この課題に向け求められる作業の一つに，スクウォット（squat）という言葉を再考し，豊かにしていくことが挙げられる。先進国と途上国を分かつ古典的な世界認識のもとで，スクウォッターとは，途上国の都市に固有の現象とみなされてきた。だが欧米の諸都市には，空き屋を占拠するスクウォットの運動が意識的に追求され，様々なスクウォッターの権利が実現された歴史的経緯がある。しかも，これらの運動や権利は，ジェントリフィケーションに対抗するための中心的実践として，ますます重要なものとなっている。日本の都市においても，1970年代以降の寄せ場地域で闘われた越冬闘争や，90年代以降の都心で争われた反排除運動を，公有地のスクウォット運動として捉えなおすことは，十分可能である。そのような認識に立つことで，野宿生活者を住民として捉えるようなコミュニティの視座は，はじめて開かれることだろう。　　　　　　　　　　（原口　剛）

▷5　2003年に施行された「ホームレスの自立の支援等に関する特別措置法」では，自立支援プログラムなどの社会サービスを拒否して野宿を継続する人々を「社会生活を拒否」する者とみなす文言が組み入れられ，野宿する権利を否定する論理をもっていた。のちにこの文言は削除されたが，そのようなまなざしは，現在も残り続けている。

▷6　多くの先進国の都市には，空き屋があるにもかかわらず屋根を奪われた人々が存在するのは非人道的であるという理念のもと，一定期間空き屋を占拠して生活した人々への居住権を保障する，厳寒期には立ち退きは行わない，家賃高騰を防ぐため上限を定めるなど内容は様々に異なるが，歴史的に闘われた社会運動の成果である点は，どの都市でも共通する。

（問い）

まちづくりの実践ではしばしば「イメージを良くすること」が重要だと主張されるが，なぜそうしたことが求められるのか。どのような「イメージ」が良いものとされ，何が「負のイメージ」とされるのか。また，その背後でどのような社会的不公正が起こりえるか。

（参考文献）

金江（金友子訳）『生と芸術の実験室スクウォット』インパクト出版会，2011年。
ニール・スミス（原口剛訳）『ジェントリフィケーションと報復都市』ミネルヴァ書房，2014年。

XII　ビジネスと開発

 # 1　官民パートナーシップ（PPP）と開発

① 官民パートナーシップとは何か

　官民パートナーシップ（Public Private Partnership）とは，公共事業の運営や公共サービスの提供に民間部門を参画させる形態である。1980年代の先進諸国での経済不況や財政悪化，冷戦後の市場経済のグローバル化と新自由主義の潮流を背景として広がった。公共事業・サービスの完全民営化や公共部門に市場原理を導入する**新公共経営**[1]も導入されたが，伝統的な公共事業や公共調達と，完全な民営化の中間領域において，交通，保健医療，教育などの公共施設の所有権を公共部門が保持したまま様々な形態やその組み合わせで民間部門と連携するのがPPPである。

　1990年代初頭にイギリスで導入された**民間資金活用事業**[2]では，公共施設の建設，維持管理，運営を民間部門の資金や経営能力や技術を活用した手法が取られ，他国でも採用された。先進国から途上国への資金フローにおける政府開発援助（ODA）の比重が減少する中で，PPP/PFIは効率性を重視する欧米先進諸国の開発援助機関や国際通貨基金（IMF）・世界銀行などの国際金融機関によって多国籍企業が参画する途上国開発にも導入された。1990年代から2000年代にかけて，中南米諸国をはじめ多くの途上国や移行国の上水道，電気，ガスなどの分野で広がった。国連ミレニアム開発目標（MDGs）や国連持続可能な開発目標（SDGs）の成果を重視する立場からも，官民パートナーシップがキー概念となった。

② 様々な官民パートナーシップ形態

　PPP/PFI事業には，民間部門が責任を負う範囲（つまり公共部門が負うリスクの程度）によって，設計・建設（DC）方式，建設・運営・移転（BOT）方式，建設・所有・運営（BOO）方式，設計・建設・維持運営・資金調達（DCMF）方式，**コンセッション方式**[3]など様々な形態や組み合わせがある。コンセッション方式では，公共部門に公共施設の所有権が残されるが，その運営権を民間部門に売却し，民間部門はサービス運営からの収入を受益者から受け取る方法となるため，事実上民営化に近いと見られている。

　上水道などのインフラ施設の老朽化や新規開発のために，先進国でも途上国でも官民パートナーシップや民営化が導入された。しかし，貧困層への公平性

▷1　**新公共経営**（New Public Management：NPM）
公共主体が市場原理に基づく民間企業の経営手法を行政管理に導入して，効率化やサービス向上を図る手法。イギリス，ニュージーランド，アメリカなどで1980年代半ばに導入された。中期計画などの業績目標を設定し，目標や成果を重視した管理が行われた。国際機関でも世界保健機関などが導入し，日本でも国立大学法人などに見られる。

▷2　**民間資金活用事業**（Private Finance Initiative：PFI）
公共施設の建設，維持管理，運営などに民間事業者の資金，経営能力，技術などを活用する手法。イギリスではメジャー首相の保守党政権が1992年に導入したが，多くの課題が指摘されて2010年代にはPFI事業は減少した。日本では1999年にPFI法が公布された。

や公共部門による監視が弱体化するなどサービスの質低下や金額に見合った価値が生み出されない失敗事例も生じた。自由貿易・投資協定に定められた投資家保護のための紛争解決制度によって民営化に伴う損害を政府部門が負担する事例も生じた。官民パートナーシップの形態が複雑化したこともあり，適正なリスク負担調整や企業の社会的責任（CSR）が期待されたが，1997年アジア通貨危機以降は PPP の見直しが行われた。2008年世界金融危機以降は先進国を中心にローカル・レベルで共有財を民主的に管理する再公営化（remunicipalization）に戻す動きも目立つようになった。

③ マルチステークホルダー・パートナーシップの可能性と課題

　MDGs や SDGs の達成のためには，先進国も途上国も厳しい財政事情をもつ公的資金だけでは賄いきれず，また結果重視が強調される文脈において，グローバル・パートナーシップの推進や活性化が国際目標の一つとして組み込まれた。公共領域，中間領域，私的領域にわたる広い範囲での民間参画も，広義の官民パートナーシップといえよう。政府間，官民，市民社会の様々なパートナーシップが実施手段として出現した。政府間連携については，1996年の経済協力開発機構開発援助委員会（DAC）の開発協力戦略が途上国の主体的取組み（オーナーシップ）に対応した先進国のパートナーシップを強調した。この意味での開発パートナーシップとしては，被援助国側から民主化やマクロ経済構造調整政策に自主的にコミットした「アフリカ開発のための新パートナーシップ（NEPAD）」（2001年）の事例がある。

　このような政府間連携においても，民間部門の営利企業や市民社会団体を加えた連携の多様な組み合わせが模索された。公共部門と市民社会の連携によるもう一つの PPP（Public–People Partnership），営利民間部門と非営利民間部門の連携による共有価値の創造（Creating Shared Value），社会的起業（Social Entrepreneurship）などがある。三部門協働による新たな公共のパートナーシップ（Public–Private–People Partnership）や再公営化もある。成功事例では，貧困層の支払い能力や「人権としての水」（2010年国連人権理事会決議）に応じた料金体系や汚染対策費用がかからないよう環境保全も含めた長期的で広範なパフォーマンス契約がなされている。しかし，各部門にはそれぞれ政府の失敗，市場の失敗，ネットワークの失敗も存在するので，汚職や破綻を繰り返す場合もある。マルチステークホルダー・パートナーシップの可能性を極大化し，課題を極小化するためには，適正な分散協調ガバナンスの設計や透明性の高いインパクト・マネジメントへの参画が求められる。　　　　　　　　　　（毛利勝彦）

▷3　コンセッション方式
利用料金の徴収を行う公共施設の所有権を国や地方自治体などの公共主体が有したまま，その運営権を民間事業者に設定する方式。民間事業者は運営権対価を公共主体に支払い，サービス提供を受ける利用者から利用料金を受け取る。運営権には抵当権が設定され，金融機関や投資家から融資・投資を受けることもできる。日本では，2011年の PFI 法改正によって導入された。

（問い）
官民パートナーシップにおいて何を「成功」の評価指標とすべきか。

（参考文献）
国際協力機構編『途上国の開発事業における官民パートナーシップ導入支援に関する基礎研究』JICA，2005年。
OECD 編『官民パートナーシップ』明石書店，2014年。
重田康博・真崎克彦・阪本公美子編『SDGs 時代のグローバル開発協力論』明石書店，2019年。
佐藤真久・関正雄・川北秀人編『SDGs 時代のパートナーシップ』学文社，2020年。
岸本聡子『水道，再び公営化！』集英社新書，2020年。

XII　ビジネスと開発

BOP ビジネスの事例

① BOP ビジネスとは何か：主な分野

　BOP ビジネスとは，年間所得が購買力平価（PPP）ベースで3000ドル以下の低所得層を対象とするビジネスである。BOP 層の人口は途上国を中心に世界人口の7割に及び，2050年までには全世界の85％を占める途上国の人口が新しい市場への開拓につながるとされている。企業にとっても BOP ビジネスは，途上国の生活水準の向上に貢献すると同時に収益を上げるという一石二鳥の効果が期待されている。BOP ビジネスの分野としては，食品（栄養不足を解消するための栄養価の高い食品の開発や食品を提供するための流通網の改善），エネルギー（公共の送電網が未整備な地域において，送電網が不要な水力発電・太陽光発電等の供給），住宅（居住場所のない住民への住宅ローンの提供，個人で住宅建設を行う人向けの技能トレーニングの実施），運輸（公共輸送機関が未整備な地域での民間バスの導入），保健医療（安価な医薬品・医療技術の提供），情報通信技術（電話を購入する資金のない世帯に携帯電話を数名で共有するサービスの提供），水道（水道網の整備，水の汚染物質を個人で取り除くシステムの開発・販売等による衛生的な飲み水の提供），金融サービス（銀行口座を持たない人を対象とした携帯電話を使った商品サービスの導入）などの分野がある。

　企業は SDGs の達成および利益を生み出しながら，途上国は貧困層の生活条件向上を達成できるという win-win な関係性が構築される BOP ビジネスであるが，現地のニーズをしっかりと把握するための事前調査の徹底と採算が合うまである程度の期間を要する等の難しさがある。

② BOP ビジネスの事例

　欧米の多国籍企業で最も BOP ビジネスで成功している企業の一つとして，英国ユニリーバを挙げられる。ユニリーバは世界の多くの途上国の農村地域で貧困層のニーズに合わせ，使い切りの石鹸や小分けにした袋入りシャンプーを販売しているほか，多くの貧困層向け消費財ビジネスを行っている。とりわけユニリーバのインド法人が農村で行っているビジネスを見るとまさに「BOP ビジネスの総合デパート」と言ってもいいほどである。ユニリーバ以外にも BOP ビジネスで成功している欧米系企業が多いが，日本企業でも BOP ビジネスで成功している企業もあるので，ここではいくつか紹介したい。

- ヤマハ発動機：アフリカでは漁民に漁法の指導を行い船外機の市場を開拓し，村落型浄水装置であるクリーンウォーターシステムを販売している。
- 味の素：低所得者向けに包装を小分けにした味の素を販売し，加えて離乳食の栄養バランスを強化するサプリメントも販売している。
- ヤクルト：地元の女性たちをヤクルトレディとして雇用し，女性のエンパワーメントにも貢献している。
- 日清食品：世界各国で現地の嗜好に合わせた即席麺を販売している。
- サカタのタネ：アフリカで小規模野菜農家の育成を行い，種や肥料の販売を行っている。インドでも同社は，そのライス加工食品が大地震の際の緊急支援で貢献した。
- 東レ：南アフリカで水と二酸化炭素に分解される特殊な繊維を編みこんだ土壌の水分を保ちやすくするチューブを使って砂漠緑化・農地化事業を行っている。
- 住友化学：ケニアなどアフリカ諸国でマラリアを媒介する蚊に人間が接触しないように殺虫剤を練り込んだ防虫蚊帳「オリセットネット」を販売している。
- 関西ペイント：蚊の繁殖を防ぐ塗料を開発して途上国で販売している。
- テルモ：アフリカやインドで血液パック供給のビジネスを行っている。
- ソニー：インドの農村で小型分散型発電蓄電システムの実用化実験を行っている。

　ここに紹介した企業の大半は日本企業の中でもとりわけ海外売上比率が高く，そもそも海外でのビジネスにおけるノウハウが集積している。加えて，現地で有力なパートナーと組んで現地の住民のニーズを徹底的に分析した結果，これらのBOP案件を成功させることに成功したと考えられる。

　一方，日本企業のBOPビジネスには失敗例も少なからず存在する。その原因には，価格の不適切性，インフラの対応不足，信頼性の不足などが挙げられる。BOPビジネスの最大の課題は現地密着性であり，地元住民の特性やニーズを十分に把握することが成功の鍵である。そのため，日本企業の間でのBOPビジネスに関する期待も一時期ほどではない印象もないわけではない。

　一方で，BOP層以外の所得層も対象にした新興国や途上国におけるビジネスに関心を向ける向きも増えてきた。近年ではさらに，新興国や途上国の社会課題を解決するための社会的起業に関する関心も高まっている。SDGsの重要性が広く認められるとともに，日本政府による企業の新興国や途上国におけるビジネス支援策も充実してきた。[43]これらのスキームに応募して採択された日本企業のリストは公開されており，どのようなビジネスで可能性が大きいかわかる。今後とも日本企業はこういったスキームをこれまで以上に活用したいところである。

（近藤正規）

▷3　日本政府や公的機関による主なBOPビジネス関連支援策として下記のものがある。

経済産業省
- BOPビジネス支援センター
- 貿易投資円滑化支援事業（実証事業）

外務省
- ODAを活用した中小企業等の海外展開支援のための委託事業による調査業務

ジェトロ
- BOPビジネス・パートナーシップ構築支援事業
- BOP／ボリュームゾーン・ビジネス相談窓口
- BOP／ボリュームゾーンビジネス・ミッション
- 開発輸入企画実証事業

JICA
- 協力準備調査（BOPビジネス連携促進）
- 中小企業連携促進調査（F/S支援）

NEDO
- 提案公募型開発支援研究協力

（問い）

BOPビジネスの意義についてどう思うか。またBOPビジネスの直面する困難はどのようなものだと思うか。

（参考文献）

プラハラード，C. K.（スカイライトコンサルティング訳）『ネクスト・マーケット——「貧困層」を「顧客」に変える次世代ビジネス戦略』英治出版，2010年。
国連開発計画編（吉田秀美訳）『世界とつながるビジネス——BOP市場を開拓する5つの方法』英治出版，2010年。

XII　ビジネスと開発

③ ESG 投資と環境

① ESG 投資とは

　利潤の増大を目的とした企業活動の効率化が，直接的・間接的に地球環境を破壊してきたとの見方がある。そして企業やその経営陣に対し，利潤（リターン）の極大化を要求してきた投資家も，その一端を担ってしまったといえる。そんな中 ESG 投資が登場した。ESG とは Environment（環境），Social（社会），Governance（統治）を指し，ESG 投資とはそれを加味した投資を意味する。従来そして今ももちろん投資判断（投資先企業の選定やポートフォリオの組み換え）において重視される点は，リスクに応じたリターンが確保できるかどうかである。しかしながらこれに加えて昨今は，地球温暖化への対策をはじめとする地球的規模の諸課題を，投資先企業の対策活動を通じて間接的に貢献することがこれまで以上に社会から求められている。

　具体的な ESG の各要素は資料を参考に整理すると，E として気候変動，温室効果ガスの排出，資源の枯渇（水資源を含む），廃棄物および汚染，生物多様性を，S として労働条件（奴隷労働および児童労働を含む），地域コミュニティ（先住民コミュニティを含む），健康および安全，従業員関係および多様性（ダイバーシティ），サプライチェーンを，G として役員報酬，賄賂および腐敗，取締役／理事会の多様性，税務戦略，取締役の構成や少数株主保護などとされる。これらの諸課題は，投資先企業が対策を講じれば即時に改善効果が現れるわけではなく，また数値や計算式などで定量的に問題解決への貢献度を把握できる課題ばかりでもない。投資家は被投資企業とのインタビューやヒアリングに加えて，公表されるレポートを読み込んで，時系列に比較し，状況の説明や表現の変化などから定性的に状況を整理する技量が求められる。また，ESG 投資とは本来的には企業の長期的な活動を応援する姿勢であり安定した投資が望ましく，微細な状況の変化に高い感度で反応することが ESG 投資としてよい対応とはいえない。さらには既投資先あるいは有力な候補となり得る被投資企業から公表される情報を並列的かつ適時モニターしていくことは，実際上は困難であるため，定性的な情報を定量値に置き換えた数値である ESG スコアを活用している投資ファンドもある。ESG 投資は，ESG 課題への取り組み度合いと投資パフォーマンスと切り離して考えるのではなくこれらが強く連動しているものとして捉える点が従来の投資手法と大きく異なる。

▷1　金融庁「ESG 要素を含む中長期的な持続可能性（サステナビリティ）について」https://www.fsa.go.jp/singi/follow-up/siryou/20210215/01.pdf

▷2　年金積立金管理運用独立行政法人「ESG 投資——ESG 指数に基づいた株式投資」https://www.gpif.go.jp/investment/esg/#a

2 ESGスコアとは

スコアの活用によってESG調査と銘柄選択の分業が可能となり効率的な業務運営が実現される。代表的なESGスコアについて資料を参考に簡単に触れておく。スコアにはESGそれぞれの観点に特化したものと，総合的にまとめたものとがある。ESGスコア算出団体は各社別々に評価基準を策定しているというよりも，SASB[▷2]，GRI[▷3]，TCFD[▷4]をはじめとする国際的な枠組みに準拠した評価クライテリアとなっている。このため，異なるESGスコア算出団体が評価する企業に対する評価ランクは同等程度となる潜在性が高い。スコアを活用することのメリットは，モデルの構築や企業とのコミュニケーション，調査分析などと投資実務の分業の他に，スコアの算出がブラックボックス化せず銘柄選択の透明性が確保でき，**モデルリスク**[▷5]に悩まずに済む効果も考えられる。また被投資企業にとっても，スコア評価のベースとなる上記の国際的な枠組みを調べることで，自らのスコアを改善するための施策を策定しやすくなる。

3 PRIとは

PRIはPrincipals for Responsible Investmentの略で，「責任投資原則」と訳される。コーポレートファイナンスの枠組みでは，企業の取締役は，様々なステークホルダーの中でもとりわけ株主の意向を汲んでその代理（エージェント）として株主にとって最適な方策を執行すると整理されることが多い。そうなると単純に株主のための方策執行とはより多くの配当金，つまり多くの売上を計上しコストを最小限に抑えることで実現されるわけであるから，地球的規模の諸問題への取組みが必要であると頭では理解できても，コストの増加が予想されることを行動に移すには消極的となる。そこで企業に対し直接取組みを訴えるものではなく，投資家に投資を通じたESGやSDGsに関する取組みを促すのがPRIである。PRIは2006年の国連で提唱され，ESG投資は①**マテリアリティ**[▷7]，②市場の需要[▷8]，③規制の観点などから注目が高まり続けている。PRIの六つの原則とは次の通りとなっている。「私たちの受託者責任と矛盾しないかぎり，コミットメントとして以下を約束します。1．私たちは，投資分析と意思決定のプロセスにESGの課題を組み込みます。2．私たちは，活動的な所有者となり，所有方針と所有習慣にESGの課題を組み入れます。3．私たちは，投資対象の主体に対してESGの課題について適切な開示を求めます。4．私たちは，資産運用の業界において本原則が受け入れられ，実行に移されるように働きかけます。5．私たちは，本原則を実行する際の効果を高めるために，協働します。6．私たちは，本原則の実行に関する活動状況や進捗状況に関して報告します」。つまりこれまでの投資尺度とESGの観点とを有機的に結びつけた投資判断（インテグレーション）が求められている。（金子拓也）

▷3 Sustainability Accounting Standards Board, 参考資料 https://www.sasb.org/

▷4 Global Reporting Initiative, 参考資料 https://www.globalreporting.org/how-to-use-the-gri-standards/gri-standards-japanese-translations/

▷5 Task Force on Climate-related Financial Disclosures, 参考資料 https://tcfd-consortium.jp/about

▷6 モデルリスク
モデルの誤りや不適切な使用によって，誤った情報に基づく意思決定につながり，結果として金融機関の収益，財務状況，レピュテーション等に重大な損害を与えかねない可能性のこと。参考資料 https://www.fsa.go.jp/common/law/ginkou/pdf_02.pdf

▷7 マテリアリティ
重要社会課題のこと。参考資料 https://www.unpri.org/download?ac=10971

▷8 市場参加者からの透明性や説明への需要。参考資料は▷7と同様。

（問い）
従来の投資分析方法に，ESGの要素を加味することで，投資収益にどのような効果がもたらされるか。

（参考文献）
PRI「責任投資原則」リーフレットなどを参照。

XII　ビジネスと開発

4 ESG 投資の事例：グリーンボンド

1 グリーンボンド

　ESG 投資事例としては，グリーンボンド[1]などに投資するものと，**ネガティブスクリーニング**[3]ののち ESG や SDGs への取り組みが顕著（ポジティブスクリーニング）な企業への投資（融資）するものとに大きく分けられる。前者はボンド（債券）の発行時点ですでに資金使途などが細かく規定されているものであり，後者はこれまでの取組みが評価され，今後の継続した活動を支援する投資ともいえる。ここでは前者のグリーンボンドについて説明したのち，両者の代表例について簡単に触れる。

　グリーンボンドとは，環境面での持続可能性に貢献することを目的としたプロジェクトに資金使途を限定した債券を指し，2008年11月に世界銀行によってはじめて発行されている。細則は国際資本市場協会によって定められたグリーンボンド原則あるいは環境省によって2017年に制定されたグリーンボンドガイドライン[5]に記載がある。まずその定義は，「調達資金の全てが，新規又は既存の適切なグリーンプロジェクトの一部又は全部の初期投資又はリファイナンスのみに充当され，かつ，GBP の四つの核となる要素に準拠している，様々な種類の債券」とされている。この四つの核となる要素とは，①調達資金の使途，②プロジェクトの評価と選定のプロセス，③調達資金の管理，④レポーティング，とされ，グリーンプロジェクトとは，再生可能エネルギー，エネルギー効率，汚染防止および抑制，持続可能な水資源および廃水管理などが該当する。

　つまりグリーンボンド原則とは，資金使途を明確にし，資金使途が原則に適合すると評価する基準（クライテリア）や評価の過程を投資家に対して説明し，資金が正しく管理され，予定された使途に使われているかをモニターし，プロジェクトの進捗，資金の利用状況などを投資家に説明する，いわば債券発行の計画から償還までの流れ全体を厳しく規定する原則となっている。やはりセルフチェックには客観性や透明性などの観点で限界も考えられることから，独立した外部評価機関の活用が推奨されており，評価機関にはセカンド・パーティ・オピニオン，検証，認証，格付け評価などが求められている。

2 グリーンボンドなどの発行事例

　発行されたグリーンボンドについて調べるには，グリーンボンド発行促進プ

ラットフォームが調査の出発点として便利である。日本国内初は日本政策投資銀行によって2014年10月に発行された期間３年のグリーンボンドで，債券の発行代わり金を，第三者の認証機関による環境性能評価の高いビルの建設または取得のために融資する資金の流れで，フロー全体を外部機関がレビューするスキームとなっている。

このほか2015年に三井住友銀行によって発行された再生可能エネルギーや省エネルギー事業への融資資金調達のためのグリーンボンドや，2018年に日本郵船による排気ガスから硫黄を除去する装置を備えたLNG船の技術開発を目的としたもの，日立造船によるごみ焼却発電施設にかかる資材購入等の運転資金の調達を目的としたもの，丸井グループによる再生可能エネルギーからの電力100％調達に向けた取組みに関する費用の調達を目的としたもの，ジャパン・ホテル・リート投資法人によるホテルの改装資金のうち，空調機器，電気設備などのCO_2削減効果のある設備投資費の調達を目的としたもの，カネカによるカネカ生分解性ポリマーPHBHの製造設備および研究開発費用の調達を目的としたものなどがある。

海外の事例も豊富にあり，例えばMTR香港による低炭素運輸や省エネ事業などのための資金調達，フランスEDFによる新規再生可能エネルギー発電設備の建設などのためのサムライ債，オーストラリアの公立大学による環境・社会にプラスの影響をもたらすキャンパス開発のための資金調達，イタリアの大手金融機関Intesa Sanpaoloによる**サーキュラーエコノミー**[47]に焦点を当てたサステナビリティ・ボンドなどがある。

③ ESG投資事例

年金積立金管理運用独立行政法人（GPIF）はESG投資に取り組んでおり，例えば株式への投資の際には二つの総合型ESG指数[48]と三つのテーマESG指数[49]に連動するように銘柄を組み替え，比率を増減させる（**パッシブ**）[410]運用を行っている。また第一生命では生命保険の社会的役割を踏まえ，地域や社会の課題解決を意識したESG投資を行っており，ESG投資と貧困撲滅や格差是正，気候変動の緩和，地方創生や地域活性化などの重要な社会課題の解決のため，ポジティブインパクトの創出やエンゲージメント，スチュワードシップ活動を重視している。ESG投資の注目は年々高まり，残高も年々増加する一方で，決算書の粉飾と同様に，積極的に環境活動を行っているように見せかけるグリーン・ウォッシュ[411]も残念ながら話題になる。この問題に対する対策としては，やはり被投資企業や第三者評価機関から発信される情報を鵜呑みにするのではなく，資産管理者・資産保有者も投資先企業との対話，実地調査などを定期・不定期に行うことが必要と考えられる。 　　　　（金子拓也）

すリニア（Linear）経済や「原材料→生産→利用→一部はリサイクル→他は不用品」となるプロセスを指すリユース（Reuse）経済から「原材料→生産→利用→すべてをリサイクル＋原材料→生産」と循環させる取組み。詳しくはhttps://www.government.nl/topics/circular-economy/from-a-linear-to-a-circular-economy

▷8　FTSE Blossom Japan IndexとMSCIジャパンESGセレクト・リーダーズ指数。

▷9　国内株と外国株のS&P/JPXカーボン・エフィシエント指数シリーズ，MSCI日本株女性活躍指数。

▷10　パッシブ運用
日経平均などを基準（ベンチマーク）として，これに連動させる投資手法のこと。基準を上回ることを目標とする投資手法をアクティブ運用と呼ぶ。

▷11　BSR「Understanding and Preventing Greenwash: A Business Guide」http://www.bsr.org/reports/Understanding%20_Preventing_Greenwash.pdf

（問い）
グリーン・ウォッシュの対策方法について考えてみよう。

（参考文献）
HM Government「Green Claims Code」https://greenclaims.campaign.gov.uk/

XII　ビジネスと開発

 多国籍企業と開発の課題：バナナ・ビジネスの事例

多国籍企業によるバナナ・ビジネスの開発と課題

　複数国で事業を展開する多国籍企業は，民間部門の主要な開発主体である。巨大な多国籍企業の事業規模は，小さな国の財政規模をしのぐ場合もある。「北」の国に本社機能を置き，原料，資源，労働力，市場等を求めて「南」の国に進出する例が多く見られ，投資受入国の経済，社会，環境に様々な影響を与えている。本節では，バナナ・ビジネスを事例として，多国籍企業による開発と課題を見ていこう。

　私たちが日本のスーパーマーケットで見かけるバナナの多くは，フィリピンの大規模なプランテーションで大量生産され，輸入されたものである。そして，その生産・流通では，４社の米国系と日系の多国籍企業が高い市場シェアを有している。安い価格で一年中手に入るバナナは，日本人が最もよく食べる果物になった。しかし，1980年代には，バナナに使用される農薬による環境汚染や健康被害，プランテーションの労働者の過酷な就労実態が明らかになり，社会問題となった。

　その後，貿易自由化の流れの中で，バナナ・ビジネスを手がける多国籍企業同士の業務提携や買収・合併が行われ，世界のバナナ市場は再編された。さらに，日本等のバナナ消費国における市場の飽和化と新興経済諸国の成長により，バナナ輸入国・地域の構成も変化した。2018年現在，バナナの輸入量はEU33％，アメリカ26％，ロシア９％，中国６％，日本５％，中南米４％，その他17％となっている（国連FAO報告書に基づく）。

② 多様な認証制度の台頭

　フィリピン産バナナの農薬禍や労働者の実態が明らかになると，日本の消費者はより安全で公正なバナナを求めて，農薬に汚染されたバナナの不買運動と無農薬バナナを適正価格で購入する運動を展開した。国際的にも，多国籍企業による農産物（バナナ，コーヒー，カカオ等）の買いたたきや環境汚染，労働者の権利侵害が問題となり，1990年代頃から農薬等を使用しない有機栽培やフェアトレードの認証を取得した農産物を消費者が求めるようになった。

　その結果，有機バナナやフェアトレードのバナナの市場は拡大し，多国籍企業もこの有望な市場に次々と参入した。これらの多国籍企業は，他にも環境に

▷１　コーデックス委員会が示す国際基準に基づいて，各国・地域の政府が有機農産物・食品の公的認証制度を整備している。一般的に，化学農薬・化学肥料，遺伝子操作（遺伝子組換え，ゲノム編集）技術を用いた作物・家畜は有機として認められない。

▷２　CSR
企業がその活動を通じて社会（顧客，従業員，取引相手，株主，地域住民，環境等）に対して果たすことを期待されている責任のことである。法令遵守，寄付，ボランティア，環境保全活動等に留まらず，本業において公正な操業をすることが求められる。多くの多国籍企業はCSR部門を有しており，報告書の発表を定期的に行っている。

配慮していることを示す ISO14000 シリーズ，GLOBALG. A. P., レインフォレスト・アライアンス，および労働者の権利保護を示す SA8000 等の任意の第三者認証を取得している。

消費者にとって，これらの認証を取得したバナナは安全で公正なものに見える。しかし，NGO 等の調査によると，ISO14000 を取得したコスタリカのプランテーションで農薬の大量流出が起こり，周囲の水系で魚が大量死したり，SA8000 を取得したコスタリカとフィリピンの農園の多くでは労働組合がなく，労働条件が改善されていなかったりという課題がある。任意の認証制度の台頭によって，多国籍企業の操業実態はむしろ消費者から見えにくくなっている。

③ 多国籍企業の操業を規制する国際的な枠組み

多国籍企業の国際的規制枠組みを構築しようとしていた国連の多国籍企業センターが1990年代に閉鎖されると，強制力を伴う規制枠組みは後退し，代わって企業の社会的責任（CSR）に基づく自主的な取組みと任意の第三者認証制度が台頭した。しかし，こうした自主規制の枠組みの実効性に限界があることは，先述の通りである。

こうした状況を踏まえて，国連食糧農業機関（FAO）は2009年に世界バナナ・フォーラムを組織した。同フォーラムには多国籍企業，大手小売企業，貿易会社，生産者，労働組合，消費者団体，政府，研究機関，市民団体等が加盟しており，持続可能な生産システム，価値の再配分，労働者の権利等について対話を行っている。また，国連世界食料安全保障委員会（CFS）は，2014年に「CFS 責任のある農業投資」の10原則を発表し，多国籍企業に対してその遵守を働きかけている。

2019年現在，「CFS 責任のある農業投資」と世界バナナ・フォーラムは，チキータ・ブランズ・インターナショナル社と提携して，栽培するバナナ品種の多様性を高めて生物多様性に関する消費者意識の向上を図る取組みを行っている。さらに，バナナの契約農業の透明性と公平性を高めるために，ビットコイン等の仮想通貨の取引で用いられるブロックチェーンの手法を取り入れることも検討している。

この他にも，国連は2018年に「農民の権利宣言」を採択し，2019～28年を国連「家族農業の10年」と定め，小規模・家族農業の食料主権，種子への権利，土地への権利，団結する権利等を保護し，多国籍企業の操業によって権利を侵害されている人々（プランテーション労働者や契約農家を含む）の権利回復と持続可能な社会への移行を促している。しかし，こうした国際的な枠組みが実効性を確保するためには，法的拘束力のない任意の自主規制やマルチステークホルダー（多様な利害関係者）による監視と対話だけに委ねるのではなく，強制力のある公的規制の制度化が求められる。　　　　　　　　（関根佳恵）

▷3　国連の枠組み等では，各国政府だけでなく，民間企業，NGO・NPO 等の市民社会団体，農民団体等が協調して課題や制度を話し合うことが重視されている。しかし，巨大な多国籍企業と小さな市民社会団体・農民団体の間には，資本力，組織力，発言力，政治力等において大きな格差があり，マルチステークホルダーがすべての参加者の対等な力関係や交渉を保証するものではないことも指摘されている。

（問い）
①多国籍企業の操業を規制する法的拘束力をもつ国際的な枠組みを実現するためには，どのような課題があるだろうか。
②ふだん選んでいるバナナは，どこでどのように栽培されたものだろうか。どのような基準でバナナを選べば，どのような問題が改善されるだろうか。

（参考文献）
鶴見良行『バナナと日本人』岩波新書，1982年。
中村洋子『フィリピンバナナのその後』七つ森書館，2006年。
石井正子編著『甘いバナナの苦い現実』コモンズ，2020年。

Ⅻ　ビジネスと開発

 6　「ビジネスと人権に関する指導原則」と多国籍企業と開発

 ビジネスと人権に関する指導原則とは

　多国籍企業は，途上国の資源や安い労働力を目当てに進出し，児童労働や，過酷な労働環境や安い賃金で途上国の人々を搾取しているのではないかという批判が欧米のNGOを中心にあがり，市民が呼応して不買運動が行われるなど，長年企業の人権に対する責任が問われてきた。こうした企業の問題に対し，例えば欧州では，企業の社会的責任（CSR）をめぐり，自主的な取組みに留めたい企業と，それに留まらず環境や人権に対する企業の影響に企業は責任があるとして企業を規制してゆくべきと主張するNGOとが長年対立してきた。そして，国際的な合意として，広範なステークホルダーとの対話を経て2011年に国連人権理事会において全会一致で採択されたのが，「**ビジネスと人権に関する指導原則**（以下「ビジネスと人権」）」である。「ビジネスと人権」は，三つの柱として，第一に人権侵害から保護するという国家の義務，第二に人権を尊重する企業の責任，第三に犠牲者の実効的な救済手段へのより容易なアクセスを定めており，計31の従うべき原則を挙げている。

　第一の柱である国家の義務は，国家が，企業などを含む第三者からの個人への人権侵害を防ぐ義務のことを指す。また，国家は企業に対して域外活動を規制することを求められていないものの，それを「規制することも禁じられてはいない」と解説する。こうして企業の域外での人権侵害に対する規制を設けることも，国家が選択肢として取り得ることを示す。また，第二の柱である人権尊重に関する企業の責任では，企業に対し「人権デューディリジェンス」を実施するように求めている。「人権デューディリジェンス」とは，企業がすべての取引先・調達先を含めて人権への影響を調査し，調査に基づき人権侵害を予防あるいは軽減する手段を講じ，さらにとった手段の人権への効果を追跡調査し，評価結果を公表してゆく継続的なプロセスを指す。企業には，法の遵守という狭い意味で人権侵害を捉えるのではなく，企業が取引先，調達先や，消費者，従業員，世界で企業活動から影響を受ける個人や地域社会への人権の影響を評価し，予防的対策をとり，それを開示することが求められている。

　「ビジネスと人権」は，法的拘束力をもつものではないが，国際的に合意形成がされた規範として行動や取組みを促す役割を果たす役割が期待されるソフトロー（非拘束的合意）である。国際NGO，ESG投資家，市民は，多国籍企業

▷1　例えば1997年のNGOによってナイキの児童労働による製品の生産が告発された。2006年にコーヒー豆の生産者が正当な価値を得ることができず貧困にあえぐ現実を告発したドキュメンタリーフィルムが公開されると，スターバックスへの批判が高まった。スターバックスは，コーヒー豆をフェアトレード生産調達へと次第に切り替えていった。

▷2　ビジネスと人権に関する指導原則
2008年にビジネスと人権の課題に関する国連特別代表として任命されていた米国の国際政治学者ジョン・ラギーが2008年に人権理事会に提出した「保護，尊重及び救済」枠組（いわゆるラギー・フレームワーク）がもととなっている。

▷3　⇨ Ⅻ-4

▷4　例えば，他にも，2015年に英国の現代奴隷法，2018年にオーストラリアの現代奴隷法，2017年フランスの注意義務法などの例がある。このフランスの法律では，一定の従業員数を満たす企業に対し人権デューディリジェンス実施を義務づけた。

▷5　こうした各国の取組み強化の流れは，2022年のウクライナへのロシア侵攻に対しいち早く欧米の企業

のすべてのサプライチェーンを含めた途上国での労働搾取や人権侵害，日本での途上国からきた人々への労働搾取や，日本企業のヘイトスピーチへの加担など，法律が十分でなく対処できない問題に対し，声をあげやすくなる。

② 「ビジネスと人権」の法制化の動向

「ビジネスと人権」はソフトローとして出発したが，ワーキンググループが設置され，条約案が検討されている。また，先進国を中心に自国の域外の企業の活動の人権侵害をも対象にした法律の制定が進み始めた。例えばドイツでは，サプライチェーンデューディリジェンス法が，2023年1月から3000人以上，2024年1月から1000人以上の規模の会社に対して施行される。人権については強制労働，児童労働，組合をつくる権利を阻害することの禁止や労働者が交渉しようとするのに危害を加えるような民兵を雇うことの禁止，労働者の健康に悪影響を与える環境破壊の禁止など多岐にわたる。さらに，企業に人権デューディリジェンスを義務づけ，重大な違反を犯した企業に対しては罰金を科すことが可能になる。ドイツと取引をする会社にも広く影響が及ぶ法律である。

③ 日本の「ビジネスと人権」の動向と今後

日本政府は「ビジネスと人権」に関する2025年までの行動計画を2021年9月に発表した。労働・子どもの権利の保護と促進・消費者の権利と保護などの項目で，ビジネスと人権に関する政策をリスト化したことは評価に値する。しかし，「ビジネスと人権」に関して周知する役割に留まる文言も多く，すでに各省庁で行われている既存の政策をパッチワークのように寄せ集めたに過ぎないように見える。また，企業の人権デューディリジェンスに関しても，政府が今後の法制化を含めた検討を表明するというよりは，企業が人権デューディリジェンスのプロセスを導入すること，また，サプライチェーンを含むステークホルダーとの対話を行うことを期待するという表現に留まっている。日本の大企業の業界団体である経団連が2020年11月に発表した新成長戦略には，SDGsや人権の尊重の観点が取り入れられている。日本企業にも今後ますます人権デューディリジェンスの実施が求められているといえよう。

また，市民の意識も問われてくる。日本の消費者は，製品の品質や安全性を気にするが，企業の人権への影響に対してはイギリスや米国の消費者と比べて意識が低いという調査結果もある。しかし，日本でも「ビジネスと人権」の観点から問題を可視化するNGOの取り組みも行われている。今後日本で企業の「ビジネスと人権」への取組みを進展させるためには，日本の市民や消費者が，企業の国際的な人権への取組みに注目し，求めてゆくことが大切である。

（大森佐和）

がロシア撤退を決めていった流れとも関連しているだろう。

▷6　一般財団法人企業活力研究所「新時代の『ビジネスと人権』のあり方に関する調査研究報告書」2019年，https://www.bpfj.jp/report/csr_h30/

▷7　香港のNGOが中国のユニクロのサプライチェーンの素材工場などに潜入調査し，劣悪な工場の労働環境や労働条件を，人権問題を扱う日本の国際NGOヒューマンライツ・ナウとともに告発し，ユニクロがモニタリングを強化したと回答したなどの例がある。Chan, Alexandra from Students & Scholars Against Corporate Misbehaviour, 2015.「2015縫製産業キャンペーン——中国国内ユニクロ下請け工場における労働環境調査報告書」。

（問い）

①どの程度企業の人権に関する取組みが，自分が商品を購入したりサービスを利用するのに影響を与えていると思うか。それはなぜか。
②これから日本の企業が「ビジネスと人権に関する基本原則」にどのように取り組んでいかなければならないと思うか。それはなぜか。

（参考文献）

企業活力研究所「新時代の『ビジネスと人権』のあり方に関する調査研究報告書」2019年，https://www.bpfj.jp/report/csr_h30/。
伊藤和子『ファストファッションはなぜ安い？』コモンズ，2016年。

XII　ビジネスと開発

 7 ソーシャルビジネスと開発の課題解決

▷ 1　⇨ XI-7

▷ 2　BRAC
世界各地で貧困削減事業を展開する世界最大のNGO。ソーシャルビジネスのパイオニアでもある。イアン・スマイリー『貧困からの自由』明石書店，2010年。ジョマダル・ナシル「バングラデシュ社会開発へのBRACの革新的なアプローチ」金沢星稜大学論集第49巻第2号，平成28年。

▷ 3　ソーシャルビジネス7原則
①ソーシャルビジネスの目的は，利潤の最大化ではなく，人々や社会を脅かす貧困，教育，健康，情報アクセス，環境といった問題を解決することである。②財務的，経済的な持続可能性を実現する。③投資家は，投資額のみを回収できる。投資の元本を超える配当が行われない。④資本額を返済して残る利益は，会社の拡大や改善のために留保される。⑤環境に配慮する。⑥雇用者に市場賃金と標準以上の労働条件を提供する。⑦楽しむ！　大杉卓三／アシル・アハメッド『グラミンのソーシャル・ビジネス』集広舎，2012年。ムハマド・ユヌス（猪熊弘子訳）『貧困のない世界を創る』早川書房，2008年。

▷ 4　日本では，世界の社会起業家をインタビューし

1　ソーシャルビジネスとは何か

　ソーシャルビジネスとは，社会的な課題をビジネスの手法により解決する事業である。定まった定義はないが，経済産業省は，「社会性」「事業性」「革新性」の三点を，ソーシャルビジネスの要件として定義している。社会課題に取り組むことをミッションとしているか（社会性），ボランティアや行政資金に依存せずに，サステナブルに事業を行っているか（事業性），商品，サービスやビジネスモデル等に新たな工夫やイノベーションはあるか（革新性），が問われる。より地域性の高いものを「コミュニティビジネス」と呼ぶこともある。

　日本で「ソーシャルビジネス」という用語が普及した背景には，グラミン銀行を創設し，ノーベル平和賞を受賞したムハマド・ユヌスの影響が大きい。1970年代のバングラデシュで生まれたグラミン銀行やBRACは，開発の課題解決のためのソーシャルビジネスの先駆者として知られている。ただし，ユヌスが提唱するソーシャルビジネスは，「**ソーシャルビジネス7原則**」を満たすことが求められており，一般的なソーシャルビジネスとは一線を画している。

　欧米では類似の概念として，ソーシャルエンタープライズ（社会的企業），ソーシャルアントレプレナーシップ（社会起業家精神／社会起業家）などの用語が一般的である。いずれも明確な定義はなく，国によって政府の役割や企業への期待，歴史的な背景が異なるため，解釈や範囲にも違いがある。一般的に，社会的企業は，「社会的な目的をもつ組織」に注目する概念で，営利組織，非営利組織，中間的組織が含まれる。社会起業家とは，社会課題の解決のために創造的で革新的な手法を見出し，実現するリーダーを指す。ソーシャルビジネスを社会的企業，ソーシャルビジネスの創業者を社会起業家と呼ぶ場合もある。

2　課題解決に必要とされるようになった背景とその担い手

　グローバル化，価値観の多様化が進み，社会課題は複雑化している。政府や公的機関だけではこうした状況に対応できなくなり，課題解決に取り組む新たな主体や，アプローチが必要とされるようになった。非営利団体は，政府の取組みを補完する存在としても重要な役割を果たしてきたが，財源の制約からくる持続性やスケールの課題を抱えていた。そこで，企業がもつ経営，戦略，財務能力などを社会課題の解決に生かすことが期待されるようになった。ビジネ

スの手法を活用して社会課題を解決するソーシャルビジネスは，既存のビジネスが設立困難なマーケットを開拓する存在，社会のあり方を一変させるようなアイディアを生み出し，社会に実装する仕組を開発する存在として，世界各地で新たな潮流を生み出している。

　国際開発の分野では，政府や公的機関の援助額を上回る民間資金が途上国に投下されるようになり，民間資金による開発への貢献が不可欠となって久しい。2015年以降は，不足するSDGs達成に必要な資金を充当する存在として，民間資金への期待はますます高まっている。同時に，新興国でのビジネス展開を成長戦略の一環として位置づけるようになった企業は，現地ニーズの把握や事業展開のパートナーとして，多様な関係者（国際機関，NGO，ソーシャルビジネスなど）と連携するようになった。その過程で，ソーシャルビジネスの支援や，自らソーシャルビジネスを手がける事例が生まれた。CSR活動を通して社会課題に触れ，本業で課題解決に取り組むようになったケースもある。

　ソーシャルビジネスの担い手には，協同組合や当事者自身によって所有され運営される事業，事業型NPOやNGOが主導する収益事業などもある。収益性が低いとされる分野や，従来のリスク・リターンモデルに従った投資判断が難しい分野における，革新的なソーシャルビジネスの起業も盛んである。

　ソーシャルビジネスの構造にも変化が見られる。各セクターが伝統的に担ってきた役割や関係性が変化し，アイディアや資本がセクター間で自由に行き来するようになってきたのだ。例えば，気候変動や貧困などのグローバルな課題に対しては，非営利団体，政府，企業が協力して取り組む事例が増えている。営利・非営利の区別を超えて，持続的な社会変化を生み出すプロセスや成果，それらを生み出すイノベーションが重要であるとの認識も高まっている。

3　ソーシャルビジネスの財源と課題

　ソーシャルビジネスの財源は，事業収入，行政等からの補助金，助成金，寄付，社会的投資／**インパクト投資**など，取り組む社会課題やビジネスの成長段階により変化する。例えば，社会課題を解決する商品やサービスの開発，提供を行う場合は，新たな市場の創造により事業収入を増やしていくことが期待される。受益者から直接対価を得ることが難しい場合は，非営利資源の活用も重要である。これまでビジネスの対象として捉えられてこなかった領域や，解決が難しかった社会課題に取り組む場合，ニーズは高くても事業性を獲得しにくい場合もある。そこで，様々な資源を組み合わせて財源の多様性を確保すること，多様な関係者と連携して事業を構築していくことが必要となる。

　ソーシャルビジネスの発展のためには，その多様な姿を理解しつつ，幅広い資金提供者や中間支援組織，政府，企業，教育機関，メディアなど社会が効果的にサポートし連携するエコシステムの構築が不可欠である。　　　（功能聡子）

た，渡邊奈々『チェンジメーカー』日経BP，2005年などにより広く知られるようになった。

▷5　⇨XⅡ-2

▷6　スタンフォード・ソーシャルイノベーション・レビューでは，社会変革を生み出すイノベーションを「ソーシャルイノベーション」と名づけている。「社会課題に対するまったく新しい解決策で，既存の解決策よりも，高い効果を生む・効率がよい・持続可能である・公正である，のいずれかを実現し，個人よりはむしろ社会全体の価値の創出を目指すもの」と定義している。『これからの「社会の変え方」を探しにいこう。』英治出版，2021年。

▷7　インパクト投資

財務的リターンと並行して社会的および環境的インパクトを同時に生み出すことを意図する投資を指す。資本主義の見直しの議論の中で「連帯経済」への関心も高まっている。池本幸生・松井範惇『連帯経済とソーシャル・ビジネス』明石書店，2015年。須藤奈応『インパクト投資入門』日本経済新聞出版社，2021年。

（問い）

行き過ぎた利益追求と利己主義，分断，孤立が深まる世界において，「利他」が注目されている。ソーシャルビジネスは，「利他」といえるだろうか。

（参考文献）

経済産業省『ソーシャルビジネス研究会報告書』平成20年4月。
谷本寛治『企業と社会』中央経済社，2020年。

XII　ビジネスと開発

ソーシャルビジネスの事例

❶　テクノロジーを活用する現地スタートアップ：インド

　世界中で，テクノロジーを活用して社会課題解決に取り組む事例が増えている[1]。途上国でも，起業家精神を発揮し，創造的で革新的なソーシャルビジネスを立ち上げるスタートアップが続々と登場している。まず，インドでIoTを活用して酪農家の生活を改善するステラアップス社[2]の事例を紹介する。

　課題：インドは世界最大の生乳生産国だが，酪農セクターには，生産性の低さ，サプライチェーンの脆弱性など多くの課題があった。酪農家の大半は，乳牛2～3頭しか飼育しない小規模農家で，農村の貧困削減も課題であった。

　事業内容：ステラアップス社は，デジタル技術を用いてサプライチェーンの効率化を行い，酪農家の生産性向上や生乳の品質向上，安定的な供給，小規模酪農家の所得向上につなげている。

　事業の成果：酪農家から牛乳を集荷する村落にある集荷所にデジタル機器を設置し，牛乳の計量と品質を判断，買取り価格を決定し，代金を酪農家の口座に入金する仕組みを構築した。これにより，中間業者から安く買いたたかれてしまうなどの問題が改善されるとともに，品質が価格に正当に反映されることが高品質の牛乳を生産するインセンティブになり，水を混ぜて量を増やすなどの行為が改善された。結果として，小規模農家の所得向上につながった。また，温度管理により，牛乳の品質を維持し，廃棄を減らすとともに，環境負荷を軽減。さらに，デジタル化されたモニタリングデータに基づいた信用情報の蓄積により，金融機関による小規模農家への融資や保険サービスの提供が可能となり，酪農家の生活の安定に貢献している[3]。

❷　CSR活動からソーシャルビジネスへ変わる日本企業：ウガンダ

　従来の企業の社会貢献活動は，利益をあげた後に社会に還元する，という考え方に基づくCSR活動が多かった。しかし，近年，企業がもつ資源や経験などの資産を生かして社会課題の解決に取り組む事例が増えている。次に，ウガンダで衛生改善に取り組むサラヤ株式会社の事例を紹介する[4]。

　課題：ウガンダでは，安全な水が確保できず，手洗いの習慣が浸透していないため，予防可能な下痢性疾患や急性呼吸器性疾患により5歳未満の子どもの約1割が命を落とす。医療施設においても，適切な衛生環境が整っていないた

▷1　ブロックチェーンと生体認証技術を活用した難民支援を行うWFP（国際連合世界食料計画）(https://innovation.wfp.org/project/building-blocks)，AIを平和構築，紛争予防に活かすスタートアップ，Peloria Insights (http://www.peloriainsights.com)，VR，ARを教育に取り入れるスタートアップ，360ed (https://www.360ed.org) など，多くの事例がある。

▷2　ステラアップス社HP，https://www.stellapps.com

▷3　ステラアップス社は，インド工科大学のインキュベーションによるサポートや，インド国内外のインパクト投資家，財団，ファンド等からの資金により事業を展開してきた。日本からは，NPO法人ARUN Seed (https://www.arunseed.jp) が社会的投資を行っている。遠藤壮一郎・坂本純一『インドで注目集める「社会的インパクト投資」』日本貿易振興機構，2021年，https://www.jetro.go.jp/biz/areareports/2021/09460b120a9cef4b.html

▷4　サラヤ株式会社HP，https://hospital.tearai.jp

めに予防可能な院内感染が発生し，乳幼児および妊産婦の死亡率が高い。

事業内容：サラヤ株式会社は，ユニセフによるウガンダでの手洗い普及活動を CSR 活動として支援した経験から，手洗いに必要な安全な水が十分に確保できない状況に着目した。そこで院内感染をなくすために，国際協力機構（JICA）やユニセフなどの国際機関と連携して，水が不要なアルコール手指消毒剤の生産と普及に取り組んでいる。

事業の成果：製品は現地でサトウキビから砂糖を作る過程で発生する廃糖蜜を原料として調達，製造している。これにより原価を抑え適正な価格でのアルコール手指消毒剤の供給を実現した。また，JICA の支援制度を活用し，パイ[5]ロット病院における導入，普及啓発活動を実施した。製品の現地製造や衛生啓発，院内感染予防，手指消毒に関する知識の普及を担うインストラクター育成制度により雇用機会を創出。パイロット病院では，手指消毒剤の普及活動を継続することで院内感染発生率の低下による妊産婦死亡率の減少が確認された。

❸ 外国企業と現地企業の提携：バングラデシュ

バングラデシュのグラミン銀行や BRAC は，外国企業との提携によるソー[6]シャルビジネス創出でも知られている。次に，日本のユーグレナ社とグラミ[7]ン・クリシ財団による合弁会社，グラミンユーグレナ社の事例を紹介する。[8]

課題：バングラデシュでは国民の半数近くが農業に従事，約 7 割が農村地域に住み，農村での雇用創出と農業を通じた収入増による貧困削減が長年の課題だった。他方，日本はもやしの原料となる緑豆をほぼ全量輸入，その大半を中国に頼っていたが輸入価格が急騰，安定的な供給源の確保が課題となった。

事業内容：グラミンユーグレナ社がバングラデシュで緑豆を栽培し，バングラデシュでは農村での雇用の創出，所得の向上と生活水準の向上を目指す。生産されたバングラデシュ産の緑豆は日本向けに輸出し，日本での原材料入手リスクの低減を目指す。

事業の成果：バングラデシュの農家に高品質な緑豆の栽培ノウハウを伝授し，収穫した緑豆を市場価格より高い価格で購入することで，農家の所得向上を実現した。緑豆の収穫，除塵，仕分けなどのプロセスで女性の雇用機会を創出。生産された小粒の緑豆は食材として現地で流通，バングラデシュの人々の栄養改善に貢献している。大粒の緑豆はもやしの原料として日本に輸出，供給源の多角化と安定化に貢献した。[9]

本節で紹介した事例の共通項としては，製品やサービスにおけるイノベーション，財やサービスの自律的・継続的な生産・供給体制の構築，地域社会への貢献（雇用創出，所得向上など）などを通した，社会的インパクトの創出があげられる。多様なステークホルダーの関与，資金調達やビジネスモデルにおけるイノベーションなどにも注目したい。　　　　　　　　　　　　（功能聡子）

▷5　本事業は，JICA との連携により実施。『民間連携事業／事例／サラヤ株式会社』国際協力機構，https://www.jica.go.jp/priv_partner/case/release/bop_uga01.html

▷6　⇨ XII-7

▷7　『バングラデシュ国ソーシャルビジネスの可能性に関する情報収集・確認調査報告書』国際協力機構南アジア部，2011年。

▷8　グラミンユーグレナ社 HP，https://www.euglena.jp/businessrd/socialbusiness/grameen/

▷9　本事業は，利益はあげるが，投資家に投資の元本を超える配当は行われないユヌス・ソーシャルビジネス方式で実施されている。『ユーグレナの挑戦（バングラデシュでの緑豆事業）〜ソーシャルビジネスの真髄〜』JICA バングラデシュ事務所，2018年，https://www.jica.go.jp/bangladesh/bangland/cases/case29.html

（問い）

ソーシャルビジネスは，開発の課題解決のあり方や優先順位にどのような影響を及ぼしているだろうか。今後，ソーシャルビジネスが発展していくためには何が必要だろうか。

（参考文献）

出雲充『サステナブルビジネス』PHP 研究所，2021年。

バウンド（功能聡子・佐藤寛監修）『60分でわかる！SDGs 超入門』技術評論社，2019年。

XIII　開発効果の検証

 SDGs 達成状況の進捗評価

① SDGs 策定の背景

　国連は2015年9月にニューヨークで開催された国連持続可能な開発サミットにおいて「我々の世界を変革する：持続可能な開発のための2030アジェンダ」（以下「2030アジェンダ」という）を採択した。2030アジェンダは，2001年に策定された「ミレニアム開発目標（MDGs）」をベースに策定され，新たな目標として「持続可能な開発目標（SDGs）」が盛り込まれた。MDGs は政府が主な実施主体であったが SDGs は企業や自治体，NGO なども含めたすべてのステークホルダーが主体である。このため，2030アジェンダでは政策の決定プロセスにも各ステークホルダーの意見を幅広く集めることが求められている。

　2030アジェンダには「普遍性」，「誰一人取り残さない」，「包摂性」など国連の様々な枠組みに組み込まれている原則が含まれている。また，2030アジェンダでは People（人間），Prosperity（繁栄），Planet（地球），Partnership（パートナーシップ）および Peace（平和）という「5つの P」から始まる持続可能な開発のキーワードが掲げられている。SDGs は持続可能でより良い世界を目指すための国際目標であり，17の目標（ゴール），169のターゲットから構成されている。SDGs の目標は2030年に世界があるべき姿を示したものである。そしてターゲットは具体的な行動目標を記載したものであり，各ターゲットの達成状況をモニタリングするための指標が設定されている。

② SDGs 達成状況の進捗評価メカニズム

　SDGs の各目標を期限までに達成するためには，各主体が持続可能な開発のための取組みに関するガバナンスを推進せねばならない。例えば，政府の省庁間の水平的な調整，政府と自治体間の垂直的な調整，ステークホルダーによる政策立案・実施への参画，取組の進捗点検・評価等に関するメカニズムなどである。

　世界全体で SDGs を推進し，進捗状況を点検していくための仕組みとして「自発的国家レビュー（VNRs）」，国連の「持続可能な開発のためのハイレベル政治フォーラム（HLPF）」，「SDGs レポート」，「グローバル・サステナブル・ディベロップメント・レポート（GSDR）」などがある。

　VNRs は各国政府の責任の下，自主的に SDGs の取組みの進捗状況のレビュ

▷1　「SDGs とは？」Japan SDGs Action Platform, viewed 3 January 2022, https://www.mofa.go.jp/mofaj/gaiko/oda/sdgs/about/index.html.

▷2　▷1 および United Nations Department of Economic and Social Affairs, Sustainable Development Goals Knowledge Platform, viewed 3 January 2022, https://sustainabledevelopment.un.org/vnrs/.

▷3　⇨▷2

▷4　United Nations Department of Economic and Social Affairs, The Sustainable Development Goals Report 2021, viewed 16 March 2022, https://www.un.org/en/desa/sustainable-development-goals-sdgs.

ーを実施するプロセスで，政府が定期的にレビュー報告書を策定して国連に提出し，HLPF で報告している。

HLPF は毎年 7 月に国連本部で開催されている。HLPF は国連が主催する持続可能な開発に関するハイレベルの会合で，各国政府代表に加えて，民間セクター，市民社会，学術界など様々なステークホルダーの代表が参加して SDGs の各目標の実施状況，達成状況について各自の取組みの紹介を行うとともに議論が行われている。HLPF ではアジア太平洋地域等の地域ごとのフォーラムや民間セクターなど個別のステークホルダーを対象としたフォーラムが開催されている。

SDGs レポートは，17のゴールごとに世界全体での進捗状況をまとめた年次報告である。2021年レポートでは新型コロナ感染症が SDGs の進捗に及ぼす影響を特集した。気候変動や海洋環境の汚染が拡大していることに加え，これまで減少傾向を示していた貧困層の人口が，パンデミックの結果，現世代で初めて増加に転じたことなどが報告された。

GSDR は国連事務総長が指名した専門家グループによる外部評価レポートであり，直近では2019年に公表されている。GSDR は，各国の VNRs, SDGs レポートのほか，気候変動に関する政府間パネル（IPCC）報告など SDGs の達成に関連する様々な文献を分析している。特に，2030年アジェンダ達成の課題とされている SDGs の各目標間のシナジー強化，すなわち SDGs の複数の目標を同時に，2030年までに達成していくための方策を検証している。この同時達成のためのカギは社会経済変革（トランスフォーメーション）である。2019年 GSDR レポートでは六つのエントリーポイント（変革すべき社会経済システム）と四つのレバー（変革を加速するためのツール）を特定し，変革を実現するための取組みに関する提言を行っている。

③ 日本政府の取組み

2030アジェンダの枠組みの下，日本政府は2016年，各府省の相互連携を図り SDGs を総合的かつ効果的に推進するため，内閣総理大臣を本部長とする持続可能な開発（SDGs）推進本部を設置した。SDGs 推進本部では，各府省の取組みの方針を定めた SDGs 実施指針を定めるとともに，行政，NGO, NPO, 有識者，民間セクター，国際機関など各ステークホルダーの代表で構成される SDGs 推進円卓会議を開催して政府等の取組み状況について意見を述べる場を設けたり，ジャパン SDGs アワードの表彰を行うなど幅広い取組みを行っている。SDGs 推進本部は，国連が提示したグローバル指標等に基づいて各府省が SDG 達成のために実施した取組みの評価を行うとともに，2017年と2021年に VNR 報告書をとりまとめ国連に提出している。　　　　　　　　（竹本明生）

▷5　United Nations Department of Economic and Social Affairs, Global Sustainable Development Report, viewed 16 March 2022, https://sdgs.un.org/gsdr
GSDR2019レポートでは，「人間及び能力」「持続可能で公正な経済」「持続可能な食料システム及び健全な栄養」「エネルギーの脱炭素化および普遍的なアクセス」「都市及び都市境界エリアの開発」および「グローバル環境コモンズ」の六分野の変革すべきエントリーポイント，ならびに「ガバナンス」「経済ファイナンス」「個人及び集団的行動」および「科学技術」の四分野のレバーを特定した。

▷6　⇨ ▷1

（問い）
ドイツのベルテルスマン財団が各国の SDGs 達成に関する総合ランキングや目標ごとのパフォーマンスを分析したレポートを毎年公表している。SDGs の取組みに関して世界の中での日本の強みと弱みは何か考えてみよう。

（参考文献）
Sachs, Jeffrey D., Christian Kroll, Guillaume Lafortune, Grayson Fuller, and Finn Woelm, Sustainable Development Report 2021, The Decade of Action for the SDGs, viewed 16 March 2022, 2021-sustainable-development-report.pdf

XIII　開発効果の検証

　量的調査による開発効果検証：種類と方法

1　開発援助プロジェクトの効果測定における本質的問題

　開発援助プロジェクトを実施するための様々なリソースは無限ではないため，科学的に厳密な手法により有効性が確認されたプロジェクトを優先的に実施し，費用対効果の高い政策介入を行うことが重要となる。このような「エビデンスに基づく政策立案（Evidence-Based Policy Making: EBPM）」のためには，その基礎となる開発援助プロジェクトの定量的効果測定の方法を理解する必要がある。

　ある政策介入の効果を検証する際，最も単純な方法は介入を受けた人と受けなかった人の間で結果指標（アウトカム）を比較することであろう。例えば，職業訓練プログラムが参加者の賃金に与えた影響を検証する際には，参加者と非参加者との間で平均賃金に差があったかどうかを分析することが考えられる。しかしながら，このような単純な比較では一般に政策の効果を厳密に検証することはできない。それは，参加者と非参加者の間には様々な違い（直接観察することが困難な認知的・非認知的能力など）が存在しており，単純比較により求められた差がプログラムの効果によるものか，それ以外の要因に起因するサンプルセレクションバイアスなのかを区別することができないためである。

　そもそも，ある政策の平均的な「効果」には，すべての人について参加した場合と参加しなかった場合のアウトカムの平均的な差により定義される「平均処置効果」と，参加した人たちについて，このような平均アウトカムの差により定義される「処置群への平均処置効果」がある[1]。いずれの場合においても問題となるのは，参加した人については参加しなかった場合の，参加しなかった人については参加した場合の「反現実」のアウトカムが決して観測できないということである。このような状況で，いかにして適切な比較対象を設定するかということが開発プロジェクトの定量的効果測定の課題である。

2　ランダム化比較実験による開発プロジェクトの効果測定

　厳密なインパクト評価を行うための最も直接的な方法は，プログラムの参加者（処置群）と非参加者（対照群）をくじ引きなどでランダムに割り当てることである。これにより観測できない要因についても両グループで平均的に等しくなるために，アウトカムの平均値を比較するだけでプログラムの効果を計測す

▷1　平均処置効果（Average Treatment Effect: ATE）と処置群への平均処置効果（Average Treatment Effect on Treated: ATT）はそれぞれ以下のように定義される。
$\mathrm{ATE} = E[Y_{i1} - Y_{i0}],$
$\mathrm{ATT} = E[Y_{i1} - Y_{i0} | D_i = 1].$
ここで，Y_{i1} と Y_{i0} はそれぞれ，個人 i について処置を受けた場合と受けなかった場合にのみ観察される潜在的アウトカム。また D_i は処置を受けた場合に1，受けなかった場合に0をとるダミー変数。

▷2　このような手法は「奨励デザイン（encouragement design）」と呼ばれる。具体的には，プロジェクトへの招待状を送ることや，参加に対する見返りを与えるなどの処置をランダムに提供することが考えられる。この場合には，通常のATTではなく，奨励されたことで参加するようになった人々の間での平均処置効果である「局所的処置効果（local average treatment effect: LATE）」を推定することが必要となる。

ることが可能になる。このような手法はランダム化比較実験（Randomized Controlled Trial: RCT）と呼ばれ，開発プロジェクトの定量的インパクト評価における標準的な手法となった。また，この手法を用いて現代の開発経済学研究を牽引してきたアビジット・バナジー，エスター・デュフロ，マイケル・クレマーの三人はその貢献により，2019年にノーベル経済学賞を受賞した。

　RCT はプログラムの参加者を処置群と対照群にランダムに割り当てるという性質上，その倫理的問題については注意が必要である。ただし，予算などの問題から全員に対して処置を提供できない場合には処置群をランダムに選ぶということはある種の「公平性」を満たすとも考えられる。また，介入のタイミングをずらすことにより最終的には対照群にも処置を提供するということも考えられる。さらに，実際の処置の有無ではなく，プログラムへの参加をランダムに奨励するという実験デザインも考えられる。とはいえ，実際の人間を対象にした介入実験を実施する以上，その倫理的妥当性については厳しく検証されるべきであり，その観点から倫理審査委員会（Institutional Review Board: IRB）による審査を受けることが一般的になってきている。

❸ 実験的手法によらない開発プロジェクトの効果測定

　一方，様々な制約から処置をランダムに割り当てることができないという状況は多く存在する。このような非実験データからプログラムの効果を測定するために各種の統計学的・**計量経済学**的手法が発達してきた。例えば，処置には影響を与えるもののアウトカムには直接の影響を与えない変数が存在する場合には，**操作変数法**による分析が可能である。処置への参加を決定する要因に閾値が存在する場合（例えば資格試験における合格最低点など），その近傍では観測できない要因がバランスしていると考えられるため，そのサンプルで分析を行う回帰不連続デザインもある。また，観測できる要因からプログラムへの参加確率を計算し，それが似通ったサンプルで比較を行う傾向スコアマッチングがある。政策開始前後のデータが揃っている場合には，処置群の政策開始前後のアウトカムの差から対照群の政策開始前後のアウトカムの差をとることで，政策効果に混在しているトレンド効果を取り除く「差の差」分析もある。いずれの方法についても，それを用いてプログラムのインパクトを計測するためには様々な仮定が必要であり，それを吟味した上で利用する必要がある。

　開発プロジェクトの効果測定を実施する上で RCT が非常に強力なツールであることは疑い得ない。一方，これらの手法を用いた非実験データによるインパクト評価についても，仮定が満たされる限りにおいて厳密な評価ができていることには変わりがない。重要なのは様々な手法を臨機応変に使い分け，開発援助プロジェクトの効果に関する科学的なエビデンスを積み上げていくことである。

（會田剛史）

▷3　**計量経済学**
社会経済データを分析するための確率論に基づく手法を研究する学問分野。ここで取り上げた各手法の詳細については本書のレベルを超えるため，西山ほか（2019）などの専門の教科書を参照されたい。

▷4　**操作変数法**（instrumental variable approach）
回帰分析において説明変数と誤差項との間の相関を内生性（endogeneity）と呼び，これがあると推定される係数にバイアスがかかることが知られている。操作変数法とはプログラム評価に限らず，このような内生性問題一般に対して用いられる標準的な計量経済学的手法である。

▷5　ここでいう閾値とは，その値を上回る（下回る）場合に処置を受け，そうでない場合には処置を受けないといった境界となる値のこと。

（問い）
関心のある開発援助プログラムについて，その効果を計測するためにはどのようなアウトカムに注目してRCT を実施すればよいか考えてみよう。

（参考文献）
會田剛史「RCT による開発経済学研究の来し方行く末」経済セミナー編集部編『[新版] 進化する経済学の実証分析』日本評論社，2020年。
西山慶彦・新谷元嗣・川口大司・奥井亮『計量経済学 New Liberal Arts Selection』有斐閣，2019年。

XIII　開発効果の検証

 量的調査による開発効果検証：事例

▷1　Miguel, E. and M. Kremer, "Worms: Identifying Impacts on Education and Health in the Presence of Treatment Externalities," *Econometrica* 72(1): 159-217, 2004.

▷2　**外部性**（externality）
処置効果が個人レベルに留まらず，処置を受けた人の行動を通じて周囲の人々にも影響を及ぼすこと。疫学などでは外部性は実験の「汚染」として回避されるべき問題であるのに対し，経済学においてはこれ自体が分析の対象となるという違いがある。

▷3　Pitt, M. M. and S. R. Khandker, "The Impact of Group-Based Credit Programs on Poor Households in Bangladesh: Does the Gender of Participants Matter?" *Journal of Political Economy* 106(5): 958-996, 1998.

▷4　⇨ XIII-2

▷5　回帰不連続デザインが有効であるためには，閾値近傍における処置の割り当てがランダムとみなせることが重要である。一方，条件を満たすために意図的な調整が可能であったり，それ以外の要因が影響を与えている場合には，ランダムとみなすことは難しい。

① 現代開発経済学におけるランダム化比較実験

　社会実験としてのランダム化比較実験（RCT）の歴史は意外にも古く，国際開発の分野でも1960～70年代にかけて先駆的な研究が行われている。例えば世界銀行における最初期の RCT としては1978年のニカラグアにおける数学教育改善のための介入実験などがある。

　一方，現代の開発経済学における RCT の隆盛に先鞭をつけた有名な研究としては，Miguel and Kremer（2004）がある[41]。この研究はケニアの小学校において，駆虫薬を配布することで児童の健康状態が改善され，出席率が高まるという効果を定量的に検証したものである。このために，彼らは75の小学校を対象に，①介入1年目と2年目に駆虫薬を配布，②介入2年目のみ配布，③駆虫薬を配布しない（実際には介入実験終了後に配布）という三つのグループにランダムに割り当てる実験を行った。つまり，各年について処置ありの学校と処置なしの学校の出席率を比較することで駆虫薬配布の効果を定量的に検証することができる。分析の結果，駆虫薬の配布を受けた児童の欠席率は4分の1ほど削減されたことがわかった。また，近隣に処置校がある場合には，処置なし校の生徒の健康状態や出席率も改善されるという**外部性**効果も検出された[42]。

　この研究は現代の開発経済学における RCT 研究のスタンダードを作ったものであり，その一つにデータや分析コードを公開することで，分析結果の再現可能性を担保するということがある。実際，この研究については後に分析コードの誤りが指摘され，著者らもこれを認めて再度分析を行った結果，効果の一部が小さくなるものの，駆虫薬配布が出席率を高めるという効果自体の統計的有意性は変わらないことが示されている。この他にも，介入終了から10年後でも処置を受けた男性の労働供給や女性の教育を高めるなどの長期的効果があったことも継続調査により示されている。

② マイクロ・ファイナンスプログラムの効果測定

　多くのインパクト評価が行われてきた政策介入としては，マイクロ・ファイナンスプログラムの貧困削減効果が挙げられる。これについての初期の研究としては，Pitt and Khandker（1998）によるものが代表的である[43]。彼らはバングラデシュのマイクロ・ファイナンスプログラムについて，参加資格が所有土

地面積0.5エーカー以下という条件に着目し，その近傍では参加者と非参加者の間の属性がバランスしているという仮定から，回帰不連続デザイン[44]と同様のアイデアによるインパクト評価を行った。その結果，このプログラムに参加することで消費水準の向上や女性のエンパワーメントにつながることを示した。しかし，この分析については，現地の土地市場が比較的活発であることや，参加資格が必ずしも厳格に守られていないことなどを理由に，分析に必要な仮定とその結果の妥当性について激しい議論が行われた[45]。

マイクロ・ファイナンスについては近年RCTによるインパクト評価も多く行われている。代表的なものとしては，*American Economic Journal : Applied Economics* にて組まれたマイクロ・ファイナンスの効果測定に関する特集号がある[46]。この号にはボスニア・ヘルツェゴビナ，エチオピア，インド，メキシコ，モロッコ，モンゴルの6カ国にて行われたRCTによるマイクロ・ファイナンスプログラムの効果測定論文が掲載されている。その結果，すべての事例について信用市場へのアクセスが高まるとともに，多くの場合に新規ビジネスに対するプラスの効果が確認された。一方，期待された消費や所得への効果についてはほとんどの場合に統計的に有意な結果は得られなかった。このように複数の事例をまとめて掲載し，効果の違いを比較するという試みは，科学的に厳密なエビデンスを蓄積して**外的妥当性**[47]について議論するという意味においても興味深いものである。

❸ RCTによらない開発プロジェクトのインパクト評価

RCTはその性質上，家計・個人レベルを対象としたミクロレベルの介入のインパクト評価に集中しがちである。一方，RCTを実施することが困難な開発プロジェクトも多く存在する。代表的な例としては農業，電力，交通などの各種のインフラ建設の効果測定が挙げられよう。このような大規模インフラは多額の資金が投じられるために，その社会・経済効果が大きく見込まれる地域が選出されたり，受益者が広範囲にわたるために適切な対照群を設定することが困難であるなどの問題が存在する。このような場合には前節にて紹介した，非実験データから政策効果を分析するための各種の統計学・計量経済学的アプローチが用いられる。代表的なものとしては，インフラ建設のための地理的条件を操作変数[48]として用いるアプローチがある。例えば，Duflo and Pande (2007)はダムの建設には河川の適度な勾配が必要となるが，それがその地域に住む人々の経済状況に直接影響を与えることは考えづらいため，これを操作変数として用いてインドのダム建設の貧困削減効果を検証している[49]。ただし，いずれの方法を用いる場合にも，実際の開発プロジェクトの特徴を踏まえた上で，各種の仮定が満たされていることを厳しく確認し，質の高いエビデンスを蓄積していくことが求められている。

（會田剛史）

▷6 Banerjee, A., E. Duflo, R. Glennerster, and C. Kinnan, "The Miracle of Microfinance? Evidence from a Randomized Evaluation," *American Economic Journal : Applied Economics*, 7(1): 22-53, 2015.

▷7 **外的妥当性**（external validity）
厳密な手法により効果が確認されたプロジェクトでも，他の時・場所にて実施して同様の効果が得られるとは限らない。これを外的妥当性の問題という。この問題に対処するためにも，様々な状況におけるエビデンスを蓄積し，分析していくことが求められる。

▷8 ⇨XIII-2

▷9 Duflo E. and R. Pande, "Dams," *Quarterly Journal of Economics*, 122 (2): 601-646, 2007.

（問い）
国際機関などが発行している政策評価のレポートを読み，どのような手法が用いられているかを確認してみよう。

（参考文献）
伊藤成朗「開発経済学」経済セミナー編集部編『[新版] 進化する経済学の実証分析』日本評論社，2020年。
アビジット・V・バナジー／エスター・デュフロ（山形浩生訳）『貧乏人の経済学』みすず書房，2012年。
ディーン・カーラン／ジェイコブ・アペル（清川幸美訳）『善意で貧困はなくせるのか？』みすず書房，2013年。

XⅢ　開発効果の検証

 二国間国際開発協力と統計分析の事例

▷1　経済学では計量経済学と呼び，政治学や国際関係学では統計分析と呼ぶ傾向にある。また，例えば用いるデータの種類など，多くの要因により，各分析にふさわしい統計の手法は変わるため，専門的な統計手法に関する発展的な学習が必要となる。個人を単位とするサーベイと呼ばれる世論調査や社会調査等のデータか，国や自治体等を単位とした集合データ（一人当たり所得など）か等によっても用いる統計分析の手法が異なる。

▷2　⇨ XⅢ-2 XⅢ-3

▷3　その他，V-5 IX-7 X-4 でも統計分析による研究結果を紹介している。

▷4　⇨ IX-7 Vreeland, James Raymond, and Axel Dreher, *The Political Economy of the United Nations Security Council : Money and Influence*, Cambridge University Press, 2014も参照。

▷5　Dietrich, Simone, *States, Markets, and Foreign Aid*, Cambridge University Press, 2021.

▷6　⇨ V-3

▷7　⇨ V-4

1　二国間援助と統計分析

計量分析の中心である統計手法を用いた分析をどう呼ぶかは学問分野により異なる[1]。ODAを用いた途上国での開発プロジェクトの効果を測定する方法に関しては，実験的に介入効果を測定する手法の適用などが可能である[2]。国を単位とする集合データを用いた国際機関や二国間援助による援助を行うに至る決定要因や，こうした援助が及ぼす影響や効果についての統計分析に関しても，多くの研究が行われている。また，個人に対して実験的に意識調査を行い，援助効果を確認するなどの多様な手法を用いて統計分析は行われており，膨大な数の研究や調査がある。ここでは二国間ODAや中国の国際開発協力に関する政治学・国際関係学分野での統計分析を主に二つ紹介する[3]。

2　二国間援助におけるDACドナー間の違い

先進国による各途上国へのODAの援助額は，国際機関に対してどの程度大国が影響を及ぼすかなどを統計分析する際に，先進国が途上国をどの程度戦略的に国益上重要だとみなすかを示す指標として，しばしば用いられてきた。例えば，国連安全保障理事会改革を狙うドイツや日本が，国連安全保障理事会の非常任理事国に選ばれた途上国に対して，選ばれていない途上国よりも統計的に有意差のある多額のODAを配分するような場合である[4]。

しかし，先進国ドナーが必ずしも全額を途上国政府に援助を行うわけではなく，NGOや企業や国際機関に援助を振り分ける場合もある。したがって単純に援助額の総額がドナー国の国益や戦略的重要性を表しているともいえない。なぜどういった条件下で相手国政府への援助を素通り（バイパス）して他に援助を振り分けるのかに関しての分析を紹介しよう。ディートリッヒは，先進国の援助管轄官庁の中でも歴史的により市場優先の改革を行ってきた国として，米国や英国，そしてスウェーデンなどの北欧諸国を挙げている[5]。こうした市場効率優先の改革を行ってきた援助管轄官庁は，途上国の受入国政府のガバナンスの質が悪く[6]，腐敗の懸念などが強い場合には[7]，受入国政府自体をバイパスし，国際NGOや受入国のローカルNGO，国際機関や民間企業を相手として選んで援助を行う傾向があることを，OECD23カ国の2000〜15年のデータを用い，統計分析で示した。その一方，こうしたバイパスの方法を選ばず，途上国政府

を援助の相手方とした従来通りの国家対国家の援助を行う傾向がある伝統的な援助管轄官庁の主な国として，ドイツ，フランス，日本などを挙げた。このディートリッヒによる分析結果からは，DACドナーの間にも制度的な違いに根差した戦略的な違いがあり，こうした違いはそう簡単にはなくならないことが示唆される。

③　中国の国際開発協力と統計分析および分析に関する留意点

　OECD─DAC に加盟していない新興国ドナーの中で，中国の重要性は高い。中国は，DAC の ODA の基準を満たす資金と ODA の基準を満たさない資金の合計額では，すでに米国などの主要国をはるかにしのぐとも指摘される。しかしこうした資金の流れに関する情報は DAC 加盟国と異なり非公開のままである。そこで研究者らが世界各国でのプロジェクト情報を集め，網羅的ではないが，中国の国際開発協力の資金の流れに関するデータベースを作り，HP で公開している。また，これらのデータを用いた研究もある。

　ドレハーらは，2000～13年のアフリカ諸国に対する中国の2043プロジェクトの統計分析を行った。それによれば，国連の安全保障理事会の非常任理事国に選ばれた国に対しては，中国は資金フローを減らしており，日本やドイツとは逆である。また，腐敗が多いとみなされる国に対し，ODA と類似の贈与部分の多い資金はより多く流れているわけではなかったものの，借款などの資金がより多くこうした国へと流れていた。したがって中国が腐敗した政府へ積極的に資金援助を行っているといわれる理由が ODA ではなく，借款などの資金のフローにあることが示唆された。これらの結果は，途上国のガバナンスの強化を目指す DAC ドナーの目的とは異なる結果を示唆している。そのため，新興国ドナーも加味した分析が不可欠であり，データが開示されていない新興国に関する国際開発協力の資金の流れに関するデータの構築と公開と分析が重要である。

　二国間援助や多国間援助に関する分析だけでなく，統計分析に関しての一般的な留意点として，使用したデータの国や期間の違い，統計分析の手法の違いなどにより，研究結果が異なることが起こり得る。違う条件下で再度調べても同じ結果が得られること（外的妥当性という）が望ましいが，いつもそうなるとは限らない。したがって統計分析を用い，統計的に意味のある差異（統計的有意差という）を見出したからといっても，その結果が他の条件下でもいつも正しく万能であるというわけではない。そのため，分析に用いた条件やデータを公開し，後にさらに分析が積み重ねられていくことが大切である。また統計分析では測定しきれない事柄や感情や経験などもある。質的分析と，量的分析のそれぞれが良い点や限界をもち，相互に補完しあっていることを理解することが大切であろう。

（大森佐和）

▷8　⇨IX-4

▷9　Malik, Ammar A., et al. "Banking on the Belt and Road: Insights from a new global dataset of 13, 427 Chinese development, projects." taken from Aid Data HP（▷10参照）.

▷10　https://www.aid data.org/datasets

▷11　Dreher, Axel, et al., "Apples and Dragon Fruits: The Determinants of Aid and Other Forms of State Financing from China to Africa," *International Studies Quarterly* 62 : 182-194, 2018.

▷12　外的妥当性の課題はプロジェクトの実験的な介入効果測定でも同様である。XIII-3 も参照。

▷13　例えばXIII-7 参照。

▷14　⇨XIII-5 XIII-6

（問い）
①ここで紹介したような統計分析を用いた研究は，二国間や国際機関による国際開発協力の分析にどの程度有効だと思うか。それはなぜか。
②二国間援助の課題に関して何らかの関係性を分析するとすれば，あなたは何と何のどのような関係性について注目するだろうか。それはなぜか。

（参考文献）
河口洋行『文系のための統計学入門』日本評論社，2021年。

XⅢ　開発効果の検証

 質的調査による開発効果検証：種類と方法

1 開発のアプローチの質的変化と調査法への示唆

　第二次世界大戦後の開発の主体や目的は数十年かけて変化してきた。1980年代後半から1990年代に国家主導による経済成長を優先事項とするトップ・ダウンのアプローチから，多様な地域や人々の主体性と参加を重視するボトム・アップのアプローチへの移行が促進されると，開発のアプローチにも**表1**に示すような変化が生まれた。開発モデルとしての青写真を用いて国家主導で経済開発を目指すアプローチから，人々が望ましい社会のあり方を話し合い，様々な選択肢を検討しながら自分たちで解決する力をつけていく過程を重視するアプローチへの変化である。無論，開発のアプローチは二者択一ではなく，実際には異なるアプローチが様々なアクターによって同時並行で進行している。こうした開発アプローチの多様化に伴い，開発効果を測定する場合にも量的調査だけでなく質的調査が取り入れられるようになった。

2 参加型開発・評価手法

　参加型開発とは，開発の主体が誰なのかを改めて問い，人々の主体性を尊重し，その人々自身が力をつけることで自らの状況の改善を図ること（エンパワーメントともいう）である。このアプローチは，援助関係者や国際的な研究者等，外部者の参加のあり方についても検討している。専門家が専門的な基準を決めて判断するというこれまでの開発課題の設定の仕方や処方箋の提示に対して，

▷1　**参加型貧困アセスメント**
地図から生活上の課題を見つけるソーシャル・マッピングや自らを取り巻く権力構造を明らかにするチャパティ・ダイアグラムといった様々な参加型開発手法を用いて非識字者でも声を挙げられるよう工夫し，貧困者から見た貧困の状況を調査するもの。世界銀行は2001年に貧しい人々の声（Voices of the Poor）として60カ国6万人の声を事例研究としてまとめた。本報告書は日本語にも翻訳されている。https://www.worldbank.org/ja/country/japan/publication/voices-of-the-poor

▷2　**チェンバース**（Robert Chambers, 1932–）
サセックス大学開発研究所の元教授。参加型開発についての多くの著書がある。チェンバースは，開発を「良い変化」とシンプルに定義する。

表1　「モノ」と「人間」を中心とした開発のあり方の対比

	モノ中心	人間中心
開発の本質	青写真	過程
開発の形態	計画	参加
目標	あらかじめ決定	次第に明確化
政策決定	中央集権	分権化
方法	普遍的に標準化	地域ごとに多様
技術	決まったパッケージ	選択できる
専門家の役割	制御する	エンパワーメントする
途上国の人の立場	便益授与者	主体
成果	インフラストラクチャー	能力構築
行為の過程	トップダウン	ボトムアップ

出所：斎藤（2002：9）より筆者作成。

課題に直面する人々の主観性を重視し，主観的な世界において認識されている課題から自ら解決策を導くことができるようにファシリテートすることが外部者としての役割であるとの立場をとる。

　1990年代から貧困削減が開発課題の主要な位置を占めるようになり，参加型開発にも注目が集まり，開発効果の測定方法も多様化してきた。開発の効果とは，貧困率や不平等指数のような基準値によって判断されるものであるのか。人々の主観性によって測られる貧困の状態や開発の効果は何か。このような問いに答える調査として，「**参加型貧困アセスメント**」が世界銀行の主導で1990年代から実施されている。**ロバート・チェンバース**らが開発した PRA（Participatory Rural Appraisal；参加型農村調査手法）と呼ばれる参加型開発手法は，開発における計画，実施，評価のすべての過程において，①閉じたものから開かれたものへ（専門家集団だけでなくすべての人を巻き込む），②個人からグループへ（特定の個人に情報が集まることを避け，グループ内で意見交換やアイデアを共有する），③言葉から視覚へ（専門用語を使わず，非識字者の参加を妨げないよう図や絵を使用して話し合う），④計測から比較へ（平均値や他の地域のデータを応用するのではなく，主観的な観点におけるよりよい状態を想定する），といった方針を掲げている。外部者はあくまで触媒として議論をファシリテートしたり，外部からの情報を共有したりするに留まり，議論の方向性や開発のあり方を支配しないような訓練を受ける。

　参加型貧困アセスメントや参加型評価においては，これまでの開発効果や評価の意味とは異なる観点が示された。例えば，所得貧困者ではないが，失業した場合に相互扶助のネットワークに入っているか否かがその人の不安につながっていたり，所得貧困者でなくても差別や暴力に晒され，命の危険を感じていたりする事例があった。また，所得貧困の状態に置かれていても人々が楽観的である場合，次年度の経済指標も上昇したり，その逆で人々が不安に感じていると次年度の経済指標が悪化する等，数年から10年おきに実施される人口調査や世帯調査を補完する意味でも，人々の主観的な世界を理解することが貧困の動態を捉える上で重要な要素であると考えられるようになった。

③ ポジティブ・ディビアンス研究

　2010年代以降のもう一つの質的調査の傾向として，ポジティブ・ディビアンス（PD）研究がある。これは，何らかの開発効果を上げようとする時に，社会に何かが欠けている状態を調査する「欠陥論」をベースとして外的投入を前提とするのではなく，社会における既存の成功要因に注目してそれを「財産（アセット）」として特定し，同じような社会経済的環境にある人々や社会に対してその成功要因を共有しながら実践していくという取組みであり，近年注目されている手法である。

（西村幹子）

▷3　⇨ I-8 も参照。

▷4　世帯や個人は，年間を通して常に貧困であることもあるが（慢性的貧困という），季節や状況によって貧困に陥ったり，貧困から脱却したりする（一時的貧困という）。例えば，農繁期は現金収入があっても，農閑期には貧しくなってしまったり，モンスーン季節には災害が多発することにより脆弱性が増したりする。こうした生活環境の変化を捉えるための概念が貧困の動態である。世帯調査や人口調査は，数年から10年に一度実施されるため，貧困の動態を測定するのには適さない。質的調査は人々に状況を振り返ったり，ありのままを語ってもらうことにより，動態についてもある程度把握することが可能である。

▷5　⇨ XIII-6

（問い）

①「モノ」と「人間」を中心とした開発のあり方の利点と欠点について考えてみよう。

②なぜ開発を考える上で，人々の主観的な世界を理解することが重要なのだろうか。

（参考文献）

斎藤文彦『参加型開発』日本評論社，2002年。

ロバート・チェンバース（野田直人・白鳥清志監訳）『参加型開発と国際協力』明石書店，2000年。

松本悟・佐藤仁編『国際協力と想像力』日本評論社，2021年。

質的調査による開発効果検証：事例

▷ 1　観察法

調査者が比較的長期間にわたり当事者として直接活動に参加しながら観察を行ったり，ファンとして現場にいながら観察したりする参与観察と呼ばれる手法と，一回の訪問で特定の現象についての観察を行ったり，その場にいる人々とは交流せずに機会的に記録する観察法がある。人類学的手法では，フィールドに半年以上入る参与観察法がとられることが多い。

▷ 2　インタビュー法

インタビューする側の自由度に応じて，構造化インタビュー，半構造化インタビュー，非構造化インタビューがある。質的調査で使用されるのは，インタビューする側が自由に事前に準備した質問以外にも追加の質問をすることが可能な半構造化インタビューと，事前に質問を準備せず，相手の主観的な世界をありのままに理解するために用いられる非構造化インタビューが多い。また，個人インタビューだけでなく，グループインタビューも併用されることがある。特に，特定の認識がある特定の集団内

1　開発におけるポジティブ・ディビアンス・アプローチ

深刻な社会的課題を解決するポジティブ・ディビアンス（Positive Deviance：PD）アプローチは，どのコミュニティにおいても，追加の資源を用いずに隣人よりもより良い，あるいは並外れた解決策を探し当て，一般的な人々あるいは組織が存在することに着目する。それらがポジティブ・ディビアンツ（Positive Deviants；積極的な逸脱事例）である。国際開発の分野における PD アプローチは，2000年代から盛んになってきた。社会経済的に多くの課題を抱える地域や集団において，健康状態や開発の状況が良いところにどのような成功要因があるのかに注目し，**観察法**や**インタビュー法**，**ドキュメント調査法**等の質的研究手法を用いてその過程について深く事例分析を行う方法である。

PD 研究は，公衆衛生の分野で生まれ，アジアと北米・中南米で蓄積されてきた。教育分野においては，2002〜03年にアルゼンチンの初等教育の児童の継続的な学習を可能にする要因について明らかにしたものが最初であり，後にアメリカ合衆国，デンマーク，マケドニア，ルーマニア等でも生徒の欠席や退学を解決するために PD 研究が行われた。生徒の学業達成に注目した PD 研究は，アメリカ合衆国，オランダ，パキスタン，シンガポールで行われている。どの研究も，人種，民族，家庭の社会経済的背景において不利な立場にある子どもたちを対象に，成功している地域や学校の事例を研究し，それらの実践的な取組みを他の同様の地域に展開して効果を得ている。

2　東アフリカの初等教育における PD 研究

タンザニアに本部があり，タンザニア，ケニア，ウガンダで活動する東アフリカの市民社会組織である Twaweza（トァウェザ，スワヒリ語で「私たちはできる」という意味）は，2016年から2019年まで初等教育分野の PD 研究に取り組んだ。具体的には，東アフリカ3カ国において，児童のより良い学習成果を達成するために，いくつかの成功している学校が地元において妥当な戦略や実践をどのように用いているのかを研究した。2017年にウガンダで行われた研究では，東部の10県において，10の学校コミュニティに入り，観察法やインタビュー調査法等の人類学の手法を用いて，五つの戦略を探し出した。例えば，教師と子どもに対して学校が支援するメカニズムをもっていること，教室内で教師が効

果的に授業ができるように工夫すること，コミュニティ参加を促進すること，学校組織としての正式な後ろ盾を得ること（学校の良好な運営組織体制）が含まれる。その上で，同様の社会経済的背景にある周辺の学校で，これらの戦略を実践することによって教育の成果を出そうとしている。

③ ビデオを使った開発課題の認識と効果の検証

　参加型開発手法の発展型として近年，注目されているのが参加型ビデオ制作である。これは，課題を抱えている当事者が自らのストーリーや生活をビデオに収めながら，自分たちの経験を振り返り共有することで，課題意識を言語化し，自らの課題に対してできることを考えるきっかけにするアプローチである。あくまで開発の当事者としての意識醸成と課題に対して自ら行動できる個人を育てる過程をデザインするために使用される。すでに行われてきた開発の過程を振り返りながら，コミュニティの軌跡を振り返り，より良い変化がもたらされたのか，残された課題は何かを検証するために使われることもある。

　参加型ビデオ制作にあたって，開発のインパクト評価に使われる手法に「最も重要な変化（Most Significant Change）」手法と呼ばれるものがある。これは，あるプログラムあるいは政策のインパクトを知るために，コミュニティレベルで様々なステークホルダーから最も重要な変化についてのストーリーを集め，それを基にステークホルダーが開発のインパクトを特定する手法である。

　まず，できるだけ多様なステークホルダーのストーリーをビデオ撮影によって収集する。次に，収集されたストーリーの中にどのような重要な変化が特定されたかを分析する。すなわち，プログラム参加者を集め，それらのストーリーを読み上げ，それらの報告された変化の価値について議論し，何がプログラムや政策の効果であったのかを特定する。大規模なプログラムの場合には，地域，セクター，アクターなどを様々なレベルに分けてそれぞれストーリーを集め，重要な変化を集約していく作業を行う。そして，全体のプログラムとしてどのレベルにどのような正負の効果が認められたのかを分析する。

　こうした参加型ビデオ制作は，人々の主観的な世界における変化として開発のインパクトを捉えるだけでなく，その過程において，参加者の自尊心や自信の向上，自らの権利や参加意識の醸成をもたらすことで知られる。使用される分野は，子どものライフスキル，コミュニティ開発，若者による平和構築，自然災害後の復興，少数民族の村落開発等，多岐にわたる。

　このように，質的調査法による開発効果の検証は，当事者性の尊重と，人々の潜在能力を開花させるという意味での主観性や個人の能力への信頼に基づいて行われている。開発分野の従来の外部や専門家から持ち込まれた基準値やインプット，技術支援を前提にしたアプローチではなく，当事者の課題意識やビジョン，問題解決能力に注目しているところに特徴がある。　　　　（西村幹子）

でどれだけ共有されているのかを理解するために，グループ内におけるダイナミズムに注目するインタビュー方法として，フォーカス・グループ・インタビューがある。

▷3　ドキュメント調査法
既存の資料を分析する方法。ドキュメントには，政府統計，写真，記述資料（政策文書，史料，報告書等），視聴覚資料（ビデオクリップ等）が含まれる。既存のドキュメントを分析するだけでなく，調査の過程で日記をつけてもらったり，参加型ビデオ制作によってドキュメントを生み出すこともある。

▷4　Twaweza, *Positive Deviance Inquiry : A report of what works to improve learning in in schools from Eastern Uganda,* Kampala: Twaweza East Africa, 2019.

（問い）
①ある開発効果を測定することを想定して，自らが参加型ビデオ制作を行うとすると，どのような人々を対象に，何に焦点化してビデオ制作を行いたいと思うか。また，それはなぜか。
②PDアプローチの利点と欠点にはどのようなものが挙げられるだろうか。

（参考文献）
Guijt, I., *Participatory Approaches,* Methodological Briefs: Impact Evaluation No. 5, UNICEF, 2014.
ティム・メイ（中野正大監訳）『社会調査の考え方』世界思想社，2001年。

XⅢ　開発効果の検証

 **女性のエンパワーメントと開発への
インパクト**

① エンパワーメントの効果を検証することは妥当か

　女性のエンパワーメントは，開発アジェンダやいくつものプロジェクトに取り入れられているが，その定義は明確に統一されているとはいえない。一般的に自身の能力を否定されていたり，自分自身で何かを選択したり決定したりする権利や機会を剥奪されてきた人々が，そのような力を獲得するプロセスとして理解される[1]。そして，エンパワーメントは個々人がそれぞれの捉え方やプロセスによって達成するものであり，本人自身がどう考えるのかという主体性こそ重要となる。すなわち，エンパワーメントは，女性たちが自身の状況をどう解釈し，評価するのかという点に大きく依存する。

　また，エンパワーメントを考察するにあたり，そのプロセスが，必ずしも社会全体にとって「期待されたもの」とは限らないという点にも留意が必要である。だが，女性のエンパワーメントが開発目標の一つとして設定され，グローバルなアジェンダに回収されていく中で，個人の変化以上に，社会全体に良い効果をもたらす要素としての規範的認識が広まってきたといえるのではないだろうか。実際に，いくつもの開発アジェンダでは，女性のエンパワーメント自体を「目標」として設定し，同時に他の目標を達成するための重要な「ツール」として捉えている。女性のエンパワーメントは，他の目標の達成を加速させ，社会的，経済的に有益な効果をもたらすという考え方である。だからこそ，エンパワーメントを考察，分析する「客観的」と位置づけられている視点には，分析や評価を「する側」の恣意的な価値判断が多分に含まれがちとなる危険性が伴う。したがって，女性のエンパワーメントを開発インパクトとして検討することには，一層慎重な姿勢が求められるのではないだろうか。

② 定性的把握と定量的把握

　エンパワーメントの性質上，その状況や効果を把握することは容易ではない。しかし実際には様々な方法が試みられており，特に定性的なアプローチが採用されていることが多い。丁寧な定性的アプローチによってエンパワーメントを考察する研究からは，多くの知見を得ることができる。例えば，女性の経済的エンパワーメントのプロジェクトでは，所得の向上を目指した取組みが行われる。活動に参加して新しい知識を身につけることやプロジェクトの結果として

▷1　女性のエンパワーメントの議論を先導してきたカビールは，能力の否定や選択権や決定権を剥奪されてきた人々が，そのような力を獲得するプロセスとして捉える。またエンパワーメントの概念について，「資源」「エージェンシー」「成果」という三つの側面が関連して成立する。
Kabeer, N. Resources, "Agency, Achievements: Reflections on the Measurement of Women's Empowerment," *Development and Change* 30：435-464, 1999.

の所得の向上は，ある人にとっては世帯での発言権の強化や自己肯定感につながり，力を獲得するプロセスを認識しているかもしれない。しかし他方で，女性の所得の向上や，プロジェクトの成功は，実際には世帯内やコミュニティ内で妬まれ，孤立を深めているとしたら，個人は力を獲得できているとは感じていないのかもしれない。個人が自身の状況をどう捉えているのか，個人の経験，考え方に耳を傾けて得られる情報には，集団的には把握することのできない，重要な知見が含まれる。

　ただ，女性のエンパワーメントに焦点を当てた実証研究の考察からは，エンパワーメントに関する分析や評価が，個人や世帯のレベルに大きく集中しており，国などのマクロレベルでの効果や影響を議論するための概念枠組みが未発達であることも問題視されている。[2]

　個人レベルではなく，集合的にエンパワーメントを把握する場合には，定性的なアプローチをとることは難しいであろう。同時に数値化された一つの基準によって定量的に把握することも容易ではない。エンパワーメントを直接的に測定することは難しく，代わりとなるような指標を利用しての算定しかできないという指摘もある。[3]　確かに，SDGsのジェンダー平等と女性と女児のエンパワーメントを促進する目標の一つとして，「政治，経済，公共分野でのあらゆるレベルの意思決定において，完全かつ効果的な女性の参画及び平等なリーダーシップの機会を確保する」というターゲットが掲げられている。これは，エンパワーメントが促進された状態を，意思決定の場への参加として捉え，その達成度合いを算定する指標として議会等で女性が占める議席の割合を設定しているのである。このように，エンパワーメントを算定する際に用いられるアプローチは，主に教育，雇用，政治的代表などの代理指標に大きく依存している。

③ 複合的なアプローチ

　エンパワーメントによってもたらされる開発効果を確認，検証することには様々な制限がある中で，女性のエンパワーメントと開発へのインパクトは，どのようなアプローチで把握が可能だろうか。一つに「組み合わせ」の可能性が認識できるであろう。例えば，SDGsでの指標のように，国際的に標準化された指標を用いて，エンパワーメントを測定する。この指標は，評価する側が設定する基準なので，恣意性の完全な排除というのは難しいのかもしれない。だがさらに，文脈特殊的に，それを補完するために定性的な調査を行い，「エンパワーメント」が何を意味しているのか理解を深めることもできるであろう。

　個人がエンパワーメントをどう捉えているのか，その考え方や主体性を大切に考える女性のエンパワーメントは，地域や国など集合的な把握につなげることは容易ではない。それを乗り越えるような概念枠組みと手法に挑戦するという課題がある。

（高松香奈）

▷2　とりわけ，開発アジェンダとして設定される女性のエンパワーメントは，コミュニティ，地域社会や国のレベルで，そのインパクトを特定することも期待されている。Deepa, N., *Measuring Empowerment: Cross Disciplinary Perspectives*, World Bank, 2005. この書籍は，エンパワーメントに関する研究を紹介し，様々なレベルでのエンパワーメントの評価について議論している。

▷3　ジェジーボイは，エンパワーメントのプロセスは教育や雇用などの代理指標を通じて評価されているに過ぎないと主張する。Jejeebhoy, S. J., "Women's autonomy in rural India: Its dimensions, determinants and the influence of context," *Women's Empowerment and Demographic Processes,* Oxford University Press, 2000.

（問い）

女性のエンパワーメントを測定することは可能か。そして女性のエンパワーメントの効果を，国，コミュニティ，地域レベルで測定することは可能か。

（参考文献）

ナイラ・カビール（遠藤環・青山和佳・韓載香訳）『選択する力』ハーベスト社，2016年。
Agarwal, B., *Gender Challenges*（*Vol 1, 2 and 3*），Oxford University Press, 2016.

ポスト SDGs に向けて

① SDGs の進展

2030年までに達成が目指される SDGs も折り返し地点を過ぎた。途上国と先進国がともに環境，社会，経済の間のバランスを目指す SDGs は，その期待通りに，日本でも，メディアや企業広告，議員のバッジなど，いたるところでその目標を目にするようになった。国際機関や地域機関などは，自らの活動がどの目標の達成にどう貢献していくか明示する場合が多くなった。日本政府は，国連ハイレベル政治フォーラムでも SDGs 達成への取組みについて，2017年と2021年に自国の進捗評価を行った。日本政府は，SDGs 推進本部を設置し，先進自治体をモデル事例として選定し事業化している。自治体や企業，NPO や大学なども，自分たちの活動が17の目標のどの目標に貢献しているか，自分たちの活動と紐づけて貢献を可視化する動きが進んでいる。これらは，マルチステークホルダー（多様な主体）による SDGs 達成への取組みの進展といえ，SDGs がもつ「目標ガバナンス」としての効果が現れているといえよう。また，目標の進展を測る231の指標を定め，目標到達までの進捗を測定可能にした。このため，国連でのレビューとは別に，独立した専門家らによる，各国の SDGs 目標達成に関する評価レポートも毎年公開されるなど，それぞれの国の目標到達度も可視化されるようになった。

② SDGs の限界と日本に求められること

その一方，SDGs にはターゲットや指標の対象が多すぎるため，例えば企業でも，何らかのターゲットには寄与できる。そのため，自社がすでに行っていることを SDGs に当てはめて使うのみで，それ以上の改善手段は講じないという，企業の「チェリーピック」の手段として使われてしまうことも起きている。また，企業がイメージアップの手段として SDGs を用いる「SDGs ウオッシュ」の問題も指摘されている。企業活動報告書が，SDGs への貢献をどの程度適切に反映しているのかも，研究者による評価は分かれる。SDGs の利点は，誰でも貢献するために関与できる一方，自己検証が甘くなるという限界もある。

国連では，専門家による独立の SDGs の達成の進捗に関する検証が行われている。日本においては，特に遅れたジェンダー平等の目標を進展させるため，政府や国会には女性の国会議員を増やしたり，民間企業や教育機関における女

▷1　蟹江憲史編『持続可能な開発目標とは何か』ミネルヴァ書房，2017年。

▷2　ジェフリー・サックスらによる「持続可能な開発レポート（Sustainable Development Report）」https://dashboards.sdgindex.org/。日本は2021年では，目標5，13，14，15，17が深刻な課題として残る。

▷3　Heras-Saizarbitoria et al.（2021）は，97カ国1370社について2016年に経済，環境，社会に与えるインパクトを公私にかかわらず団体が報告するために用いる国際的なスタンダードである GRI（グローバル・レポート・イニシアティブ）スタンダード3を用いて作成している企業報告を分析した。しかし，SDGs へのコミットは，自社の改善につながる本質的なものではなく，表層的なものに留まりがちであった。Heras-Saizarbitoria et al., "Organizations' Engagement with sustainable development goals: From cherry-picking to SDG-washing ?" *Corporate Social Responsibility and Environmental Management* 2021:1-13, 2021.

性の管理職や役員を増やしたりするための取組みが求められる。コロナ禍での
デジタル化やリモートワークの進展で，国境を越えてグローバルな人材獲得競
争が激しくなる一方で，デジタル格差が貧富の格差に影響するだろう。これか
らの日本の企業や社会には，ジェンダーを問わず，男性も女性も育児や介護に
関わりながらフルタイムで仕事を続け，重要な社会の意思決定に貢献できる仕
組みを作ることが，革新的で有能な人材を集める上で必要になるだろう。

　また，2022年2月24日に始まったロシア軍によるウクライナ侵攻と，その後
の主要西側先進国の金融機関や企業によるロシアに対する制裁は，多国籍企業
が他国への侵攻と戦争という極限の人権侵害に対して関わるかを問う事態とな
った。これからますます企業の活動は，人権や環境，各国の政治的リスクに対
する立ち位置をどうとるのか，公共善に対する姿勢が問われる時代になるだろ
う。

③　ポストSDGsに向けて

　1974年に40億人だった世界の人口は，2021年には約79億人となった。フォー
クらによれば，都市化も進み，世界人口の55％は都市部に住んでおり，人間の
活動が地球温暖化や生物多様性の損失に与える影響は加速度的に増している。
このままでは今後わずか50年の間に，10～30億もの人々が，生存可能な範囲外
の気候条件に晒されてしまうという[4]。女性や若年者，貧困層，少数民族などの
立場が弱い層が，地球温暖化やそれによる災害の多発による影響をより被る傾
向がある。

　これらの人間が直面する脅威に対抗し持続可能な地球を作るため，ポスト
SDGsに向け何が必要だろうか。自らの安全を「守ってもらう」ためであれば，
情報技術の発達や環境技術の進展という名のもとに市民的自由の制限もやむを
得ないと，国家権力による効率的な市民社会の統制をどこか求めてはいないだ
ろうか。世界各国でも民主主義の退潮の傾向が顕著である。しかし，ロシア軍
の侵攻によるウクライナ危機は，独裁政権の台頭とは何かを改めて世界に問う
事態となっている。

　こうした不確かな時代だからこそ，足腰のしっかりした民主主義を築くこと
が大切となる。障害者，性的少数者，貧困層，女性，若者など様々な人たちが
政治に参加したり，政策立案の初期段階から議員と対等なパートナーシップを
築き，参画したりする仕組みをつくることが大切であろう。そして，国境を越
えてポストSDGsを担う市民同士が地球の未来設計に共に参画する未来を描け
るかが問われている。ポストSDGsに向けてグローバルな社会課題に取り組む
べきは，国家の主導者や政治家だけでなく，他ならぬわれわれ一人ひとりなの
である。
　　　　　　　　　　　　　　　　　　　　　　　　　　（大森佐和・西村幹子）

▷4　Folke Cart et al.,
"Our Future in the Antho-
ropocene Bioshere," *Am-
bio* 50：834-869, 2021.

問い
①SDGsの目標は2030年に
達成されていると予測する
か。それはなぜか。
②ポストSDGsではどうい
う世界や社会になってゆく
ことが重要だと思うか。そ
れはなぜか。

参考文献
竹下隆一郎『SDGsがひら
くビジネス新世代』ちくま
新書，2021年。

地球市民の問いとしての開発学

開発学の広がり

　本書は，開発学に関心のある人にとっての入門書である。日本では，開発学は，国際開発協力の実践家を育てる目的で大学院に設置されていることが多い専門分野である。国際開発協力に関わる仕事に将来就きたい人もいるかもしれない。また，必ずしも国際協力分野で働く希望はなくとも，興味をもって学部で開発学関連の科目をとる学生もいるだろう。また，高校生や社会人にとっても，開発学を学ぶことは，私たちの日常生活が，どのように地球環境や世界や日本の課題との関係について理解を深めることにつながるだろう。

　たとえ「開発学」を学んだとしても，貧困を解決するための正解はこれです，と簡単に答えがあるものでもない。むしろ，なぜ紛争や貧困削減や環境汚染やジェンダー不平等などの問題が解決できないのか，どうすれば排除される人のいない，皆が生きやすいコミュニティや地域，国や世界を作っていけるのかを考える学問といえるかもしれない。だからこそ，観光ではない形で滞在できるような途上国での経験をもつことをお勧めしたい。国籍，言語，宗教，民族，文化等の違いを超え，様々な体験を通じて喜怒哀楽を共有し，時にぶつかりながらも共通点を探る経験が，国際開発協力を考えてゆく上で，得難い経験となるだろう。

② 様々なステークホルダーの役割

▷ 1　⇨ Ⅻ-3 Ⅻ-4

▷ 2　⇨ Ⅻ-6

　企業にとっては，ESG 投資[41]やビジネスと人権に関する指導原則[42]への理解や取組みが求められる時代である。日本企業も，環境へのサステナビリティや，人権に対する取組みを非財務情報として開示することが求められている。市民としては，こうした情報に敏感になり，環境や人権に対する課題に対して改善する努力をする企業を，株主や消費者としてサポートできるように，見る目を肥やしていくことが大切である。また企業が適切な努力を怠り，必要な是正の行動をとらなかった場合には，ものいう消費者になっていくことも効果的である。

　日本では地理的分断も進み，豊かな人からは格差や貧困そのものが不可視化され，貧困そのものが豊かな人からは見えなくなっている。崩壊した家庭で育った筆者の一人は，高校生の時に生活が困窮し，新聞配達やバイトをして高校に通った時期があった。不安とストレスで，努力して勉強すれば道は開ける，

そんな将来のイメージは全く抱けなかった。来月には住むところもなくなるかもしれないというリアルな恐怖感を思い出す。コロナ禍で失業して貧困化し，野宿にまで追い込まれる人や自ら命を絶つ人も多く出た。日本で医者に行けない，生理用品が買えないといった貧困状態の原因は，個人の努力不足ではなく，政策の機能不全にこそある。

　ロシアのウクライナ侵攻による戦争は，五大国が拒否権をもつ国連安全保障理事会を中心とする国連の平和維持の仕組みの機能不全を改めて露呈することとなった。しかし，SDGsは世界各国政府や国際機関のみならず，様々なステークホルダーが共に達成すべき世界の目標であると掲げた。そのため，SDGsは，市民にとっては，もっと政府が取り組むべきだという声を上げ，行動するための手段として活用できる基準となっている。公正かつインクルーシブな社会を作り出すため，当たり前とされてきた価値観にあらがうことには苦痛も伴うかもしれないが，私たちには様々な形で現実を変えていける方法がある。

❸　地球市民として

　日本における貧困や格差の課題と途上国の国際開発協力の課題とは密接につながっている。地球市民として途上国の人々と出会い，国際開発協力を担う一員に加わることには多くの喜びも待っている。途上国の人は貧困にあえいでいるというイメージも，逆に途上国の人は貧しくても心から笑っていて幸せそうだから，今のままで豊かにならなくてもよいのではないかというイメージも，実際の出会いによって壊され，更新されていくだろう。

　2021年11月に国連教育科学文化機関（UNESCO）は，2050年を目指す新たな教育のビジョンとして，「共通善に資する変革的な教育」を掲げた。1990年代に学習の意味として謳われた，「知ることを学ぶ」「為すことを学ぶ」「人としてあることを学ぶ」「共に生きることを学ぶ」という四つのビジョンに，2010年代に「自らと社会を変革することを学ぶ」が加わり，今回「共通善」という新たな指針が追加された。この変遷の背景には，変化の激しい複雑で不確実な時代において，私たち一人ひとりが，与えられた環境で自己利益だけのために現状肯定的に生きるのではなく，社会のあり方を批判的に捉えながら，すべての人の利益になる社会を創造するために自分ができることを積極的に考え，行動することの重要性が高まっていることが示唆されている。

　大きく激動する不確実な世界にあるからこそ，地球市民としての行動が要請されている。自分とは違う人々に意識的に出会い，社会的な課題に共に取り組み，試行錯誤を繰り返しながら答えを求めて行動していくことは，世界の公共善を生み出すための行動につながるだけでなく，居場所がないと疎外感を感じる人が多くいる日本の社会の関係性を結びなおすことにもつながっていくだろう。

（大森佐和・西村幹子）

問い

①開発に関する課題の中で，自分に関わりがあり，今後解決のために行動が必要だと思うことは何だろうか。どのような行動が自分には可能だろうか。

②今後開発に関わる課題を解決してゆくためには，世界の様々なアクターがどういったことをしていく必要があると思うか。

参考文献

西村幹子・小野道子・井上儀子『SDGs時代の国際協力』岩波ジュニア新書，2021年。
西あい・湯本浩之編『グローバル時代の「開発」を考える』明石書店，2017年。

資料　開発に関連するデータベース（2022年7月1日時点）

【経済発展，社会発展に関するデータベース】
- 世界銀行による世界開発指標　*World Development Indicators.* 各国の広範な経済発展，教育などの社会発展，ジェンダーなどに関する指標のデータがとれる。https://databank.worldbank.org/source/world-development-indicators
- 世界銀行による各国の経済指標についてのデータ。前述の世界開発指標やジェンダー統計データベースなどの様々なデータベースにアクセス可能。https://databank.worldbank.org/databases
- 世界通貨基金（IMF）による各国の経済指標などの様々なデータにアクセス可能。登録が必要だが無料。https://www.imf.org/en/Data
- アジア開発銀行により提供されているデータへのリンク。アジア諸国の様々なデータやアジア開発銀行のプロジェクト情報などが提供されている。https://data.adb.org/
- 研究者らが運営する世界不平等ラボ（World Inequality Lab）による世界の不平等指数に関するデータベース。国家間，国内における不平等指標に関するデータが入手可能。https://wid.world/data/
- 国連開発計画（UNDP）による人間開発指標　Human Development Index. 各国の寿命，健康，教育，ジェンダーなどに関する指標のデータを閲覧可能。https://hdr.undp.org/en/data
- ユネスコ（UNESCO）統計局による教育に関する指標のデータを閲覧可能。http://uis.unesco.org/
- 国連食糧農業機関（FAO）が提供する FAOSTAT という農業，森林，気候変動などに関するデータベース。https://www.fao.org/faostat/en/#data
  ＊総務省統計局がこのサイトの使い方についての日本語のマニュアルを提供している。https://www.stat.go.jp/data/sekai/pdf/faostat.pdf
- 研究者による持続可能な開発報告（Sustainable Development Report）。SDGs に関する国ごとのデータやランキングを入手可能（前 SDG ダッシュボード）。https://dashboards.sdgindex.org/rankings

【国際開発協力に関するデータベース】
- The Query Wizard for International Development Statistics. OECD 開発援助委員会（DAC）加盟国の国際開発協力に関するデータベース。https://stats.oecd.org/qwids/
- AidData. William and Mary 大学の研究所が海外援助に関するデータを提供しているサイト。中国の国際協力に関するデータなどへのアクセスが可能。https://www.aiddata.org/datasets
- PPPKnowledgeLab. 世界銀行や地域開発銀行などが提供するサイト。世界銀行が提供する The Private Participation in Infrastructure（PPI）Project Database など，様々な PPP プロジェクトに関するデータベースへのリンクがある。https://pppknowledgelab.org/data

【世界各国の政治についての情報に関するデータベース】
- フリーダムハウス指標（世界各国の民主主義のレベルを測る指標）。https://freedomhouse.org/reports/publication-archives
- V dem 指標。世界の研究者が協力して作成している世界各国の腐敗や民主主義のレベルなど，様々な政治的指標が含まれるデータベース。https://www.v-dem.net/vdemds.html
- ガバナンス指標（Worldwide Governance Indicators）。世界銀行によるガバナンス指標がアップデートされている。腐敗や法の支配などの指標が利用できる。http://info.worldbank.org/governance/wgi/
- The Database of Political Institutions. 世界各国の各党議席や選挙など政治制度に関するデータベース。現在は米州開発銀行がアップデート版を提供している。https://publications.iadb.org/en/database-political-institutions-2020-dpi2020

・The QoG Database. スウェーデンの Gothenburg 大学の研究所が運営。「政府の質データベース」へのリンクを提供。環境政策データベースへのリンクなどもある。https://www.gu.se/en/quality-government/qog-data

【紛争に関するデータベース】

・The International Peace Research Institute（PRIO）が提供する紛争に関するデータベースへのアクセスを提供するサイト。https://www.prio.org/data

・Correlates of War データベース。研究者が紛争データ整備をしているプロジェクトであり，国家間紛争などのデータを提供する。https://correlatesofwar.org/

・Uppsala Conflict Data Program. スウェーデン Uppsala 大学の研究所が提供する内戦や紛争に関するデータベース。https://ucdp.uu.se/encyclopedia

・Global Terrorism Database. 研究者らによる世界のテロに関するデータベース。https://www.start.umd.edu/gtd/

・海外の大学図書館 HP は，様々なデータベースへのリンクの良い情報提供源となる。例えば Central Florida University の図書館は，紛争に関するデータベースへのリンクを提供している。https://guides.ucf.edu/war/wardata

【各国の世帯調査に関するデータベース】

・世界銀行 Living Measurement and Standard Study（LMSS）. 貧困世帯の特徴などが分析可能。https://microdata.worldbank.org/index.php/catalog/lsms

・ユニセフ Multiple Indicator Cluster Survey（MICS）. 世帯の子どもの健康と教育に関する情報が豊富。https://mics.unicef.org/surveys

・USAID Demographic and Health Survey（DHS）. 世帯の健康に関する情報が豊富。https://palnetwork.org/

【国際学力調査に関するデータベース】

・PISA（OEDC により 3 年おきに実施されている15歳を対象とした読解，数学，科学の知識とスキルに関するテスト。生徒や家庭，学校の背景に関する調査も実施されているため，学力の要因を分析可能). https://www.oecd.org/pisa/data/

・PISA for Development（OECD により発展途上国向けに開発された読解力と数学のテスト。14〜16歳の学校外の子どもも対象となっており，学校ではなく世帯で調査を実施). https://www.oecd.org/pisa/pisa-for-development/

・TIMSS および PIRLS（小学校 4 年生レベルの国際学力調査。TIMSS は数学および科学，PIRLS は読解力を対象). https://timss.bc.edu/

・SACMEQ（東南部アフリカの小学校 6 年生を対象にした数学および読解力の国際学力調査). http://www.sacmeq.org/

・PAL Network（市民団体による世帯をベースにした国際学力調査). https://palnetwork.org/

【ジェンダーに関するデータやデータポータルサイト】

・UN Women による世界の女性の状況を示すデータポータルサイト。https://data.unwomen.org/data-portal

・OECD Gender Data Portal. OECD によるジェンダーに関するデータポータル。https://www.oecd.org/gender/data/

・国立女性教育会館 女性教育情報センターが提供する「女性と男性に関する統計データベース」。日本の女性と男性に関する統計情報へのリンクが提供されている。https://winet.nwec.go.jp/toukei/

・Women in Armed Rebellion Dataset（WARD）. 研究者が提供する武装抵抗運動に参加する女性に関するデータセット。https://reedmwood.com/home-page/women-in-armed-rebellion-dataset-ward/

・Sexual Violence in Armed Conflict. 研究者が提供する武装紛争における性暴力に関するデータ。http://www.sexualviolencedata.org/

さくいん

(＊は人名)

執筆者紹介 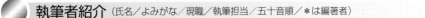（氏名／よみがな／現職／執筆担当／五十音順／＊は編著者）

會田剛史（あいだ・たけし）
　日本貿易振興機構アジア経済研究所研究員
　XⅢ-2　XⅢ-3

青山温子（あおやま・あつこ）
　名古屋大学名誉教授／名古屋学芸大学特任教授
　Ⅷ-4　Ⅷ-5　Ⅷ-6

石坂貴美（いしざか・たかみ）
　関東学院大学経済学部准教授
　XⅠ-6　XⅠ-7

伊藤里枝子（いとう・りえこ）
　特定非営利活動法人 JFC ネットワーク事務局長
　Ⅵ-6

稲田十一（いなだ・じゅういち）
　専修大学経済学部教授
　Ⅰ-5　Ⅸ-4

上杉勇司（うえすぎ・ゆうじ）
　早稲田大学国際学術院教授
　Ⅰ-7　Ⅵ-7　Ⅸ-5

＊大森佐和（おおもり・さわ）
　編著者紹介参照
　序-1　序-2　Ⅱ-4　Ⅴ-1　Ⅴ-5　Ⅵ-6　Ⅸ-7
　X-4　XⅡ-6　XⅢ-4　終-1　終-2

岡部恭宜（おかべ・やすのぶ）
　東北大学大学院法学研究科教授
　X-7

甲斐田きよみ（かいだ・きよみ）
　文京学院大学外国語学部准教授
　XⅠ-4　XⅠ-5

金子拓也（かねこ・たくや）
　国際基督教大学教養学部上級准教授
　Ⅳ-4　XⅡ-3　XⅡ-4

功能聡子（こうの・さとこ）
　ARUN 合同会社代表／特定非営利活動法人 ARUN
　Seed 代表理事
　XⅡ-7　XⅡ-8

小林誉明（こばやし・たかあき）
　横浜国立大学国際社会科学研究院准教授
　Ⅴ-2　X-1　X-2　X-3

近藤正規（こんどう・まさのり）
　国際基督教大学教養学部上級准教授
　Ⅰ-1　Ⅰ-2　Ⅰ-3　Ⅱ-1　XⅡ-2

斎藤文彦（さいとう・ふみひこ）
　龍谷大学国際学部教授
　Ⅰ-6　Ⅶ-5

笹岡雄一（ささおか・ゆういち）
　明治大学ガバナンス研究科教授
　Ⅴ-3　Ⅴ-4

鄭　仁星（ジョン・インスン）
　元国際基督教大学教養学部教授
　Ⅲ-5

杉浦功一（すぎうら・こういち）
　和洋女子大学国際学部教授
　Ⅲ-2　Ⅳ-3　Ⅵ-4

関口正也（せきぐち・まさや）
　株式会社オリエンタルコンサルタンツグローバルプ
　ランニング事業部都市地域開発部副部長
　X-6

関根佳恵（せきね・かえ）
　愛知学院大学経済学部教授
　XⅡ-5

大門（佐藤）毅（だいもん（さとう）・たけし）
　早稲田大学国際学術院教授
　Ⅱ-2　Ⅱ-3　Ⅸ-2

執筆者紹介 （氏名／よみがな／現職／執筆担当／五十音順／＊は編著者）

高林友美 （たかばやし・ともみ）
　サイバー大学 IT 総合学部講師
　Ⅲ-5

高松香奈 （たかまつ・かな）
　国際基督教大学教養学部上級准教授
　Ⅰ-9 Ⅱ-7 Ⅲ-6 Ⅲ-7 Ⅳ-5 Ⅴ-6 Ⅵ-5
　Ⅹ-8 Ⅹ-9 ⅩⅢ-7

詫摩佳代 （たくま・かよ）
　東京都立大学法学部教授
　Ⅷ-1 Ⅷ-3

竹本明生 （たけもと・あきお）
　国連大学サステイナビリティ高等研究所プログラム
　ヘッド
　ⅩⅢ-1

玉置知巳 （たまき・ともみ）
　帝京大学経済学部教授
　Ⅸ-3

永田佳之 （ながた・よしゆき）
　聖心女子大学現代教養学部教授
　Ⅸ-6

＊西村幹子 （にしむら・みきこ）
　編著者紹介参照
　序-1 序-2 Ⅰ-4 Ⅱ-5 Ⅱ-6 Ⅲ-3 Ⅵ-1
　Ⅵ-2 ⅩⅢ-5 ⅩⅢ-6 終-1 終-2

布柴達男 （ぬのしば・たつお）
　国際基督教大学教養学部教授
　Ⅶ-6

野田真里 （のだ・まさと）
　茨城大学人文社会科学部教授
　Ⅰ-8 ⅩⅠ-2 ⅩⅠ-3

野々口敦子 （ののぐち・あつこ）
　国際航業株式会社海外コンサルティング部
　Ⅲ-1 Ⅶ-3

原　雅裕 （はら・まさひろ）
　みんなの学校プロジェクト専門家
　Ⅹ-5

原口　剛 （はらぐち・たけし）
　神戸大学人文学研究科准教授
　ⅩⅠ-8

黄　仁相 （ファン・インサン）
　国際基督教大学教養学部上級准教授
　Ⅳ-1 Ⅳ-2

藤沼良典 （ふじぬま・りょうすけ）
　国際基督教大学教養学部准教授
　Ⅶ-4

松山章子 （まつやま・あきこ）
　津田塾大学学芸学部教授
　Ⅲ-4 Ⅷ-2

毛利勝彦 （もうり・かつひこ）
　国際基督教大学教養学部教授
　Ⅰ-10 Ⅶ-1 Ⅶ-2 ⅩⅡ-1

山口しのぶ （やまぐち・しのぶ）
　国連大学サステイナビリティ高等研究所所長
　Ⅸ-1

湯本浩之 （ゆもと・ひろゆき）
　宇都宮大学留学生・国際交流センター教授
　Ⅵ-3 ⅩⅠ-1

《編著者紹介》

大森佐和（おおもり・さわ）

2007年　ピッツバーグ大学政治学大学院博士課程修了（Ph. D.）
現　在　国際基督教大学教養学部上級准教授
主　著　"Introducing the Revised and Updated Financial Reform Database," *Journal of Financial Regulation*, 2022, pp. 1-11.
"Why Does Polycentric Governance Work for Some Project Sites and Not Others? Explaining the Sustainability of Tramline Projects in the Philippines"（共著）*Policy Studies Journal*, 48(3), 2020, pp. 833-860.
「IMF は変わったか——世界金融危機前後の米国と日本の融資プログラムへの影響の計量分析」『年報政治学』2017(1)，80-108頁。

西村幹子（にしむら・みきこ）

2005年　コロンビア大学ティーチャーズカレッジ博士課程修了（Ed. D.）
現　在　国際基督教大学教養学部教授
主　著　『国際教育開発の再検討——途上国の基礎教育普及に向けて』東信堂，2008年。
『ジェンダーと国際教育開発——課題と挑戦』福村出版，2012年。
Community Participation with Schools in Developing Countries : Towards Equitable and Inclusive Basic Education for All, Routledge, 2020.

やわらかアカデミズム・〈わかる〉シリーズ
よくわかる開発学

2022年10月30日　初版第 1 刷発行　　　　　　　（検印省略）

定価はカバーに
表示しています

編 著 者　　大　森　佐　和
　　　　　　西　村　幹　子
発 行 者　　杉　田　啓　三
印 刷 者　　江　戸　孝　典

発行所　株式会社　ミネルヴァ書房
607-8494 京都市山科区日ノ岡堤谷町 1
電話代表（075）581-5191
振替口座 01020-0-8076

© 大森・西村ほか, 2022　　　　共同印刷工業・新生製本

ISBN978-4-623-09455-4
Printed in Japan

やわらかアカデミズム・〈わかる〉シリーズ

よくわかる社会学	宇都宮京子・西澤晃彦編著	本　体	2500円
よくわかる家族社会学	西野理子・米村千代編著	本　体	2400円
よくわかる都市社会学	中筋直哉・五十嵐泰正編著	本　体	2800円
よくわかる教育社会学	酒井朗・多賀太・中村高康編著	本　体	2600円
よくわかる環境社会学	鳥越皓之・帯谷博明編著	本　体	2800円
よくわかる国際社会学	樽本英樹著	本　体	2800円
よくわかる宗教社会学	櫻井義秀・三木英編著	本　体	2400円
よくわかる医療社会学	中川輝彦・黒田浩一郎編著	本　体	2500円
よくわかる産業社会学	上林千恵子編著	本　体	2600円
よくわかる福祉社会学	武川正吾・森川美絵・井口高志・菊地英明編著	本　体	2500円
よくわかる観光社会学	安村克己・堀野正人・遠藤英樹・寺岡伸悟編著	本　体	2600円
よくわかる社会学史	早川洋行編著	本　体	2800円
よくわかる現代家族	神原文子・杉井潤子・竹田美知編著	本　体	2500円
よくわかる宗教学	櫻井義秀・平藤喜久子編著	本　体	2400円
よくわかる障害学	小川喜道・杉野昭博編著	本　体	2400円
よくわかる社会心理学	山田一成・北村英哉・結城雅樹編著	本　体	2500円
よくわかる社会情報学	西垣通・伊藤守編著	本　体	2500円
よくわかるメディア・スタディーズ	伊藤守編著	本　体	2500円
よくわかるジェンダー・スタディーズ	木村涼子・伊田久美子・熊安貴美江編著	本　体	2600円
よくわかる質的社会調査 プロセス編	谷富夫・山本努編著	本　体	2500円
よくわかる質的社会調査 技法編	谷富夫・芦田徹郎編	本　体	2500円
よくわかる統計学 Ⅰ基礎編	金子治平・上藤一郎編	本　体	2600円
よくわかる統計学 Ⅱ経済統計編	御園謙吉・良永康平編	本　体	2600円
よくわかる学びの技法	田中共子編	本　体	2200円
よくわかる卒論の書き方	白井利明・高橋一郎著	本　体	2500円

ミネルヴァ書房

https://www.minervashobo.co.jp/